# 商务英语跨文化翻译技巧与实践研究

刘海燕◎著

吉林出版集团股份有限公司

图书在版编目（CIP）数据

商务英语跨文化翻译技巧与实践研究 / 刘海燕著
. — 长春 : 吉林出版集团股份有限公司 , 2020.4
ISBN 978-7-5581-8336-2

Ⅰ . ①商… Ⅱ . ①刘… Ⅲ . ①商务－英语－翻译－研
究 Ⅳ . ① F7

中国版本图书馆 CIP 数据核字 (2020) 第 047795 号

# 商务英语跨文化翻译技巧与实践研究

著　　者　刘海燕

责任编辑　王　平　白聪响

封面设计　李宁宁

开　　本　787mm×1092mm　1/16

字　　数　264 千

印　　张　14.25

版　　次　2020 年 5 月第 1 版

印　　次　2020 年 5 月第 1 次印刷

出　　版　吉林出版集团股份有限公司

电　　话　010-63109269

印　　刷　炫彩（天津）印刷有限责任公司

ISBN 978-7-5581-8336-2　　　　　　　　定价：68.00 元

# 前　言

　　改革开放以来，中国的发展突飞猛进，进入 WTO 的梦想已实现，进出口贸易翻了四番，成功举办了北京奥运会、上海世博会，中国在世界上的政治和经济地位大大提升。同时，中国对外开放程度日益加深，与世界各国在经济、文化、教育以及其他领域内的交流与合作日益密切和频繁，大大增加了国人与不同文化背景的外国人交流的机会。交流与合作离不开外语，离不开翻译，翻译能力的强弱在一定程度上决定交流与合作的成败。翻译不仅在对外合作交流及学习借鉴国外科技信息和成果方面起着重要作用，而且在日常工作和生活中的工具性和应用性功能也越来越突出。

　　不同国家与民族之间存在着文化差异，所以在商务领域中，如果不能很好地理解彼此的文化背景，就可能会对彼此的话语做出不正确的推论，从而产生交际冲突，影响商务活动的顺利进行。文化差异对商务英语翻译有着巨大的影响。著名翻译家尤金·奈达曾指出："对于真正成功的翻译而言，熟悉两种文化甚至比掌握两种语言更为重要，因为词语只有在其作用的文化背景中才有意义。"翻译的最终目的是让源语的说话者和目的语听众能达到思想上以及文化上的交流。即使译员使用了语法正确的句子，但如果译语不恰当，不符合目的语国家的说话或文化习惯，也可能造成商务双方在理解上产生障碍，甚至带来误解。因此，在商务英语翻译中，除了具备良好的专业知识和语言功底，商务英语翻译译员还要充分重视并认真了解源语和目的语之间的文化差异，尤其是要了解两种文化间的差异反映在语言上的不同。商务英语翻译译员要避免犯"文化错误"，因为"语言错误"只会让目的语听众觉得译员的英语不好，但是"文化错误"却可能会使目的语听众产生误解。正如胡光忠与周力在《英语交际会话与文化》中所说的："文化的失当较之语言的失当更容易获罪于人。"

　　文化背景正在成为影响商务活动成败的杠杆和润滑剂，用外语进行跨文化交际的能力被视为现代社会人才的重要素质。跨文化是指不同文化背景的群体之间的交互作用。从科学的角度来看，跨文化是指在交流中"人们不仅仅是有自身的习惯、观念和行为方式，也了解别人的习惯、观念和行为方式的所有关系。从文化学理论角度来看"跨文化"，其实就是指跨越不同国家不同民族界线的文化。文化只是对自身文化系统和知识系统的理解，它没有跨文化的视野开阔。"跨文化"是指通过越过体系界限来经历文化归属性的所有的人与人之间的互动关系。商务活动是处在不同的文化背景下的人们进行的贸易活动。因此，中英商务翻译不是简单的语言转换，还涉及文化的交流和碰撞，译者应该具有跨文化意识，熟悉不同国家的文化背景，在通过语言传达信息，找到最佳的翻译方式。

# 目　录

# 上篇　理论篇

# 第一章 商务英语绪论

## 第一节 商务英语的概念梳理

### 一、商务英语的定义

商务英语（Business English），顾名思义是指在跨文化商务交际过程中所使用的英语。一般来说有两个层次的含义：（1）指商务活动中所使用的语言；（2）指商务英语学科。在我国，商务英语主要应用于国际贸易与交流，因此又被称为"外贸英语"（Foreign Trade English）。商务英语在大学教育中指的是商务英语专业下的商务英语学科知识体系。在跨文化商务交际活动中，商务英语作为一种交际工具，主要用来传递知识与信息，能够突出反映国际商务学科领域的特征和发展情况，具有明显的学科性。

从字面意义上理解商务英语，可以发现其包含着"英语"和"商务"活动两部分。但是商务英语的含义不是这两部分的简单相加，而应该是两部分的互相融合。商务英语具有"商务"特色是因为它是在不同的商务场景运用的英语。而"商务"又指的是使用英语的商务工作人员所从事的商务活动和商务环节的总称，属于传播的内容。两部分互相渗透，缺 不可。商务英语是一种职业语言，有其使用的特定语言环境。它是人们在商务活动中使用语言的产物。商务活动和语言是密不可分的，商务活动顺利进行需要商务活动参与人对语言的合理运用，以及对词汇语法资源的适当操控。

商务活动的性质决定了语言的使用特点。商务英语的主要特点在于其专业化和较强的针对性。它注重的是商务沟通中口语与书面语表达的准确、简练、规范。这就对商务英语的翻译提出了更高的要求。

## 二、商务英语的内涵

### （一）商务英语的特点

商务英语不但具备普通教育学的特点，还具备语言学的特点，同时，商务英语还具备商科理论和知识的特点以及人文理论和知识的特点。

**1.商务英语的普通教育学特点**

商务英语是有关商务语言教育一般问题的知识体系，即"语言知识＋商务知识＋技能操作＋人文知识"这样一个体系，是国际贸易专业学生、国际商务专业学生和商务英语专业学生专业知识学习的基础，是这几个专业的学生的必修课程之一，它的目的在于帮助学生养成基本的商务理念、商务操作技能和商务环境下的语言使用技能，具有将学术性与实践性有机结合起来，体现基础性、实用性、通俗性与创新性的特点。根据商务英语教育过程的运行逻辑，商务英语教育主要探讨了商务英语教育的实质、功能、历史、目的、教师与学生、教学、课程、班级管理、制度、评价等基本问题。因此，它具备普通教育学的特点。

**2.商务英语的语言学特点**

首先，商务英语教学是通过语言进行的教学。语言是基础，商务英语教学是语言的具体应用教学，是应用语言学的表现，因此，它具有语言学的特征。通过语言来学习专业知识，在学习专业知识的同时来巩固提升语言。

**3.商科理论知识的特点**

商务英语专业课程主要包括西方经济学、商务道德、商务环境、商务策略、商务沟通、商务礼仪、人力资源、企业管理、市场营销、国际贸易、国际商法、国际金融、物流等，这些课程本身就是用语言来表述商科知识，同时还都要应用商科的理论原理，比如协同论和耗散论等。很明显，商务英语具有商科理论知识的特点。

**4.人文理论知识的特点**

就商务英语专业而言，除了语言、商务的知识和能力要求之外，人文素质教育应该注重培养学生的人文意识，遵循人文方法，扩大人文知识，增强人文才能，提高人文素养，促使他们在跨文化交际的活动中，秉承人文精神，彰显出文明、科学、爱国、求真的健康品格和蓬勃向上的精神风貌。

### （二）商务英语的核心

英国商务英语专家布雷格提出了"商务英语范畴"理论。他认为商务英语的核心内容包括语言知识（language knowledge）、交际技能（communication skills)、专业知识（professional content）、管理技能（management skills）以及文化意识（cultural awareness）等。

1. 交际技能

商务交际技能指的是从事商务交际活动所需要的技能。这种技能既有语言方面的，又包括非语言方面的。

交际技能的基础是语言能力，但是商务交际者具备了语言能力并不意味着其完全具备了交际技能。美国的语言学家休姆斯认为，"交际能力不仅仅包括对一种语言的语言形式的理解和掌握，还应该懂得在何时何地、以什么方式去运用语言的形式。"随着人们研究的深入，交际技能被认为应该包括听的能力、说的能力、读的能力、写的能力以及社会能力五个方面。这五个方面的运用主要指的是表达得体、准确。

针对不同的商务活动和商务背景，所使用的商务语言也应有所差异。而商务参与者的交际技能便在这种语言间的使用与转换中体现出来。大体上说，商务交际的内容决定着商务交际中对词汇、句型、篇章结构、文体风格、语调、节奏变化的选择。例如，有些词汇在不同的专业里可能具有不同的含义，甚至在不同的上下文中也有不同的表达。这就说明译者如果对相关专业知识的内容不熟悉，对词汇使用的不同情景不关注，就有可能难以精确地翻译出商务英语文体的文章。可见，商务英语是一门具有很强的实践性的学科，因此对交际能力的要求也相对较高。

2. 专业知识

商务背景和专业知识是商务英语的重要组成部分。这两个方面对于商务英语翻译尤其重要。只有掌握了文章的背景知识，才能精确、忠实地翻译出文章的意思。

商务英语中还含有很多的专业术语，有些词的含义在商务英语的文章中与我们日常所用到的含义不同。例如：

However, the tariff should not be greater in amount than the margin of price caused by dumping.

但是，（反倾销）关税税额不应比因倾销而获得的毛利润高。

在上面的英语例句中，dumping 的动词原形为 dump，其英文本义为"倒垃圾"，但是在商务领域中，其含义引申为"倾销"。

Should you find interest in any of the items in our catalogue，please do not hesitate to send enquiries.

如对目录中的任何项目感兴趣，请直接寄来询盘。

enquiry 经常被译为"询问、打听、调查"，但是在商务英语的文体中，其标准含义为"询盘"。如果译者没有对这种专业术语进行掌握，就很有可能曲解文字的意思。在进行翻译的过程中，如果遇到不熟悉或者不能确定含义的词汇、句型等，译者切不可望文生义，应该查询相关领域的专业书籍进行解决。

3. 文化意识

在商务英语活动中，要求交际者必须具备文化或跨文化意识。王佐良先生曾经指出："不了解语言中的文化，谁也无法真正掌握语言。"从这个表述中可以看出跨文化意识的重要性。

商务活动中要面对来自不同国家和地区的交际者，因此需要了解其文化背景和语言使用习惯。具备跨文化意识是保证商务活动成功的重要因素。

众所周知，语言反映文化、文化孕育语言，商务活动是一种在不同文化背景下进行的语言活动，因此对交际者的文化意识有着极高的要求。这一点也给商务英语翻译带来了难题。例如：

New houses have mushroomed on the edge of the town.

城镇边缘的新建房犹如雨后春笋。

在上面的英文例句中，形容新建房出现的数量多，使用的是 mushroon 一词进行修饰。但是在汉语中形容新生事物大量出现时，较为常用的表达是"雨后春笋"。这种文化差异在商务英语中经常出现，因此需要译者具有一定的跨文化意识。

语言在用于商务交际的过程中，就存在着对文化内涵的理解和表达问题。商务英语要求用英语去从事商务活动，语言是活动的基础，必须熟练掌握。译者在具备了双语交际技能的同时，还要了解交际双方甚至是多方的文化知识，尤其要了解两种或多种语言的民族心理、文化形成、历史传统、地域风貌等。也就是说，在进行商务英语文体的翻译过程中，译者只有具备了较强的跨文化意识，才能在商务英语文体翻译的过程中游刃有余、灵活翻译。

（三）商务英语的作用

英语在货物进出口贸易的程序中，在交易磋商与签约环节上至关重要。拟订书面合同时，应使用规范的商业英语，遵循比较固定的条款模式，尽可能采用习惯用语，力求措辞准确、严谨，行文简洁，不留漏洞，避免解释上的分歧。在此过程中，对进出口商品专业术语的正确理解和应用将直接关系到商品交易中的经济效益甚至交易的成败。

商务函电是商务活动的一个重要组成部分，是通过邮寄或其他电信设施（电话、电报、电传、因特网等）进行的商务对话，并常常被用作一种商务行为或合同的证据。商务函电通常是为达到某种特定目的如销售商品、定价、咨询信息、索赔、商务问候等。在 21 世纪信息时代，要充分利用函电简便、快捷的优势，提高业务量和效率。商务英语用于翻译服务要求必须忠实于原文，不得肆意发挥，也不得压缩削减（这里不是指节译、摘译之类），亦即必须一比一地再现原作的风姿。因此，译文的语言应规范化。正如鲁迅所说的："凡是翻译必须兼顾两面，一则当然为求其易解，一则保存着原作的风姿。"作为翻译标准无疑是适用的。

在中国进出口贸易总额迅速增长的背景下，特别是在我国加入世贸组织和全球经济一体化的大环境下，社会对商务英语专业人才，尤其是能够从事国际贸易的人才需求量大量增加。随着外国广告的大量涌入，如何恰如其分地运用和理解英语广告语言以实现广告的目的，已是摆在进出口商、广告人员及广大消费者面前的一个现实问题。广告英语作为一种应用语言，因其所具有的特殊效用，已逐渐从普通英语中独立出来而发展成非规范化的专用语言，用词造句与普通英语也有许多差异，并随着广告的发展，时代的前进，科技的进步及社会的变更而变化。由于广告本身的目的就在于能给目标对象留下深刻印象，博取人们喜爱，所以许多广告都是经几番推敲而就，用词优美独到，句法简练而内涵丰富，回味无穷，不仅具有很高的商业价值，同时具有一定的语言研究价值和欣赏价值。

（四）学习商务英语的必然性

随着外资企业的不断增多，越来越多的中国人开始在外企里工作。虽然工作性质、工作场地有所不同，但是他们都会遇到同样的问题，就是如何从事涉外经济贸易活动，如何在外商经营的企业里占有一席之地。语言差异无疑是这些人所遇到的最大障碍，在我们熟知的生活英语、学术英语之外，商务英语是现代外资企业中最重要的交流工具。从客观上看商务英语比较直白，要求严谨准确，趣味性不强。但是工作类语言和工作是相辅相成的，所有人都需要工作或面临着工作，因此它成了生存语言和发展语言，对谁来说都不可或缺。国外把标准化的商务英语作为选择非英语为母语国家员工的标准，成为进入国际化企业的通途。由此可见，解决这个问题就需要实行商务英语的"专业化"。同时，语言是一种特殊的人力资本，是人们获得其他各种技能所必不可少的先期投资，是获得资本的资本。学习商务英语是一种经济投资。

## 三、商务英语翻译的流派

在对翻译进行研究的过程中，不同的学者由于观点不同形成了不同的学派。对这些翻译流派的了解对于商务英语的翻译也有着重要的借鉴作用。

（一）语文学派

语文学派（the philological school）是西方最早出现的翻译学派。这个学派主张翻译是一门艺术，因此将翻译作为原作者使用译入语进行的再创造，其研究方法主要是语文的。语文学派认为译文要和原文一样带给读者美的享受，翻译过程中应该注意译文的神韵，不应该死译、强译，保持译文的美学效应。语文学派在发展过程中比较著名的代表人物有德莱顿、泰特勒和塞弗瑞等。

德莱顿是 17 世纪著名的翻译理论家，其主张翻译应该以原文和原作者作为着眼点，尊重原作的思想，最大限度地使用译入语对原文进行表现。同时德莱顿对翻译的另一大贡献在于其提出了翻译的三大类别：逐字翻译、意译和拟作。这种分类方法打破了当时二分法的束缚，对于西方翻译理论史的发展有着重要的推动作用。

泰特勒是西方语言学派的另一代表人物，在其著作《论翻译原则》中，他指出，"对译者来说，在忠实和谨慎以外，也没有其他要求。但既然不得不承认语言的特性不同，于是一般人都普遍认为，译者的职责只是洞悉原文的意义和精髓，透彻了解原文作者的思想，以及用他认为最适当的文字传达出来。"由此，泰特勒提出了西方翻译中重要的三原则。

塞弗瑞对西方语文学派的贡献在于其提出了著名的六对翻译原则。

从总体上说，西方语文学派在研究过程中主要关注的是译文的忠实性。同时认为原文对译文有一定的主导作用，因此翻译时应该时刻以原文为标准，最大限度地追求原文和译文的契合性。但是需要指出的是，语文学派过分重视原文对译文的指导作用，在一定程度上限制了译文的创造性的发挥。

（二）诠释学派

由于个人思维方式的差异、语言使用习惯的不同以及认识世界角度的不同，在翻译实践过程中，对于语言的理解层面也带有差异性。在这种情况下，作为研究意义的一门学科——阐释学应运而生。

阐释学在研究过程中主要关注的是语义，也就是要探索理解与解释之间的本质。在理解与解释过程中，文本和解释者是必不可少的两大因素，因此在研究过程中，最根本的任务是探索文本和解释者的本质特征。由于对理解与解释过程中两大因素本质特征的认识不同，阐释学派分为客观阐释学派和主观阐释学派。

客观阐释学派认为阐释学的主要任务是使读者能够把握原文作者的意图，从而避免阅读过程中的理解失误。学者赫施认为应该尊重原文作者的意图，将原文看作是"最合理的解释标准"。他认为作者的中心思想是对文本理解正确与否的关键。因此，在翻译过程中，应该重视对原文中心的关注。主观阐释学派主要以哲学阐释学和接受美学为理论基础。阐释学派对翻译也有所关注，并对翻译的发展有着积极的促进作用。很多翻译学家对于阐释翻译有着自己独特的看法。

英国的神学家汉弗雷提出了"翻译即解释"的命题，这种观点在一定程度上受到了阐释学观点的影响。翻译学研究过程中出现了很多著名的阐释学家，如海德格尔，他的观点引起了很多学者的关注。

阐释学派在翻译研究过程中十分重视阐释学和接受美学。这主要是因为以下两个方面：翻译研究的成果能够为阐释学和接受美学提供充分而有力的例证；阐释学和接受美学可以为翻译研究提供丰富的理论依据。

从整体上看，阐释学派对翻译的贡献主要在于以下几个方面：

（1）翻译阐释学派认为译者在翻译过程中是信息的接受者，是处于主体性的地位。

（2）在翻译过程中应该重视读者的感受，应该以读者的反映为参照物。

（3）对翻译的本质进行了研究。

（4）通过阐释学和接受美学的相关原理，对翻译实践中的具体问题进行了分析。

（5）传统的翻译学理论认为要忠实于原作，而阐释学派的翻译对此进行了质疑，因此在一定程度上触动了传统翻译观点。

（三）语言学派

20世纪中叶，翻译语言学派产生。著名语言学家雅各布逊在1959发表的《论翻译的语言学问题》中，从语言学角度对语言和翻译的关系、翻译的重要作用、翻译中存在的问题进行了论述，从而为语言学派的翻译研究做出了开创性贡献。

尤金·奈达是语言学派的重要代表人物，他提出了"翻译的科学"这一重要概念。在语言学研究的基础上，将信息论应用到翻译研究过程中，并提出了著名的"动态对等"和"功能对等"翻译原则。

纽马克在前人研究的基础上，提出了交际翻译与语义翻译的方法，对翻译研究也有着重要的影响作用。

卡特福德也是这一时期的重要代表人物，其对翻译进行了不同层次的描写研究，并认为翻译是"用一种等值的语言文本材料去替换另一种语言的文本材料"。他指出，"对等"是翻译研究和实践中的关键问题。

通过对语言学派翻译家的不同观点的介绍可以看出,这个时期学者们关注的核心问题是语言转换过程中的变化规律,也就是"对等"问题。

但是由于过分追求对等,因此翻译在一定程度上成为语言学研究的附庸,无法真正体现出其科学价值。因此,很多学者在研究过程中开始从翻译的目的着手,对翻译进行研究。

从整体上说,翻译学中的语言学派主要从对等、功能、认知的角度进行翻译研究,通过使用语言学中的重要理论,如功能理论、认知理论、转换生成理论,对翻译的系统性和规范性有一定的指导作用。同时语言学派的翻译研究涉及语言的不同层面,同时也关注到了翻译中的功能与认知等因素,因此增加了翻译研究的系统性,是西方翻译理论发展的重要时期。

（四）目的学派

翻译目的学派主要强调翻译行为的目的性,认为翻译目的决定了翻译过程和翻译策略的使用。这种观点在一定程度上能够提高译者的主动性。翻译目的学派从 20 世纪 70 年代以来是德国最具影响力的翻译学派,同时对于世界翻译理论的发展也有着重要的贡献,其代表人物有凯瑟林娜·赖斯、汉斯·威密尔、贾斯塔·赫兹·曼塔利和诺德。

从一般意义上说,翻译目的指的是译文的交际目的,也就是说译者在翻译过程中应该首先考虑译文的功能特征,而不应该严格遵循对等原则进行翻译。翻译目的学派主张翻译应该具有行为性和文本加工性。这种行为性主要体现在对不同语言转换而进行的复杂的设计与构思。翻译的加工性主张不应该将原文作为翻译的唯一标准,原文的作用是为译者提供翻译所需要的各类信息。译者在翻译中的任务不再是进行严格对等的语言之间的转换,而应该是从原文中提炼符合翻译目的的信息进行翻译。

翻译目的学派重视译文在译入语中的接受程度和交际功能,强调在翻译过程中译者应首先考虑译文的功能特征,而不是对等原则,在一定程度上解放了传统翻译观点中以原文为硬性标准的翻译传统,为翻译带来了全新的视角,有利于翻译理论与翻译变体的发展,同时也提高了译者的主动性与积极性。但是目的学派过分夸张读者的主体性,否定了作者的主体性,因此其观点带有一定的主观性,未免有些极端,因此我们应该客观认识它,不能主观臆断。

（五）文化学派

翻译中的文化学派主要以 1972 年霍尔姆斯发表的《翻译研究的明与实》为发端。在这个时期,很多学者主要从文化层面对翻译进行研究。在研究过程中，文化学派的翻译研究力图打破文学翻译中的禁锢，试图在综合理论的指导下进行文学翻译研究。

霍尔姆斯对翻译中的文化学派的发展做出了突出的贡献。他首次将翻译作为一门学科的形式进行研究，并且对翻译学科的内容进行了详细的描述。他认为翻译学应该分为纯翻译学和应用翻译学。纯翻译学主要包括描写翻译研究和翻译理论研究。应用翻译学主要包括译者培训、翻译辅助手段、翻译批评，这一框架为翻译研究奠定了重要的基础。

20世纪80年代末、90年代初，西方的翻译研究开始转向文化层面，并积极使用文化理论对翻译进行新的阐释，其主要理论有解构主义翻译理论、女性翻译理论、后殖民主义理论。

翻译中文化学派的出现是文化发展的必然，其对于促进翻译研究的活力与应用性发挥着重要的作用。

（六）解构学派

19世纪60年代后期，解构主义学派出现于法国。这种翻译理论是对传统翻译理论的质疑，其通过哲学问题、怀疑的态度去审视存在的翻译理论与标准。解构学派的代表人物为沃尔特·本雅明、雅克·德里达麦克福柯等。这些学者将解构主义的思潮带入了翻译研究过程中，并通过怀疑与批评的态度对翻译理论的问题进行探究。因此可以说，解构主义的出现为翻译研究带来了全新的视角与研究方向。

解构学派的代表人物沃尔特·本雅明提出，翻译中译文和原文没有忠实可言。他主张译文并不是去再现原文的含义，而应该是对原文的补充与延伸。

雅克·德里达认为，翻译的过程是不断对范文进行"播撒"和"异延"的过程，译文虽然可以接近原文，但是却不能等同于原文。这主要是因为意义带有不确定性，因此译文的中心是无法被完全体现出的，译文只是对原文的重新理解与创造，因此对原文再没有忠实可言。译者在翻译过程中应该对原文的观点进行解构，从而使译文具有延续和创新性。

解构主义的观点是对传统翻译观点的颠覆，这种逆向的思维模式为翻译研究带来了新的方向。但需要注意的是，解构并不是翻译的目的，而只是翻译的手段，因此不能完全取代传统的翻译理论。解构学派的观点能够对传统翻译观点进行改进，目的是更好地指导翻译工作，因此对其的理解不能本末倒置。

## 第二节 商务英语的性质

### 一、商务英语内容

商务英语是指商务用途英语，是以服务于商务活动内容为目标，集实用性、专业性和明确性于一身，为广大从事国际商务活动的人们所认同和接受，并具备较强社会功能的一种英语变体。商务英语是从普通英语中分离出来的，其语言特征和普通英语一致，同时，又是商务知识、管理技能和英语语言的结合，是商务知识和语言知识的结合体，因其涉及的行业众多，并且贯穿于商务活动的各个环节，要求用词得体、行文正式、信息全面、亲切而不失礼仪。在世界经济迅速发展的今天，商务英语越来越受到欢迎，一个良好的商务英语翻译者既要有扎实的语言功底，又要了解相关商务知识，更重要的是还应该熟悉商务英语的独特性。因此，了解并熟悉商务英语的特点有助于语言的学习。

### 二、商务英语与普通英语的区别

（一）商务英语是专用途的英语

商务英语与普通英语相互联系，并以普通英语为基础。普通英语随意性大，语言生活气息较深，多用于某种专业学习和生活交际中，是作为国家教育部门制定的一门必须课程，是为政府部门和教育部门服务的一种语言，它标志一个国家的时代变迁，社会进步和文化发展。而商务英语专业知识化强，多为经贸、金融、公关、管理、营销等方面的内容，它的实质是商务背景，专业知识和语言三方面的综合运用；多使用在国际贸易中，体现商务沟通能力，是企业合作双方不可缺少的交流语言。其追求的目标是用最准确、最清晰的商务语言来与同事、老板以及客户进行最有效的沟通和交流。

（二）语言形式、词汇及内容、句子结构上的差异

商务英语是为国际商务活动服务的专门用途英语，它基于英语的基本语法和词汇，又有独特的语言的共同特征以及独特的语言现象。另外，商务英语是一种较为格式化而又相对特殊的一种文体。

1. 商务英语的语言形式、词汇以及内容等方面与专业知识密切相关

商务英语承载着商务理论和商务实践等方面的信息。商务英语就是我们理解商务场景下所应用到的英语，事实上它跟我们理解的英语口语、写作有本质上的区别，主要的区别在于一些词汇，基于不同的词汇，主要是名词。另外其他的区别还包括不同的句子，基本上为了适应不同的商务场合因此提出不同的词汇和句子，就构成了商务英语一定的特色。

2. 商务英语用词简单易懂、正式规范、简短达意、语言平实

商务英语在用词方面多使用常用词，以保证所用词语具有国际通用性，保证能为普通大众所理解，但又不能过于口语化，即商务英语所使用的语言不能过于非正式。有些商务文书（如合同）因为具有规范、约束力等公文性质，因此会使用一些很正式的词语，如使用 prior to 或者 previous to 而不使用before。

3. 商务英语句子结构及陈述表达规范

商务英语的句子结构比较复杂，句式规范，文体正式，尤其在招标文件和投资文件以及合同中更是如此。在陈述事物时往往具体、明确，绝不含糊其辞。特别是国际商务信函中，礼貌是其中非常重要的语言特点。

（三）普通英语与商务英语的翻译标准的差异

商务英语翻译比普通英语翻译复杂得多，因为译者除了要精通两种语言极其文化以及熟悉翻译技巧之外，还必须熟悉商务方面的知识，了解商务各个领域的语言的特点和表达法，因此有些翻译标准和翻译原则无法完全适应于商务英语的翻译。我们可以以严复提出的"信、达、雅"为基础，按照刘法公先生提出的"忠实、准确、统一"的商务翻译标准，作为我们认为切实可行的商务英语翻译标准，这便是"忠实、地道、统一"。此外，商务英语还涉及了很多西方的先进管理思想和工作方式，包括如何与外国员工合作以及他们之间的交流方式等。基于此，商务英语又包含了很多西方人的工作理念。因此，商务英语涉及语言、人与人的交际技巧、商务知识、文化素质等因素；普通英语是人们用来交流感情、相互了解，获得新知识的一种语言形式。

# 第三节 商务英语发展的现状与趋势

现如今，世界的通用语言是英语，随着经济全球化的不断发展，人们也越来越重视商务英语的使用。要想有经济来往与各国进行有效经济贸易，单单依靠英语沟通是不够的，所以商务英语渐渐形成一门独立的学科。在有些

使用英语做母语的国家，很多高等院校都开通了商务英语学科，很多注明大学都开通了相应的考试，例如在英国，剑桥大学、牛津大学都已开通了商务英语考试，在美国也是如此，哈佛大学、斯坦福大学、伯克利大学也都开设了相应的商务英语学科，在普林斯顿大学还形成了国际贸易为考试中心的制度，由此看来，商务英语在现在的经济交流中有着重要作用。自从中国加入世界贸易组织，越来越多的外资企业来到中国开设公司，中国的企业与国外的经济交流和贸易也越来越频繁，这对商务英语的专业人员需求也随之增长，现在企业对人才的需求要求越来越多，不再只是需求单一的语言专业毕业生。我们要努力培养复合型人才，这样才能够适应社会经济市场的发展，我国也逐渐在很多院校开设了商务英语专业。商务英语在西方的国家一般称为 Business English，在中国，人们从事的商务活动被称为商务英语（Business Activity）。商务英语的研究方向是商务活动，是用英语语言学作为基础。我国在 20 世纪 70 年代末的时候，在对外贸易时使用商务英语，所以还有一个名称是外贸英语。现在的经济发展逐渐全球化，我国对外的经济来往也越来越密切，在经济、教育、文化、科技等很多方面与国外都有合作与交流。现在的商务英语涉及的方面也十分广泛，不只是在进行对外贸易时使用商务英语，它还涉及各个领域，在任何对外交往时都会使用英语。

## 一、商务英语的发展

### （一）商务英语的起源

从汉代丝绸之路伊始，我国与中亚、东亚、欧洲的对外的商贸交流越来越频繁，尤其是经历盛唐之后航海事业的发展，进一步扩大了海外航运贸易的发展范围。明清时期，在西方国家海上事业发展的影响下，国际贸易发展迅速，通商活动十分频繁，在与西方国家的商务交往过程中，英语作为交际的语言形式，正式发挥了"商务英语"的功能。17 世纪后，英国在经历资产阶级革命以后，开始进行的不断对外扩张和掠夺。在一系列的商业贸易活动过程中，为了加强双方的语言沟通和交流，英国的英语随之进行了普及和扩散，就形成了当时的商务英语（business English），此时商务英语的特点是以当地母语为根本，并掺杂着许多英语词汇，这种语言在当时也被称之为"洋径浜英语"（pidgin English）。"洋径浜英语"反映了我国商务英语的历史发展起源。

### （二）商务英语的发展

中华人民共和国成立以后，商务英语成为国际贸易的主要交流工具。在学校教育领域，商务贸易教学开始兴起。外贸函电成为各公司和院校培育贸易人才的重要课程，直到今天《外贸函电》作为对外贸易的主要教材还在不断地改编和完善，为我国当前国际贸易人才的培养起到了极大作用。1978 年以后，我国的对外贸易体制开始转型，为适应新形势下对外贸易的发展，过去的"贸易英语"也逐步被现代的"商务英语"所代替，除了原有的国际贸易英语进出口业务、函电英语等课程外，还出现了一些新兴的课程内容，例如：国际营销英语、国际经济英语、国际金融英语等。随着外资企业数量的不断增加，外资企业对高素质商务英语人才的需求也不断增加，复合型商务贸易人才培养成为现代商务贸易学科领域的重要目标，商务英语相关学科开始在大专职业院校和贸易财经院校设立。

商务英语作为专门用途英语是在 20 世纪 60 年代，随着美国等西方国家经济、商业的发展而受到人们的关注。20 世纪 60 年代末、70 年代初，出现了一些与普通英语不同的商务英语专门词汇和术语。一些早期的教材，如1971 年弗斯（Firth）编写的《银行实务英语》体现了这种模式。早期商务英语教材的原则是，根据特定的题目在书面语或对话的情景中提供履行任务的专门词汇，例如，在《银行实务英语》中的汇兑、汇兑管理、公司、账户等，内容主要是课文理解、词汇练习以及任意选择的句型结构训练。该教材要求学生至少具有中等英语水平，而无须掌握商务方面的知识；此外，也不考虑学生如何在现实生活中使用语言以及在商务交往中提高语言技能。第二种教学法是由 BBC 播放的录像以及 1972 年出版的《商务英语教程》，强调在商务情景中训练听、说、读、写的交际技能。该教程包括提高听力、句型练习、对话实践和角色模仿。虽然这种教学法仍属于结构 / 视听教学法，但它已经为商务英语教学指明了方向。

到了 20 世纪 80 年代，商务英语在世界各国成为一大热门。现在，每年世界各地都有大量的考生参加英国剑桥商务英语考试（BEC）和美国普林斯顿考试中心的国际交际英语考试（TDEIC）。追随普通英语教学的趋势，商务英语教学开始越来越重视功能教学法，即运用套语来履行推荐、发表观点，达成一致等功能。功能法主要依据社会语言学家海姆斯（Hymes）的交际能力理论及韩礼德（Halliday）的系统功能语言学而形成，是一种以语言功能项目为纲、培养交际能力的教学方法。

自 20 世纪 80 年代以来，商务英语教学吸取了以前各种教学法的优点，但仍然更加强调提高运用语言技能的必要性。商贸人员必须熟练掌握商务交际技能，这种观点对商务英语教学产生了巨大的影响。虽然运用行为技巧来训练商务英语专业学生不是商务英语教师唯一的任务，但良好的行为技能对成功交际的影响是毋庸置疑的。

## 二、商务英语目前发展状况

### （一）学科交叉发展

"商务英语"顾名思义，包含着语言（英语）与业务（商务）两个方面，是在我国对外开放不断深入发展的推动之下由英语学科与商科交叉而产生的一门新兴应用学科，姓"商"还是"英"，不再是一个困难的问题。商务英语的专业技术包括三维度：（商务）学科知识（内在逻辑）、行业惯例做法（认知行为策略）、话语产出和接受能力（语言策略技巧）。话语能力不能脱离另外二维度，随着学科知识和行业惯例做法的积累而增强。由于三维互动综合地体现在话语产出和接受能力上，所以话语产出和接受能力成为 BE 教学内容组织原则。

### （二）学科身份构建

随着越来越多的高校对商务英语的重视，使得商务英语的学科定位，多样化，学科身份构建日益重要，但也存在学科定位不明确、教材设置及教学内容不合理等问题。很多大学都开设了商务英语学科，内容多为英语教学，主要采用的也是原版的英文教材，教学模式和其他专业的教学模式并没有本质上的区别。比如说，依然是模仿不同语境的英语语言使用方式，加强听说读写等能力，采用卷面考核的模式。在整个的学习过程中，学生更多的是作为一个局外人，对某个片段或是情节进行点评、分析，缺少参与感，学生无法真正融入真正的实践中去。

### （三）传统的教学模式、教学手段

商务英语课程主要将英语语言技能和商务专业知识密切结合，这就要求商务英语老师需要有更高的教学水平，对他们提出了更高的要求，商务英语教师不但要在教学中培养学生的英语语言能力，同时还要给学生讲授专业的商务知识和专业素质。而现今很多采用传统的普通英语的教学模式，造成教与学的双重被动，无法满足竞争日渐激烈的商界的需求。

## 三、商务英语发展趋势

现如今，世界的通用语言是英语，随着经济全球化的不断发展，人们也越来越重视商务英语的使用，要想由经济来往与各国进行有效经济贸易，单单依靠英语沟通是不够的，所以商务英语渐渐形成一门独立的学科。自从中国加入世界贸易组织，越来越多的外资企业来到中国开设公司，中国的企业与国外的经济交流和贸易也越来越频繁，这对商务英语的专业人员需求也随之增长，现在企业对人才的需求要求越来越多，不再只是需求单一的语言专业毕业生。而是要努力培养复合型人才，这样才能够适应社会经济市场的发展，我国也逐渐在很多院校开设了商务英语专业。

就我国商务英语发展的现状来看，我国商务英语发展不仅仅需要教育主管部门的重视，还需要高等院校及时有效的更新商务英语人才培养方案。从我国商务英语发展的未来趋势可以清楚地看到，我国的商务英语在不断地发展和变化过程中，应该紧紧地依靠企业对于商务英语专业人才的需要，以企业的发展需要作为根本的出发点，培养出能够适应国际贸易发展所需要的人才。我国商务英语发展的趋势主要应该从以下几个重要的方面：

首先，应该不断提升和完善商务英语专业人才培养的定位，人才培养的定位关系到培养出什么样的商务英语人才，怎样来进行人才培养的重要任务，从当前我国商务英语人才发展的现状来看，对于商务英语人才的培养定位应该是培养能够服务于国际贸易与服务一线的高素质商务型人才，这些商务人才不仅仅需要掌握必要的理论知识，而且还需要具备相应的专业技能，能够适应当前国际贸易与发展的现实需要。

其次，对于我国商务英语发展趋势来看，应该重视对于商务英语专业的师资力量的引进与继续教育的力度，争取在未来的发展过程中能够引进更多的专门型人才，同时还需要增加对于当前的商务英语专业教师的继续教育的力度，让这些教师能够在当前经济的发展过程中，不断提升和完善自身的综合素质，以期能够为更好适应我国的商务人才的发展奠定坚实的基础。在未来的商务英语师资力量的发展过程中，应该更多的来关注对于商务英语专业师资力量的发展。只有将师资力量发展好、完善好，才能够真正发挥我国商务英语专业在未来发展中的定位。就当前我国商务英语的发展前景来看，只有具备了优秀的师资力量，才能有效引导商务英语专业的发展沿着更加有效的脚步来进行发展。

最后，就是在未来的发展过程中，不仅仅要重视理论基础课程的讲授，而且还需要高等院校和企业进行有效的对接，给商务英语专业的学生搭建起有效的平台来进行实习，将实习作为学生在学校期间学习商务英语专业的一个重要组成部分。从这个角度可以清楚看到，实习在很大的层面上能不断提升和完善日常的教育教学所学的基本知识，同时还能够让学生将自身所学到的知识运用到现实生活中，这样才能够发挥实习的优势所在。另外，在商务英语的未来发展过程中，应该重视的是优化课程的设置，重视对于理论课程的设置，不断增加理论课程设置的数量，同时在这个过程中将商务英语技能型课程的设置进行精选，让理论课程和技能型课程的设置能够相互融合到一起，只有不断提升商务英语理论课程的设置的合理度，才能够真正发挥出商务英语专业教学的优势所在。

## 四、商务英语的重要性

随着外资企业的增多以及我国对外贸易的日益繁荣，对外贸易的开展，就需要与各种不同国家之间企业交流、沟通、磋商等，语言无疑成为其中最重要的媒介和障碍。英语作为全球通用语言，其地位可想而知，而同样地，商务英语在对外贸易往来中的地位更是重中之重，越来越多的领域和场所都离不开商务英语。商务英语贯穿于贸易中的各个环节，企业中技术人员利用英语获取相关的商务知识信息，对产品质量和销售起着决定性作用。

（一）商务英语是对外贸易沟通的桥梁

英语是全球唯一的通用语言，是一种覆盖全球的语言介质，其在全球交流中的重要作用早已深入人心。据语言学家估测，全球除美、加、澳、英等以英语为母语的国家之外，有十多亿人能熟练使用英语。另外据不完全统计，全球贸易活动中有 70% 以上都是使用英语来交流、磋商、洽谈等。随着经济全球一体化的发展和中国对外贸易增多，商务英语在贸易交流、贸易磋商中的重要性越来越凸显，普通英语已经不能适应多元化发展的经济社会需求，而更多的是需要应用性和创新性很强的商务英语。商务英语是以一定的商务知识、背景为基础，其所涉及的交际技能、社会文化背景和商务知识是普通英语在对外贸易中所无法企及的。商务英语中包含有商务交际能力和商务语言的运用。在贸易活动之前，应用商务英语能够得体地、不失礼仪地与对方进行交谈，能够快速地建立双方之间的友谊。因此，商务英语成为对外贸易交流沟通不可缺少的工具和桥梁，从而减少和避免贸易交往中的误解，增进贸易双方的友好关系。

（二）通过商务英语获取商业新知识，分享新技术成果

现今迅速发展的世界已不断步入知识经济新时代，知识经济时代意味着产品中蕴藏着更多最新的科技和人类知识精华，这也成为对外贸易市场中竞争的关键。在对外贸易过程中，人们通过语言交流、传递信息和思想，获取新的知识和技能。翻译人员通过所掌握的精准熟练的商务英语，利用翻译技巧，准确无误地将别国产品翻译出来，进行加工完善，通过及时正确的获取最新的商务知识技术和信息。商务英语的运用为双方极大地减少了语言沟通

成本，企业能够更好地了解到客户的需求，了解国际市场上同类产品发展的新动态，加强国际的交流与合作，通过学习、推广国外先进技术成果、新的经验和方法，实现分享和共赢，提高本国企业产品的质量；从客户来说，商务英语的运用能够更好地了解企业讯息，全方位地判定企业经营贸易信用和情况，统一标准评判不同国家的供货商，有利于缩减贸易风险，获取更高利润同时推动经济发展。

（三）商务英语的正确使用有利于促进商务谈判的成功

商务英语是企业了解国际市场和产品的窗口，也是对外营销的重要方式之一。由于每个国家都有自己语言使用的特点，有些国家说话会比较直接，有些国家说话会比较委婉。在不了解其他国家，或者某个国家、某个地区语言习惯时，可能很难接受对方的方式方法。这样由于国家之间文化、语言习惯不同，有可能会使企业丧失机会，给企业造成很大的利润损失。商务英语一个很大的优势就是语言精准、专业。在世界这个大市场上，商务活动和贸易的洽谈、磋商，通常都是使用英语电传，也即函电形式。在对外贸易的函电中正确使用商务英语，在每一个环节上都要力求措辞精准、严谨，并尽量使用行话和专业术语，避免产生理解上的分歧。在贸易的过程中，人们通过运用商务英语，进行语言沟通，思想交流，进行各项国际经济贸易活动，使得交易活动简便、快捷。在商务合同订立的过程中，少不了双方的博弈，商务英语专业用语为双方能够很好地交流，提供了语言手段。商务英语用语的专业性正好迎合了合同的专业化的要求，更准确理解他国的法律条款的用词格式和习惯，充分利用法律知识保护本国的贸易权益，为国际经济贸易合同的签订提供了语言保障，促进了合同签订的速度。这些都有利于经济的发展。

商务英语在贸易交流协商、商务知识、信息的获取和技术的引进及国家经济的发展中都起到举足轻重的作用，并且随着国际经济贸易和我国对外贸易的进一步发展，这种作用将会越来越重要。

# 第二章 商务英语翻译研究

## 第一节 商务英语翻译的概念

### 一、翻译的概念

商务英语翻译说到底是一种翻译活动，因此在了解商务英语翻译的概念之前，需要先了解一下翻译的概念。

翻译是不同民族之间沟通的桥梁，自从人类开始翻译实践以来，已经给翻译做过很多定义。但是由于人们往往从不同的角度去理解。和描述翻译，因此要达到完全统一的认识是不可能的。下面我们仅列举国内外部分翻译理论家及学者对翻译的定义。

美国翻译理论家尤金·奈达（Eugene A Nida）认为，所谓翻译，是指从语义到文体在译语中用最切近而用最自然的对等语再现源语的信息。(Translating consists in reproducing in the receptor language the closest natural equivalent of the source language message，first in terms of meaning and secondly in terms of styles.)

英国著名语言学家和翻译理论家卡特福德（J.C.Catford）认为，翻译是用一种等值语言（译语）的文本材料去替换另一种语言（源语）的文本材料。(Translation may be defined as follows:The replacement of textural material in one language by equivalent textual material in another language.)

苏联翻译理论家巴尔胡达罗夫认为，翻译是把一种语言产物，在保持内容也就是意义不变的情况下，改变为另一种语言产物的过程。

吴献书认为，翻译是将一种文字之真义全部移至另一种文字而绝不失其风格和神韵。

张培基认为，翻译是用一种语言把另一种语言所表达的思维内容准确而完整地重新表达出来的语言活动。

　　冯庆华认为，翻译是许多语言活动中的一种，它是用一种语言形式把另一种语言形式里的内容重新表现出来的语言实践活动。翻译是一门艺术，是语言艺术的再创造。

　　可以看出，虽然诸多翻译理论家提出的见解各不相同，但都认为翻译是一种语言流动，即是利用一种语言把另一种语言所表达的内容重新表达出来的过程。因此，我们可以给翻译下一个较为完备的定义：翻译是两个语言社会之间的交际过程与交际手段，其目的是促进不同语言社会的政治、经济和文化的进步，其任务是将源语作品中包含的对现实世界的逻辑映像或艺术映像等语言信息，完好无损地转换为目的语的语言信息。

　　此外，我们还可以从广义和狭义两个方面理解翻译。从广义上说，翻译是指语言与语言、语言与变体、语言与非语言之间的代码转换和基本信息的传达。从狭义上说，翻译是一种语言活动，旨在把一种语言表达的内容忠实地用另一种语言表达出来。

### 二、商务英语翻译的概念

　　商务英语翻译是在经济全球化的过程中，在各国间不断加深交流的进程中，作为促进商业文化和物质交流的经济活动的一部分而出现的一种翻译活动。

　　和翻译的概念一样，商务英语翻译的概念也可以从广义、狭义以及一般意义等方面来理解。从广义上来说，商务英语翻译包括一切与国际商务活动有关的翻译，它涉及与商务相关的广泛领域。例如外宣政策文件翻译、外交事务翻译等都属于广义的商务英语翻译的范畴。狭义的商务英语翻译是指在具有直接经济利益目的的经营性活动中所涉及的翻译活动，是泛指某一具体领域内的翻译，例如某公司参与国际贸易业务所需的翻译活动。从一般意义上而言，商务英语翻译则是指跨越国界的各种商业活动，包括商品、资本、劳务等任何形式的经济资源的国际传递卜相关的一切领域所涉及的翻译活动。例如，国际商务活动涉及的法律法规翻译、涉外旅游宣传的翻译等。

## 第二节　商务英语翻译的标准

### 一、有关商务英语翻译的各类观点

　　对于翻译的标准，虽然不同的专家与学者提出了很多观点，但翻译界对此始终没有完全一致的定论。对于翻译的标准尚且如此，那么对于商务英语翻译的标准，更是众说纷纭，说法不一。下面我们就列举一些国内外学者针对商务英语翻译的标准所提出的不同观点。

（1）"信、达、雅"标准。清末翻译家严复于 1898 年提出了有关翻译的"信、达、雅"（faithfulness, expressiveness and elegance）三字标准。"信"即要求译者必须正确理解、忠实表达原文所包含的信息。"达"是指译文不拘于原文的形式，但是能彰显原文之意义，要求译者用通顺易懂的语言来表达。由于受历史的局限，严复所指的"雅"片面追求古雅，认为只有文言文才能算是标准的表达形式，提倡使用"汉以前字法句法"。随着时代的不断进步，现在我们所指的"雅"不再是"古雅"，而是指译文的美学价值，能带给读者艺术上的享受和精神上的满足。对商务英语的翻译而言，很多学者提倡沿用严复的这一"信、达、雅"标准。具体来说，商务英语的翻译要做到语言准确、严谨，即"信"，同时在"信"的基础上去追求"达""雅"。作为中国最有影响力的翻译标准，"信、达、雅"的标准无疑对商务英语的翻译有着有益的指导作用。

（2）尤金·奈达在与泰伯（Taber）合著的 The Theory and Practice of Translation 一书中，从语言功能的角度出发，将翻译与功能联系起来，提出了"功能对等"（Functional Equivalence）的翻译准则。所谓功能对等，就是指从语义到语体，在接受语中用最贴近自然对等语再现原语的信息。在具体的翻译中，要求译文使读者所做出的反应与原文读者对原文所做出的反应基本一致，但不求完全一致，因为目的语和原语的文化与历史背景存在着很大的区别。也就是说，原文与译文要在信息内容、文体、风格、说话方式、语言、文化因素等诸多方面要达到对等。奈达的"功能对等"理论是对我国影响最大的理论之一，同样，"功能对等"的翻译标准观也对商务英语翻译具有很强的指导意义。

（3）刘法公教授认为，商贸翻译应遵循"忠实、准确、统一"的原则，这也是关于商务英语翻译提出的最早的标准。他认为，商贸翻译的"忠实"是指必须将原文的语言信息用译文的语言表达出来；"准确"是指在将原文的语言信息用译文语言表达的过程中做到概念表达确切，同时选词准确，例如数码与单位精确，物与名所指正确等；"统一"则是指在商贸翻译过程中，要到做译名、术语、概念等保持一致。

（4）彭萍认为，国际商务英语一般的翻译标准应当是"意思准确、术语规范、语气贴切"。

（5）翁凤翔认为，翻译的对等可以作为国际商务英语翻译的指导思想。具体来说，翻译的对等就是"信息灵活对等"的"4Es"原则，即原文的语义信息、文化信息、风格信息与译文相对应，原文读者反映与译文读者反映相对等。这种翻译标准观与奈达的"功能对等"准则可说是殊途同归。

（6）欧秋耘认为，国际商务英语文体的翻译标准可归纳为"信和达"标准。具体来说，译文应当完全复写出原文的思想；译文的风格和手法应与原文属同一性质。

虽然以上各学者提出的见解各不相同，但是他们对我国商务英语翻译标准的研究都起到了积极的推动作用，其目的也都是为了提高翻译的水平，使翻译出来的文本精益求精。

然而，由于国际商务场合存在多样性并涉及众多领域，各行各业都有其独特的习语、术语或表达方式，因此面对不同种类的商务文体，如果用以上这些概括性强、笼统性很强的标准作为准则，是不现实的，也是不可行的。例如，商务广告和商务合同，由于他们的目的不同，其文本功能差别也较大。商务广告是为了感染、燃情，刺激读者的消费欲望；商务合同是一种法律性的文体，其语言严谨、行文正式。因此，对商务广告的翻译而言，意义准确并不是最重要的标准；而对商务合同的翻译而言，语气的文体并不是最重要的标准。可见，对于商务英语翻译而言，并不存在一种适用于所有商务文本类型的共同的、唯一的翻译标准。这就要求我们应当探索针对不同文本、不同目的的具体翻译标准，以更好、更切实地指导不同的商务英语翻译实践。

## 二、商务英语各类文本翻译的标准

在人类的商务交往史上，翻译一直处于非常重要的地位。而在高度信息化的今天，各国之间的商务交往更加频繁，翻译作为商务交流和发展的有效工具，其地位更加突出。由于商务文本一般都涉及各方的经济利益，因此对商务文本翻译的要求很高。近几年来，译界从事商务翻译的人士开始有意识地对商务文本的翻译标准进行了较为深入的探讨，以便能够切实指导商务活动的翻译实践。然而，纵观目前翻译界所提出的商务翻译标准，发现大多数标准脱胎于传统翻译理论"信、达、雅"，过于单一和笼统，不适合商务翻译的实际情况。商务文本涉及的领域广，语言特点的跨度大，如果用"信、达、雅"这么一个统一的标准来涵盖各类商务文体，在翻译实践中似乎缺乏可操作性。所以，商务文本的复杂性决定了其翻译标准必然是多元化的，即不同的商务文体应该有不同的具体的翻译标准。在实际翻译过程中，要根据商务英语文本的不同类型、语言特点以及实际用途，遵循相应的翻译原则和尺度。

（一）准确严谨原则

商务英语的翻译要忠实、准确地将源语的信息用目标语言表达出来，做到原文读者获得的信息与译文读者获得的信息内涵相等，即信息等值。译者在翻译的过程中选词要准确，概念表达要确切，数码与单位要精确。相比起语言表达形式，商务翻译更注重内容的忠实、准确，使翻译达到使用的目的。

根据《翻译研究词典》（Dictionary of Translation）定义，准确是指翻译评价中译文与原文的相符程度。通常用来指直译手段而非意译手段，达到在译文中保留原文的信息量。（Accuracy:a term used in translation evaluation to refer to the extent to which a translation matches it original. While it usually refers to preservation of the information content of ST in TT, with an accurate translation being generally literal rather than free.）准确严谨的原则要求在翻译国际商务合同时，选词准确，表达概念确切，名与物所指正确，数码与单位确切，透彻理解原合同的精神实质，完整表达合同原文的信息，对原文的内容既不增减也不歪曲。准确严谨不仅仅是商务翻译的原则，还是翻译作风的问题。它要求译者在翻译合同时严于律己，具有一丝不苟的精神和实事求是的科学态度。

准确传达原文的事实信息主要包括三个方面：术语翻译规范；具体事实细节要准确传译；注意信函中的缩写和简称。

例如：The buyers ask for credit and have given the Sumitomo Bank, Tokyo, as a reference.

买方要求记账交易并提出东京住友银行作为资信证明人。

We shall appreciate your giving us particulars as to their standing and reliability for our reference.

恳请贵方提供他们的资历及信用情况以便参考。

第一句中的"reference"表示"资信证明人"，而不是"涉及""参考"的意思；而第二句的"reference"则是"参考"之意。同样，第二句中的"standing"表示"财务状况、资信情况"，而不是"站立"的意思。

As soon as you tell us the number of parts you will need, we will schedule their production immediately.

译文一：一收到你方所需零件数，当即安排生产。

译文二：一收到你方所需零件号，当即安排生产。

我们不难发现，该例的"译文一"并没有准确传达原文中的某处细节信息，这势必会影响交易双方的有效交流。如 D/A=document against acceptance 承兑交单，T/T=telegraphic transfer or cable transfer 电汇，C.O.D.=cash on delivery 交货付款，D/P=document against payment 付款交单，这些缩写和简称在商务函电中经常出现，所以，译者必须具有一定的商务专业知识。若不熟悉可查阅相关工具书，切不可粗枝大叶。

（二）规范统一原则

这里指的是运用词语规范，符合约定俗成的含义。译文的语言和行为方式要合乎商务文献的语言规范。在商务英语翻译过程中所采用的"译名、概念、术语"等在任何时候都应保持统一，不允许将同一概念或术语随意变换译名。不统一的译名必然造成误解，使读者对译文不知所云。这样的翻译更多地应归咎于译者的敷衍态度。

译者可参照《中国日报》《北京周报》等提供的译文，或遵照商贸领域通用术语的统一译文。例如：

一刀切　impose uniformity

原产地　place of origin

贸易盈余　trade surplus

可兑换货币　convertible currency

化解金融风险　defuse financial risks

免征进口税的货物　free goods

相对优势理论　comparative advantage theory

（三）专业原则

商务语言是商务文化群体广泛使用的一种特定语言，其内容和读者有很强的针对性。为避免日后产生异议和纠纷，商务文书的语言组织受到特别的重视，尤其注重专业规范的措辞和严谨缜密的结构等方面。在商务翻译中，应使译文在语体和风格等方面符合目标语商务文本的特点，可以套用符合目标语习惯的地道用法，以保持译文与原文的风貌一致。所以，商务翻译不仅要事实准确，遣词用句还要符合公函文体的特征，以体现商务信函的特点和专业水准。对信函中某些约定俗成的、固定化的行业套语可以遵循译入语的习惯，直接套用相应的习惯表达方式；译文还应尽量使用简洁的书面语，避免使用广告体和口语体。

例：按到岸价成交以后，由我公司以发票价值 110% 投保一切险。

As to the goods priced on CIF basis, our company will insure against All Risks for 110% of invoiced value.

分析：译文中的 on CIF basis 和 insure against All Risks 都是外贸信函中常见表达法，直接套用使译文显得更加规范得体。

例：兹通告，友谊公司将采取一切必要的措施，追究任何未经许可制造或销售注有"友谊"商标服装的当事人。

Notice is hereby given that Friendship Ltd. will take all necessary measures against any party manufacturing and/or selling any garment bearing the trade mark of "FRIENDSHIP" without being authorized.

分析：如此例句所示，正式的英文通告或启事一般用"Notice is hereby given that"开头，因而，在翻译此类通告或启事时，可套用这一模式。

There are quantities of this item here, in different weights and sizes, with varied colors and shapes. The price is very reasonable and the quotations will be given upon request.

译文一：现有各种不同重量、尺寸、颜色和形状的该商品供君选择。价格绝对公道，按需报价。

译文二：我方现有各种不同重量、不同体积、颜色丰富、形状各异的该商品，数量甚巨。价格合理，受函报价。

Our prices already make full allowance for large orders and, as I am sure you know, we operate in a highly competitive market in which we have been forced to cut our prices to the minimum.

译文一：我们的价格已经是大量批发的价格。另外，你也知道，我们所处的行业竞争十分激烈，逼得我们将价格压至最低。

译文二：我方报价已考虑到大批量订货的因素。相信你公司了解我们是在一个竞争十分激烈的市场上经营销售业务，因而已经不得不把利润减到最低限度。

通过比较我们发现，"译文一"在遣词造句上都不符合原文的文体特点，缺乏商务信函的特点和专业水准，第一例中"译文一"有点像广告，而第二例的"译文一"口语色彩太浓。

商务翻译中涉及的商品名称、机构和相关概念，如果目标语中有现成表达，要直接套用或采用通用译法，以保证其专业规范性。切忌望文生义，自编译文，以免造成误解引起不必要的损失。例如：

保税区 bonded-zone（不是 free trade zone/tax-protected area）

黄金地段 prime location（不是 golden area）

外向型产业 export-oriented manufacturing（不是 external directed industries）

国际公开招标 competitive international bidding（不是 international open tender）

共同对外关税 common external tariff（C.E.T.）

国际金融公司 International Finance Corporation（IFC）

商务英语独特的语言特色和文体风格决定着其翻译标准的特殊性，一般的翻译标准可能无法有效地指导商务英语翻译实践。因此，商务英语翻译的标准应该是多元化的，而不是单一的。这就要求译者要充分把握商务英语的文体风格，根据具体商务文本的实际情况，采取相应的翻译原则和策略。

## 三、商务英语翻译的方法

### （一）单词分译

单词分译是指把原文中的一个单词拆译成一个小句或者句子。采用单词分译主要有两个目的：一是为了句法上的需要。由于一些单词在搭配、词义等方面的特点，直译会使句子生硬晦涩，而把某个单词分译却能使句子通顺，且不损伤原意。二是为了修饰上的需要，如加强语气，突出重点等。英语中的名词、动词、形容词和副词等都可分译。

例：We recognize that China's long-term modernization program understandably and necessarily emphasizes economic growth.

我们认识到，中国的长期现代化计划以发展经济为重点，这是可以理解的，也是必要的。

### （二）短语分译

短语分译是指把原文中的一个短语分译成一个句子。名词短语、分词短语、介词短语等有时都可以分译成句。

例1：These cheerful little trams，dating back to 1873, chug and sway up the towering hills with bells ringing and people hanging from every opening.

这些令人欢快的小缆车建于1873年，嘎察嘎嚓摇摆爬上高耸的山峦。车上铃儿叮当作响，每个窗口都是人。（介词短语分译）。

例2：The military is forbidden to kill the vessel, a relatively easy task.

军方被禁止击毁这艘潜艇，虽然要击毁它并不怎么费事。（名词短语分译）

### （三）转换译

转译是指商务英语翻译中语言的词性和表现形式的改变。由于英语和汉语的表达习惯和句子结构的不同，在翻译中往往难以做到词性和表现方法的一致。为了适应译文语言的表达习惯和语法规则，在商务英语翻译中必须运用词类和表现方法的转换技巧。

1.词性的转换

如：Please let us know if our terms are acceptable. 请告知是否接受我方条款。（形容词acceptable转类为动词）

2. 句型的转换

如：We have to make it sure that the remittance of commission made as such is not against local regulations. 我们得确保这样汇付佣金不违反当地规定。

（四）顺序译法

有些英语语句叙述的一连串动作按发生的时间先后安排，或按逻辑关系安排，与汉语的表达方式比较一致，可按原文顺序译出。例：In international buying and selling of goods，there are a number of risks，which，if they occur，will involve traders in financial losses.

分析：按意群的关系，该句可以拆分为四部分：In international buying and selling of goods/there are a number of risks/if they occur/which will involve traders in financial losses. 原文各句的逻辑关系，表达次序与汉语基本一致，因此可以按原文译出。参考译文：（在）国际贸易货物的买卖（中）存在着各种各样的风险，这些风险的发生将会给（有关的）商人们带来经济损失。

（五）逆序译法

"逆序译法"又称"倒置译法"，主要指句子的前后倒置问题。有些英语语句的表达次序与汉语习惯不同，甚至语序完全相反，这是因为汉语在叙述动作时一般按照动作发生的先后顺序排列，而英语在叙述动作时，更多的是使用各种语法手段将动作的先后顺序打乱。这就要求我们必须从原文的后面译起，逆着原文的顺序翻译。例：Unless you are prepared to eat in silence you have to talk about something-something, that is, other than the business deal which you are continually chewing over in your mind.

分析：该句可以拆分为四部分：Unless you are prepared to eat in silence/you have to talk about something/-something，that is，other than the business deal/which you are continually chewing over in your mind. 这句英语长句的叙述层次与汉语逻辑相反，所以宜用逆译法。参考译文：吃饭时你必须随便谈些与生意无关的事情，否则你只能埋头吃饭。你什么都可以谈，但就是不能谈你脑子里一直在反复琢磨的生意。

（六）术语精确

商务翻译中有许多涉及经济、贸易、法律等方面的专业术语。要精确传达原文的信息，使读者准确理解原文，译者必须使用标准的，对等的专业术语，如果不全面了解这些术语，在翻译中会不够地道，甚至让人不知所云。例如：

open policy　预约保险单

flexible container　软包装

bill of lading（B/L）　提单

P.D.（physical distribution）　实物配送

D.W.T（dead weight tonnage）　载重

shipping documents　装船单据

FOB（free on board）　船上交货价

Force Majeure　不可抗拒力

Consolidation　拼箱，集运

general average　共同海损

再如：

After we have checked the L/C carefully, we request you to make the following amendment: "Partial Shipment and Transshipment Allowed."

译文：经过仔细核对信用证，兹要求贵方做如下修改："允许部分转运和转船。"

分析："Partial Shipment"译为"部分转运"欠妥，用术语应该是"分批"。

The shipping documents for the consignment are now with us and we shall be glad if you will arrange to collect them.

译文：货运单据现在我行，请安排前来领取。

分析：此处的"collect"并非"领取"之意，而是商务术语"赎单"。

（七）语气恰当

在商务活动中，礼貌原则是非常重要的。在商务交往及商务文本中，双方都尽量措辞严谨，语气温和。在商务活动中，中西方都有一些固定的表达方式可以使商务文本严肃可信。这种情况下，译者可以在准确传达原意的基础上，采取归化翻译手段使译文更易于接受。

例：Dear Sir, I am requested by the Import&Export Department to inform you that the150 tons of coal ordered from your company one month ago have not been delivered. Will you be so kind as to institute enquiries concerning the delivery? I will appreciate if you give your reply as soon as possible.

Yours faithfully.（Secretary of the Administration）

在这封商务英语信函中，我们可以看出对方采用精确的措辞和温和的语调。汉语中也有对应的表达可以准确地传达原文的措辞和语气。

商务活动有自身的特点，因此商务英语翻译同其他翻译不同，有自身的特色。如我们在上文中提到的，商务活动涉及两方的经济利益，因此在翻译中译者应该重视措辞，任何误译都会妨碍商务活动的顺利开展甚至给双方带来损失。

因此，一个合格的译者不但要具备驾驭两种语言的能力，还要掌握大量基本的商务知识和商务术语。此外，在当今社会，文化因素在翻译中扮演越来越重要的角色，这也是商务英语翻译中不可忽视的一个因素。总之，译者在翻译过程中一定要采取灵活的翻译策略。

## 第三节 商务英语的翻译美学

### 一、商务英语的独特性

商务英语，作为专门用途英语（ESP）的重要分支和现代英语的功能变体，受到以实用性为特征的西方商业习惯的影响，以及商务英语语境和交际功能的制约，形成了独特的风格。

（一）专业性

商务英语作为一门专门用途英语，具有很强的专业性。专门用途英语是使学习者在某一专业或职业上实现英语知识和技能专门化的应用性课程。商务英语涉及商务理论与实践，包括与商务有关的所有领域，发展成为包括国际贸易、金融、营销、管理、电子商务和跨文化交流等在内的完整的商务英语体系，其语言极具专业性。商务英语不仅有许多专业词汇和半专业词汇，还有纷繁复杂的复合词、缩略词、古体词。而其句法更充斥着大量的条件句、被动句、圆周句等等，不具专业知识和英语底蕴的人是无法很好翻译商务英语的。

（二）目的性

商务英语作为一种实用文体，具有很强的目的性。根据国际商务涵盖的知识领域来分类，商务英语文体可分为七个子文体：广告文体、契约文体、信函文体、教范文体、商务公文文体、商务学术文体和营销文体。每一种子文体都有自己独特的目的性，在商务实践中需要根据不同的语境选择相应的文体，最终实现商务交际的目的。如广告文体是为了推销产品和服务，往往具有渲染劝说功能；契约文体为了确立合同双方权利与义务，往往规范严谨；

信函文体为了传递信息，通常委婉正式，但也会随着通信双方关系的变化而变化。

（三）实效性

商务英语作为一种经济性语言，注重实效性。商场如战场，国际商务工作讲究效率。文笔精辟，言简意赅，逻辑合理，意义连贯，正是商务英语文体的魅力所在。为了适应商务场合的特定要求，商务活动中的交际语言通常简明扼要，如商务信函往往使用大量固化和格式化的套语，商务合同常常采用信息量大的名词化结构，商务单证更是采用大量的拉丁缩略语。除了准确得体外，简洁明了，高效务实一直是商务英语追求的目标。

由于商务英语的客观性和实用性，让许多学者一直存在一种误解：商务英语与美学无关。其实，实用与美并不对立，人们总是在实现实用价值的同时追求美。翻译美学理论的不断完善为我们从美学角度研究商务英语翻译提供了可能性。

## 二、翻译美学理论以及美学观照下商务英语翻译的美学取向

刘宓庆的翻译美学理论为在美学视角下探索商务英语翻译打开了一扇大门。商务英语的独特性造就了商务英语翻译不同于普通英语翻译的美学取向。

（一）翻译美学理论

美是语言的基本特征。中西方早期译论无不具有美学渊源。古罗马雄辩家西塞罗（Cicero）提出翻译要讲究词章之美，同时代的著名诗人贺拉斯（Horace）认为翻译要创造美感，英国翻译理论家泰特勒（Tytler）提出了基于古典文艺美学的翻译三原则。我国的传统译论，从支谦的"不加文饰"，道安的"案本而传"，玄奘的"圆满调和"，到严复的"信达雅"，傅雷的"神似说"以及钱钟书的"化境说"，都闪烁着美学的光辉。然而，翻译美学理论真正在中国译界酝酿，一直要到20世纪70年代之后，当学者们开始从科学性方法转向描述性方法研究翻译理论时，翻译才被作为一种美质转化行为加以研究。

奚永吉所著的《翻译美学比较研究》，即其著作《文学翻译比较美学》的底本，阐释了美学因素对译者选择问题的影响，是翻译美学的萌芽。钱冠连所著的《美学语言学》从心理学角度对美学语言学做了开创性研究。而真正构建起翻译美学理论框架的是刘宓庆的《翻译美学导论》。刘宓庆发展了翻译美学理论，为从美学角度探索商务英语翻译打下坚实的基础。

刘宓庆认为，语言表达无时无刻不伴随着审美，做到适体就是最简单的

艺术性。刘宓庆指出，翻译审美分为两大类：非文艺文体审美和文艺文体审美。这两大范畴的审美运作属于两个等级：非文艺文体是基础等级，文艺文体属综合等级。非文艺文体包括一般科技、新闻、公务、综合文体等等，其审美原则是"立诚达意"，审美目标是"诚信适体"。文艺文体包括一切形式的文艺文体和艺术性商业广告，其审美原则是"传情"，审美目标是"择优求美"。

刘宓庆提出，通常有三条恒久性审美标准要求译作。

（1）真实性，指译语在语义、情态、功能上和原语基本等量齐观，能指与所指完全"对应"（equivalence），没有偏离。刘宓庆从美学的高度解读了"信"。

（2）清晰性，指译语在叙述表达上做到"言有序"，思路调理清晰，立意陈词明了。

（3）约定性。指译语的酌词用句符合"相沿成习"的原则，排除任意性。约定性是语言美的基本因素。语言美的最基本规约是语符和内涵的统一，因而具有"充分真值"。不合逻辑的语言搭配超越了内涵逻辑对搭配的支配作用，因此不符合约定性的词语搭配不具有"充分真值"，是不符合审美要求的。

刘宓庆的理论极大推进了翻译美学理论的发展。可见，美是开放系统，没有统一标准，是多角度、宽口径、多层级的。而其对于译作的三条恒久性审美标准更是符合商务英语特点，商务英语无时无刻不伴随着审美，其翻译大多属于非文艺文体审美，只有商务广告翻译属于文艺文体审美。

（二）商务英语翻译的美学取向

除商务广告之外，商务英语翻译大多属于翻译艺术创造的基础层级，具有特定的美学取向。它的翻译之美通常不是汹涌的文思，不是华美的词藻，而是忠实、婉转、简约、约定之美，完全符合翻译美学的解读。

1. 忠实之美

忠实之美，是商务英语翻译的首要美学取向。忠实之美，即"诚实、达意"，"真实性"，也指"语义真值"，即能指与所指完全统一，名实相符。翻译处于基础层级的非艺术文体，如商务合同、商务文书时，因其术语的专业性、逻辑的严密性，特别要注重恪守"忠实"，充分把握原文含义，再用地道的译文一丝不苟进行如实转换。如言过其实，或言不及义，不仅是对美的偏离，也会造成严重的经济损失。

2. 婉转之美

婉转之美，是商务英语翻译独特的美学取向。婉转之美，即措词礼貌诚恳，彬彬有礼，尤其是切忌咄咄逼人，勉为其难。在商务活动中，尽管竞争激烈，但表现在商务交际上却总是温文尔雅。礼貌是缓解紧张气氛，赢得善意尊重的有效手段。在商务交际中，婉转的措辞比强硬的语言更有力量。在具体翻译时，译者应注意这种文化迁移，贴切再现原文的礼貌语气，才符合翻译审美要求。

3. 简约之美

简约之美，是商务英语翻译突出的美学特点。简约之美，即简单明了，顺畅明快。商务英语语言的一个重要特征就是精练，不但表现在词汇层，如复合词、缩略词的大量应用；也表现在句法层，如名词化结构的应用。在翻译以交际为主要目的的信函、备忘录时，译者要根据原作意图，对语言进行整合，用简练规范的语言传递信息。翻译美学理论"好英语"（good English）的审美理想——语法正确、用词得当、语义明晰就是简约之美的最好概括。

4. 约定之美

约定之美，是商务英语翻译重要的美学取向。约定之美，指译语的用词酌句符合"约定俗成"的原则，排除任意性。商务英语有大量固化的词组与搭配，其译语往往有约定的搭配和习惯的表达方式。那是因为人们在具体的商务实践中早已将商务语符和内涵统一起来，并将其相沿成习。违反约定性习惯的译语搭配，不但不符合审美要求，也会引起商务摩擦或纠纷。

## 三、商务英语翻译的求美策略

与普通英语相比，商务英语翻译的美学取向有自己的特点。翻译商务英语时，在真实传递信息的同时，也要实现美感的转化。由于商务英语文本的多样性和复杂性，不同文本应采取不同的翻译求美策略，才能促进和完善商务英语翻译。英语翻译理论家 Newmark 的文本功能和翻译理论为不同文本采取不同的翻译求美策略提供了理论支持。Newmark 按照语言功能将文本分类为：表达性型文本（expressive text）、信息型文本（informative text）和呼唤型文本（vocative text）。表达性文本包括官方文告、自传文学、私人书信等；信息型文本涵盖自然科学、工商经济等文本；呼唤型文本包括宣传品、广告等。Newmark 认为，译者应针对不同文本采用不同翻译方法，以表达功能为主的文本以保持原作的语言特色和表达方式为首要任务，宜采用语义翻译法；以信息或呼唤功能为主的文本宜采用交际翻译法，即注重信息传递，交际效果对等和信息表达。以下，我们针对四种最具代表性的商务英语文本——函电、合同、单证和广告，提出不同的翻译求美策略。

（一）用"近文言体"策略翻译商务英语函电

商务函电作为商务交流的一个重要工具，又称商务书信。Newmark 认为大多商务函电属于信息型文本。与普通信件相比，商务函电具有语言准确、内容简练、语气委婉、格式固定等特点。商务英语函电的翻译除了格式问题之外，更重要的是文体问题。"近文言体"作为一种文言与白话之间的半文言体，为从美学角度翻译商务英语函电提供了一种策略。使用"近文言体"翻译，可以使译文以同样的"语域"表达原文的庄重严肃，还可以更大的语言承载能力达到简洁的效果，完成交际翻译的目的。

（二）用"化整为零"策略翻译商务英语合同

商务合同作为一种法律文件，属于信息型文本，具有独特的语言特征，如用语准确，句子冗长，结构严密。商务英语合同句式常采用并列式、复合式等扩展长句，从句套从句，短语套短语，层层修饰穿插其间，目的是力求严谨，避免歧义。在翻译商务英语合同时，宜用交际翻译法，尽量根据目的语的语言和文化方式传递信息，使用"化整为零"的求美翻译策略，"用汉语的意合法将长句化整为零，译成并列的散句或分立的单句，不但符合汉语的表达习惯，达到通顺易懂的要求"，还符合交际效果对等的要求。

（三）用"拾遗补缺"策略翻译商务英语单证

商务英语单证作为一种信息型文本，贯穿进出口贸易全过程，包括外销合同、信用证、商业发票、提单等单据，在国际商务活动中起着至关重要的作用。商务英语单证语言精练、术语丰富，通常以表格形式出现，格式排列相对固定，内容通常以短语形式出现。在商务英语单证翻译过程中，有时简单的直译会造成信息的缺失，不符合语义清晰的审美标准，也不符合国际贸易惯例要求。而"拾遗补缺"是一种很好的翻译策略，通过增补相关信息，准确规范地完成译文。

（四）用"达意传情"策略翻译商务英语广告

商务英语广告作为一种呼唤型文本，其功能不仅是提供信息，更重要的是引起消费者注意，诱发其购买欲望，激发其购买行为，达到盈利目的。商务英语广告翻译仅仅注重"语义对等"是不够的，更应该突出"达意传情"的策略。所谓达意传情，就是运用情感传递的手段，将原广告主旨传译到目的语中。为了唤起目的语受众的情感共鸣，赋予没有情感的商品以感情色彩，往往需要审美化语言的烘托，以优美的语言打动受众，以"美"动"情"，从而达到广告目的。

## 第四节 商务英语翻译的能力要求

商务英语是门交叉型和应用型的学科，其文本与普通用途文本既存在共性又存在差异。相应地，商务英语的翻译与普通翻译既有相通之处，也有显著的区别。要想使商务活动顺利进行，高质量的商务翻译是必不可少的。事实上，国际商务英语学科的一个重要目的和内容就是培养学生国际商务英语翻译的能力。而商务英语翻译的能力是由多种知识构成的体系。它不仅要求译者掌握语言本身及其相关知识，还要掌握语言以外的相关知识，如跨文化商务交际知识等等。

### 一、与语言相关的能力要求

（一）双语语言能力

翻译的过程实际上就是两种文字之间的转换过程，也就是将一种语言转换到另一种语言。这个过程包括解码和换码两个环节，首先要根据原文正确理解词语或句子的含义，然后再用另一种语言对已经理解的概念清晰地表达出来。在翻译的整个过程中，始终离不开对英汉两种语言的差异进行分析和综合，并对译文做灵活适当的处理。可见，在商务英语的翻译中，译者首先要具备较强的双语语言能力，这是从事商务英语翻译的基础和根本。双语语言能力包括汉语基本功和英语语言能力及对他们的应用能力。

1. 汉语基本功

商务英语的翻译虽然不像文学作品那样要运用形象的语言和多种修辞手段，但译文也要符合翻译的基本要求和标准，即概念清晰、行文流利、逻辑通顺、完整准确。如果说较高的英语知识是正确、清晰理解原文的基础，那么扎实的汉语功底则是贴切、自然表达的基础。这一点常常被许多人所忽略，认为汉语是自己的母语，可以轻而易举地处理翻译中的表达问题。实际上，英汉翻译的过程中，很多人都有这样的经历或体会：往往会因一个词或一个句子的措施而绞尽脑汁，很久也找不到一个恰当的词语或句子。例如：

Inflation is coming down; unemployment is coming down; things are definitely looking up.

这句话如果译为"通货膨胀正在下降，失业问题正在下降，事实确实正在向上看"，那么读者读完之后会不理解其中的含义。而如果改译为：通货膨胀正趋缓解，社会失业问题也在改善，形势确已好转。其含义就明了得多了，读来也不会使人费解。

可见，翻译质量的好坏直接受译者汉语理解能力和表达能力的影响。如果汉语功底不扎实，即使外语很精通，也很难将原文的内容和风格完整准确地表达出来。要想学好汉语，拥有扎实的汉语基本功，一方面要借助于语文教材，掌握基本的汉语语法知识；另一方面要阅读大量的汉语优秀文学作品，借鉴和学习里面的一些准确地道的表达方式。

2. 英语语言知识

既然是英语翻译，那么较强的英语语言能力便是英汉翻译的基础和首要条件，是清晰、完整、透彻地理解原文的前提。因此，要想翻译出准确而地道的译文，首先必须提高英语语言能力。为此，译者一方面要尽量拓展词汇量，另一方面要掌握必要的语法知识。如果词汇量有限，那么在翻译时就要不断地查阅词典来辅助翻译，这样不仅会影响翻译的速度，还会打断翻译的思路，很容易造成翻译错误。而如果不具备较好的语法知识，在英汉翻译时就不可避免地出现理解错误，使得译文不能很好地传达原文的意思。

3. 实际的应用能力

双语语言能力不仅包括对英汉语言知识的熟练掌握，更包括对两种语言的理解与应用能力，也就是熟练运用字、词、句、段、篇章结构等不同层次的能力。如果仅是掌握了基本的语言知识，而不会做灵活的变通与应用，同样无法译出好的译文。例如：

As long as the firm stays within its perceived areas of expertise, the image of one product will rub off on another.

译文1：只要公司坚持它观察到的专门知识，一种产品形象就会对另一个产品有好处。

译文2：只要公司守住自己的专长领域，一种产品形象会拉动另一个产品的形象。

上例译文1对原文的分析不够透彻，导致理解发生了偏差，表达也很模糊。原文中的 stays within its perceived areas of expertise 实则指企业在自己所擅长的领域里发展，不向不熟悉的领域扩展；而 rub off on 是指"从别人的榜样中汲取到……"。因此，原文实际上是说企业在它所熟悉领域里的不同产品形象是可以相互促进的。因此，应该为译文2。又如：

该厂位于城市的北郊，占地 360 平方公里，生产各种厨房用具。

译文1：The plant located in the northern suburb of the city, has an area of

360 square kilometers, products different kinds of kitchen devices.

译文 2：Located in the northern suburb of the city, covering an area of 360 square kilometers, the factory is a producer of various kitchen utensils.

上例原文中的"位于"做动词时，应译为 be located in，因此译文 1 中的表达不妥；而"厨房用具"应为 kitchen utensils，非译文中的 kitchen devices。此外，译文 1 的语法关系混乱，多个动词并列使用，语法错误严重。而译文 2 的表达既地道准确，又简洁明了。上述两例中的译文 1 都是由于对原文语法结构理解有误，或对词义的理解不当而造成的误译。可见，在商务英语的翻译中，必须对原文做透彻的理解与分析，继而才能进行灵活的翻译工作。

（二）语用能力

这里的语用能力是指在一定的语境中，正确得体地理解和使用语言形式以实施某一交际功能的能力。翻译中的语用问题归根结底是语言表达上切合语境的得体性。商务文本涵盖跨文化商务活动的方方面面，其各类文本的翻译不仅要求译者能够根据原语语境正确理解原语并根据译入语的语境正确使用语法规则进行遣词造句，还要能够遵循译入语的使用规则得体地使用译入语的语言形式，使译文能够符合译入语的语言规范，为读者所接受。我们可以将这种要求理解为语言的"语用等效"或"语用等值"。所谓语用等效是指首先要正确理解原文中的语言信息，不仅包括字、词、句等的明示信息，还包括隐含在文字下面的暗含意义；然后再用译入语将他们完全地表达出来。例如：

心触一块净土，爱博一片蓝天。

译文 1：Heart touches a clean land, love offers a blue sky.

译文 2：Keep the environment clean.

上例原文是某风景区的公告标示语，目的在于提醒游客爱护环境，保持环境卫生。但是外国游客看了译文 1 后会不知所云，因为译文 1 只是简单地进行了直译，并没有深刻理解原文所暗含的语用意义。而译文 2 则达到了语用等效的效果，外国游客也一目了然。

又如：

请提出您的宝贵意见。

译文 1：Please give your precious suggestions.

译文 2：Your opinions will be appreciated.

上述原文是中国人在交际中常用的一句客套话，如果直译为译文 1，会让外国人感到很为难。因此，应该译为译文 2，只要传达出原文的社交语用意义即可。

（三）语境认知能力

与语言相关的能力要求还包括语境认知能力，因为一切语言都是在情景环境中才能起作用，所有语言都是在情景语境中应用的语言。简单来说，语境就是语言交际所以来的环境，它制约着语言单位的选择以及意义的表达与理解。在商务英语翻译中，译者除了要掌握基本的双语知识，还要具备较强的语境认知能力，即要懂得如何联系语境准确理解交际中话语的字面意义与隐含意义，从而根据不同的语境需要，适时调整交际策略，恰当地使用语言。语境能力大体包括以下三个方面。

1. 语言语境

语言语境也就是文章的山下文。上下文的语境限制了某一词尤其是多义词的语义。某个词如果离开了一定的语言环境，便会失去它的确定意义，甚至引起歧义。而语言语境之所以能影响某一词的词义，就是因为词语与词语之间存在一种相互制约作用的语境功能，语言语境也正是通过这种功能来排除歧义。例如，mark 这个词若与不同的此项相连，其表达的含义便迥然不同，但却不会产生歧义。请看下面的一些例子：

（1）He got the highest mark in the exam.

他在考试中得到了最高的分数。

（2）He is a man of mark.

他是一位杰出的人。

（3）His feet left dirty marks all over the floor.

他的脚在地板上到处留下了脏印子。

（4）The scandal left a mark on her reputation.

那件丑事玷污了她的名声。

（5）The scary experience left its mark on every victim.

这可怕的经历让每个受难者都留下难以磨灭的印象。

2. 情景语境

情景语境是指说话、语言或某一事件的时间起点。世界上的一切活动都是在一定时空中进行的，语言这一社会活动也不例外。因此，情景语境强调的是话语参与者所处的时空位置。

情景语境涉及的因素主要有：说者和听者；话语过程中各参与者进行的活动外部客体与事件等。例如，spring 一词在不同的情景中其意思不同。在修表时，它指的是"发条"；在安装弹簧床时，它指的是"弹簧"，在叙述某件事的起因时，它指的是"源泉、根源"；在沙漠行走了很久找到水源时，它指的则是"清泉"，或引申为"春天"，喻指"希望"。总之，看某一词、短语或句子的确切含义，需要联系它所处的情境语境。

3. 文化语境

语言是文化的载体，也是文化的重要组成部分，因此文化对词义和话语意义自然有着重要影响。语言无法离开文化而存在。同样，由于不同文化的差异，对于不同国家或民族的人来说，同一个词可能具有不同的意义。

例如，dog 一词在汉语和英语中具有不同的感情色彩。在英语中，dog 是一个中性词，其形象一般并不差，不仅是人们的宠物，还可泛指人，如"You are a lucky dog."（你真是个幸运儿。）而在汉语中，"狗"在对人的比喻中常常表贬义，如"走狗""狗仗人势""狗眼看人低"等。

综上，要想很好地进行商务英语翻译，译者必须培养良好的语境意识和语境认知能力。

## 二、语言以外的知识要求

### （一）相关商务知识

商务英语是具有鲜明行业特点的专门用途英语，其学科涵盖经济学、管理学及其下属的所有学科知识。相应地，商务英语翻译也涉及多个学科内容，例如经济学、管理学、金融学、营销学、会计学、法学等。此外，由于当今国际商务英语发展迅猛，国际商务英语的内涵不断扩大，各学科之间相互交叉、相互影响，涉及的专业知识也越来越多，对国际商务英语翻译的要求也越来越高。如果不懂得相关商务知识，就可能造成误译、错译，甚至直接影响国际商务交流活动的顺利进行。因此，对商务英语翻译来说，相关商务知识以及其他有关知识的学习是非常重要的。特别是在全球化、信息化的今天，商务英语翻译已经成为信息产业的一个部分，国际商务知识以及其他相关知识也构成了商务英语翻译能力的重要内容。

### （二）跨文化商务交际知识

由于不同民族长期处于各自的地理位置、自然环境以及历史背景中，人们的生活方式、背景常识、思维习惯等便有很大的不同，形成了各自独特的文化。表现在语言上，就是英汉两种语言呈现出不同的特征。一方面，语言是文化的载体，在语言自身的发展过程中，吸纳了文化的各种要素；另一方面，文化又蕴含在语言中，并通过语言来体现。

国际商务活动是一种跨文化交际的活动，而由于国际商务英语实际上是英语的一种变体，因此国际商务英语翻译同样离不开文化的制约。文化对商务英语翻译的影响体现在词汇、句法、语篇、语用等各个层面。译者要想在两种语言、文化与思维方式之间自如地进行转换，也就是顺利地进行商务英语翻译工作，就很有必要了解有关时代背景，或有关国家与地球的政治、经济、社会历史、风俗习惯、文化生活等各方面的知识，提高自身的跨文化交际能力。只有这样，才能将文化因素融入翻译过程，译出符合不同文化习惯与特征的高质量译文。

（三）政治素养与职业责任感

首先，译者必须具备良好的政治素养。良好的政治素养是指译者能够运用正确的立场、观点和方法来分析研究所译的内容，确保译文准确、恰当地传达原文的思想。例如，在国际商务活动中，常常会涉及大陆、台湾、APEC等提法。此时译者应提高警惕，认真对待。例如，大陆不能译为 mainland China，而应译为 the mainland of China 或 China's mainland。对于台湾的说法，国外的一些人也常会有意无意地将其说成 Republic of China，此时我们不应将其直接译为"中华民国"，而应译为"中国台湾"。另外，中国属于亚太经合组织（APEC）成员国，但香港和台湾等地区也包含在这一组织之中，因此在翻译与 APEC 有关的一些材料时，就要特别谨慎和敏感，APEC members 应译成 APEC 国家和地区，而不能译成 APEC 成员国。

此外，从事商务英语翻译工作还要求译者具备高度的职业责任感。所谓职业责任感是指译者必须意识到自己肩负的使命，要有兢兢业业、一丝不苟的态度，对不熟悉或不明白的东西要勤查多问，不望文生义，不草率下笔。翻译者肩负着重要的责任，稍有不慎就有可能造成重大的失误，如造成巨大的经济损失或不良的政治影响，因此译者一定要有一种责任感，对于任何翻译工作都要认真，不能含糊、草率。

# 第三章 商务英语的语言特征

## 第一节 商务英语的词汇特征

　　词汇是构建当代商务英语大厦的砖石，了解商务英语的词汇特征是正确运用商务英语的前提。现代英语词汇量大、词义丰富，一词多类、一词多义、一词多用的现象比比皆是。商务英语具有普通英语的语言学特征，同时，商务英语又是英语语言、商务知识、管理技能和其他专业知识的结合，因而其本身又具有独特性。从用词上讲，商务英语词汇具有专业术语丰富、缩略语使用普遍、名词化程度高、新词汇层出不穷等特征。商务翻译过程中必须考虑商务英语词汇的特点。随着外向型经济的发展，我国在更大程度上与国际接轨，并参与国际合作与竞争。因此，商务专业英语在商务领域的实际应用也越来越广泛。商务英语是一种以职业为目的的英语，需要参与者用英语来完成所有或部分的工作职责，具有较强的实用性、知识性和专业性。作为一种社团方言的商务语言，其专业词汇数量大，应用范围广。其词语体系主要由商务专业术语、商务工作常用词语和民族共同语中的其他基本词和非基本词构成。而其中的商务术语是商务语言词汇体系中重要的组成部分。

### 一、多用数字、日期及意义单一的词

　　当代国际商务活动常常涉及价格、时间、金额、数量、规格等信息。为了表达准确、清晰，商务英语中常使用数字、日期等，以保障商务事宜的顺利进行。例如：

　　Within 30 days after the signing and coming into effect of this contract, the Buyer shall proceed to pay the price for the goods to the Seller by opening an irrevocable L/C for the full amount of USD 30,000 in favor of the Seller through a bank at export port.

　　买方须于本合同签字并生效后 30 天内通过出口地银行开立以卖方为收益

人的不可撤销信用证支付全部货款计 30000 美元。

The first phase of domestic air freight village, which covers an area of about 40,000 square meters, has a yearly handing capacity of 500,000 tons.

国内航空货运站第一期占地约 4 万平方米，年吞吐量达 50 万吨。

Europe's biggest information technology services firm Atos Origin aims to quadruple its business in China over the next two years.

欧洲最大的信息服务公司 Atos Origin 计划在未来两年将其在中国的业务增到四倍。

商务英语词汇应体现规范、准确、专业的特点，因此商务英语常使用意义单一的词汇，以有效避免表达上的歧义与误解。例如：

商务英语用词词义较多的词

| | |
|---|---|
| acquaint | be familiar with |
| by return | soon |
| constitute | include |
| effect | make |
| grant | give |
| inform | tell |
| initiate | begin |
| tariff | tax |
| terminate | end |
| utilize | use |

在表达一些统一概念意义时，商务英语词汇与普通英语词汇相比，也体现出具体、准确的特征。

## 二、专业术语丰富

商务英语属于应用性语言学科。它涉及国际贸易、营销、金融、广告、物流、保险和法律等多个领域，涵盖了各领域的专业术语。专业术语是指适用于不同学科领域或专业的词，是用来正确表达科学概念的词，具有丰富的内涵和外延。专业术语要求单义性，排斥多义性和歧义性，且表达专业术语的词汇都是固定的，不得随意更改。商务英语拥有数量可观的专业术语，这些术语体现了明显的行业知识。如国际贸易方面的：free on board（离岸价）、standby letter of credit（备用信用证）、Letter of Guarantee（银行保函）；经济学方面的：Gross National Product（国民生产总值）、demand curve（需求曲线）、bond yield（债券收益）、comparative advantage（比较优势）；金融方面的：fiscal deficit（财政赤字）、contract curve（契约曲线）、to ease monetary policy（放松银根）；营销方面的：attitude tests（态度测试）、market share（市场份额）、aftersales service（售后服务）；保险方面的：Absolute Liability（绝对责任）、Force Majeure（不可抗力）、Risk of Breakage（破碎险）；广告方面的：appeal（诉求广告）、audience share（受众份额）、media mix（媒介组合）等。

随着社会的不断发展和国际交往的日益频繁，我国的金融业必将进一步健全、完善和发展。在这一过程中，不可避免地要借鉴先进国家的经验，援用其他国家金融工作使用的某些金融术语，尤其是国际交往中通用的金融术语，例如"破产""法人""熊市""牛市"等。可见，在商务英语中，术语的使用十分广泛，有些术语仅仅出现在特定的商务文体中，还有很多的术语是普通词汇在商务文体中的专用，在不同的商务场合具有不同的含义。因此，在翻译时，要根据该术语出现的具体语境，在充分理解其在句子中的特定含义的基础上，结合一定的商务知识，灵活地选用恰当的汉语词汇来表达。

### 三、多用模糊修辞

模糊修辞并不是指词汇意义模棱两可或具有歧义，而是一种特殊的选词方法。模糊修辞的运用没有明显的目的性，有利于表达弦外之音，缓解双方的尴尬从而为商务洽谈留下可回旋的余地。例如：

What you mentioned in your letter in connection with the question of agency has had our attention and we shall give this matter careful consideration and shall revert to it later on.

本例中的 has had our attention（予以注意），shall give this matter careful consideration（将予以认真考虑）和 revert to it later on（以后再谈）均属于模糊修辞。这种表达方式既没有明确同意，也没有明确拒绝，而是巧妙地将现在难以回答的问题推脱掉，一方面利于对方接受，另一方面也为后续的合作打好了基础。

As for goods Article No. 120, we are not able to make you orders because another supplier is offering us the similar quality at a lower price.

若直接点明对方价格偏高，很可能使对方难以接受。本例婉转地使用 another supplier（另一供货商）来向对方暗示自己的态度，从而避免了尴尬局面的出现。

### 四、缩略语现象普遍

英语缩略（语）用简单的几个字母可以表达出复杂的含义，具有言简意赊、快速捷达的特点。国际商务活动是一种跨国活动，随着电报、电话和电传的发明，国际贸易、国际金融、国际经济合作等得到了迅速的发展，远隔重洋的双方用电话交谈、发送电文，均要求简明扼要，便于记忆和记录。尤其是在全球经济趋向一体化的今天，为了省时节费，提高办事效率，人们在交际中力求浓缩快捷、言简意赅。因此，商务语域里的人们创造并使用着大量的缩略语。如 IMF（International Monetary Fund）"国际货币基金组织"；ADB（Asia Developing Bank）"亚洲发展银行"；SHIPMT（shipment）"装运、装船"；MEMO（memorandum）"备忘录"；pro（professional）"专业人员"等。商务英语缩略语的构词方法很多，其简化方式，概括起来主要有如下几种。

1. 首写字母构成的缩略语

这种缩写法多用大写字母，字母之间可用或不用缩写号。这是一种最常见的缩写法，常常用于组织名称、票据名称、作品名称、说明书和价格术语等专有名词的缩写，一般按字母读音。例如：

NIC（National Information Centre）国家信息中心

ISP（Internet Service Provider）网络服务商

BE/B.E.（Bi of Exchange）汇票、交换券、国外汇票

EMP（European Main Port）欧洲主要港口

2. 谐音缩略法

即根据单词的发音，用一个或数个字母来代替。利用同音或近音字母组成缩写词。这种缩写法常用于单音词和少数双音节词转化为同音字母的缩写词，按拼音或字母音读音。常见的有：

BIZ（business）商业、业务、交易、生意

R（are）是（或助动词）

U（you）你 UR（your）你的：

WUD（would）会、情愿

THRU（through）通过，经过

OZ（ounce）盎司

3. 截词缩略法

截词缩略法是通过截略原词的一部分构成缩略语的方式，这是缩略语最常用的构词方法，截词缩略法又可细分为以下几种情况：

第一，保留字首、去掉字尾来缩写。即一个单词，只保留头几个字母，去掉后面的字母。如果是词组，则取各个单词的头一个或几个字母组成缩略语，如：

ACK（Acknowledge）承认；告知……已收到

BAL（Balance） 余额

INV（Invoice） 发票

ASAP（as soon as possible） 尽快

AKA（as known as） 正如你所知

第二，取单词的首尾字母，去掉其中间部分组成缩略语。即去中间，留两头，如：

AMT（amount） 数量

FRT（Freight） 货运

LN（London） 伦敦

第三，取合成词的两部分中的第一部分。如：

micro（micro computer） 微型计算机

post（post code） 邮政编码

第四，取几个词的首部组合而成。如：

INCOTERMS（International Commercial Terms）国际贸易术语解释通则

Contac（continuous action） "康泰克"感冒药

Nabisco（National Biscuit Company） 美国饼干公司

第五，以辅音为核心组成缩写词。以辅音为核心构成的缩写词（并列的两个相同的辅音字母只用一个），这类缩写法主要用于单词的缩写。它包括：利用所有的辅音字母构成缩写词；利用词首的元音字母和其后所有的辅音字母构成缩写词；利用单词的第一音节和第二音节的第一辅音字母构成缩写词；利用第一和第二音节及第三音节的第一辅音字母构成缩写词；利用第一音节和其后所有的辅音字母或部分重要的辅音子母构成缩写词；利用单词首尾两个辅音字母构成缩写词；利用每个音节的第一辅音字母及该词的最后一个辅音字母构成缩写词等。这类缩写词可用大写字母，也可用小写字母，或用大写字母带出小写字母，一般按字母读音，也可拼读。如：

MKT（market） 市场

PCS（pieces） 匹、件、块、片、张、部分

PLS（please） 请

ACDNT（accident） 事故、意外事故

INFM（inform） 通知、向……报告

4.符号缩略法

符号缩略法是指用符号来代替相应单词的方式，这种方法形象简洁、一目了然，运用也十分广泛。

这类缩略语通常用于表示单位，如：

货币单位 ＄（dollar）/￡（pound）/￥（RMB）

5. 代号缩略法

代号缩略语找不到原词的痕迹，它们实际上是一种代号，如

C（medium narrow） 中号窄幅——男鞋宽度

F（with free-board） 限制吃水的——海运

Z（Greenwich Mean Time）格林尼治平均时

6. 利用外来语构成缩略语。外来语的缩略语在英语中也有很很广泛的应用。在英语中，借用外来语的缩略语有借自于拉丁语、西班牙语、瑞典语、挪威语、法语、德语等语种。如：

CONG（Congius） 加仑（拉丁语）

LO（LandsorganisasjoneniNorge） 挪威工会联合会（挪威语）

FIL（FeiralnternacionaldeLisboa） 里斯本国际博览会（葡萄牙语）

商务英语缩略语和自然词交织在一起使用，和普通英语词汇一样，缩略语具有同等的句法功能，但习惯上不用作谓语。

## 五、具有商务内涵的普通词

不少普通的词语在商务英语中被赋予了专业词汇的意义。例如，proposal form，在日常英语中 proposal 意为提议、提案，在保险英语中被引申为投保单；policy 在日常英语中的中心意义是政策、方针，但作为保险专业词汇时意为保单；pool 由池塘转义为组合基金，common pool 意为共同基金。

此外，在商务合同中，一些表示通常意义的词也可能具有非常意义。

例如：

通常的意义商务合同中的意义

action 行动诉讼

alienation 疏远转让

Assign 分派转让

Avoidance 逃避宣告无效

Construction 建筑解释

Defense 防卫抗辩（理由），被告方

Determination 确定终止

discovery 发现调查证据

Dishonor 耻辱拒付

Distress 危难扣押货物

Execution 执行（合同等的）签订

Limitation 限制时效

Omission 省略不作为，不行为

Prejudice 偏见损害

Satisfaction 满意清偿，补偿

specialty 专长盖印合同

subject matter 主题标的物

对于这类词语，在翻译时必须特别关注。例如：

（1）The compensation will cover the whole loss.

译文：此项赔款足以抵消全部损失。

该句的 cover 在普通英语中表示"覆盖、包括"等含义，而在商务英语中则表示"清偿、抵消"之意。

（2）When opening new accounts it is our practice to ask customers for trade references.

译文：在开立新账户时，散公司有一例行公事，即向客户要求商业证明人。

上句中的"references"在普通英语中作"关于、参考"解释，但在商务英语中指"信用、能力等的证明人"。

（3）We have to request you to do business on the basis of confirmed, irrevocable L/C payable at sight.

译文：我方不得不要求你方在保兑的、不可撤销的即期信用证的基础上进行这笔交易。

这里的 confirmed 和 at sight 在普通英语中的意思分别为"确认"和"看见"，但在商务英语中却有着特殊的含义。在此句中，分别指"保兑的"和"即期的"。

## 六、新词汇层出不穷

近年来，社会的发展脚步逐渐加快，新生事物层出不穷。为了满足表达的需要，新词新语不断涌现并渗透到语言的各个领域。商务英语也必然将这些新的词汇吸收进来，以使自己的表达更加丰富、准确。例如：

B2B（business to business） 商业机构对商业机构的电子商务

C2C（consumer to consumer） 消费者之间的网上交易

credit-crunching 紧缩信贷

Deflation 通货收缩

E-business 电子商务

Euro　欧元

knowledge-based economy　知识经济

pink-collar worker　粉领

rebuilding of stocks　吃进库存

soft-landing （经济的）软着陆

需要注意的是，任何一种语言中的新词汇都不是凭空而来的，很多都是以普通词汇为基础并遵循一定规律构成的。因此，在理解这些新词汇时必须考虑具体的语境因素。例如：

Our company has a clean balance sheet and is confident the bank will approve a loan.

我们公司的资产负债表上没有债务，相信能获得银行的贷款。

本例中，clean 的本义是"干净的"，但在本句中其具体含义为"没有债务"。

# 第二节　商务英语的句法特征

## 一、商务英语的表述

与日常英语相比，商务英语的表述追求精确和严密，其突出的特点是客观公正、不带主观色彩。因而句子中人称主语出现得较少，被动语态使用较多，无人称的使用突出了文本的内容而不是强调文本的产生者和接受者，可以避免给人以主观臆断的感觉，使文本表现得更为客观、正式、真实可信、语气更加委婉。

例（1）Business contracts can be classified according to their validity into several categories: valid, void, avoidable or illegal.

译文：商务合同按照其效力不同可以分为以下几种：有效的、无效的、可撤销的、违法的。

同时，在没有具体人物执行某一动作，或表达重点在于动作本身而不在动作执行者的情况下，把动词转化为抽象的名词可以体现商务合同英语庄重刻板的文体特点。名词化结构语言简练，结构严谨，表意简洁，同时也保证了文本的客观真实，因此，名词化结构的使用日益广泛，它不仅挤掉了其他一些词类，而且顶替了很多语法结构。例如，Smuggling of goods whose import or export are subject to prohibitions, which constitutes criminal offences, shall be subject to...（走私禁止进出口的货物，构成犯罪的，依照……）

汉语属于意合语言，重视内在的逻辑关系而不是形式的曲折变化，在语态上表现为受事格施事化倾向。大部分情况下，汉语靠主动句的语义逻辑来显现被动意义，按照汉族人的思维方式，即使是受事者做主语，也常用主动形式来表达被动意义。例如，"项目做好了""合同完成了"等。由于汉语中被动结构用得较少，商务翻译时，在遣词造句方面应注意原文的语气特点，努力保持英语中被动结构体现的礼貌、委婉和严谨，传达出被动语态的语用功能。

例（2）Your firm has been recommended to me by Mr Charles, with whom we have done business for many years.

译文：与敝公司有多年生意来往的查尔斯先生向在下推荐了贵公司。

例（3）Your early reply will be highly appreciated.

译文：如蒙早复，不胜感激。

例（4）The workers have been given a clear mandate for industrial action over the renegotiation of employment contracts.

译文：工人们得到了明确授权，准许他们围绕就业合同重开谈判采取行动。

例（5）After the said license is approved, we shall establish an L/C in your favor.

译文：许可证获准后，即开立以你方为受益人的信用证。

## 二、商务英语基本句型

商务英语基本句型是对英语语言中的句子，通过特定的研究方法进行概括后所得到的模式。这些模式是语言使用者普遍使用，并可以作为规则加以习得，然后通过对这些有限的基本句型直接生成或进行转换、扩展，产生各种不同结构的句子，从而达到交流的目的。商务英语句型结构是以动词为核心，通过词与词之间的关系组合来生成不同的类型。

### （一）商务英语简单句

只包括一个独立分句的句子就是简单句。换句话说，简单句里只包含一个"主语"与"谓语"的组合，即一套主谓结构。根据动词与搭配关系的不同，商务英语简单句又可以被细分为五种：主谓结构、系表结构、主谓宾结构、主谓双宾结构、主谓宾宾补结构。

1. 主谓结构

主谓结构的框架是：Subject（主语）+Intransitive Verb（不及物动词）。在主谓结构的简单句中，谓语常与一些副词、副词短语或介词短语搭配在一起且不能带宾语。

例如：

In other developing regions, export volumes grew at a more moderate pace, close to that of the G-7, but gains from the terms of trade boosted the purchasing power, and consequently their imports. Overall, the share of developing countries in global trade rose from 29 percent in 1996 to 37 percent in 2006.

本例的第二个句子中，share 是主语，rose 是不及物动词。

2. 系表结构

系表结构的框架是：Subject（主语）+Link Verb（系动词）+Subject Complement（主语补语）。在系表结构的简单句中，主语补语又称"表语"。具体来说，介词短语、形容词、名词、动词不定式或分词等都可以充当表语。例如：

Among the developing regions, East and South Asia were clearly the most successful in increasing exports（by volume），at rate of about 160 percent, despite a deterioration in their terms of trade.

本例中，East and South Asia 是主语，were 是系动词，the most successful 是主语补语。

3. 主谓宾结构

主谓宾结构的框架是：Subject（主语）+Mono-transitive Verb（单宾动词）+Object（宾语）。本句型的谓语动词是及物动词或动词短语，宾语是动作的承受者或结果。能做宾语的有：名词、代词、动名词、动词不定式或从句等。例如：

IT systems and administration，and the resulting synergies and economies of scale will produce cost savings;strengthen the financial position of the integrated market operator.

本 例 中，IT systems and administration，and the resulting synergies and economies of scale 是主语，第一个单宾动词 will produce 后面跟 cost savings 做宾语，第二个单宾动词（will）strengthen 后面跟 position 做宾语。

4. 主谓双宾结构

主谓双宾结构的框架是：Subject（主语）+Ditransitive Verb（双宾动词）+Indirect Object（间接宾语）+Direct Object（直接宾语）。

在主谓双宾结构的简单句中，宾语有两个，一个是直接宾语，另一个是间接宾语，二者缺一不可。需要注意的是，直接宾语有时可以位于间接宾语之前，此时在间接宾语前应使用相应的介词。例如：

Under the agreement, American Express Bank will sell $630 million worth of mortgages to the HKMC Funding Corp-a special purpose company set up to buy mortgages from banks under the MBS program.

本例中，American Express Bank 是主语，will sell 是双宾动词，$630 million worth of mortgages 是直接宾语，HKMC Funding Corp 是间接宾语。

5. 主谓宾宾补结构

主谓宾宾补结构的框架是：Subject（主语）+Complex Transitive Verb（复合动词）+Object（宾语）+Object Complement（宾语补语）。

在主谓宾宾补结构的简单句中，宾语与宾语补语之间存在一种逻辑上的主谓关系。例如：

Investor Participants may still instruct HKSCC Nominees through the CCASS Phone System to vote on their behalf by inputting the voting instructions in respect of their shareholdings.

本例中，Investor Participants 是主语，may instruct 是复合动词，HKSCC Nominees 是宾语，to vote 是宾语补语。

（二）商务英语并列句

英语的并列句主要由并列连词 and，but，or，than 等把两个或两个以上简单句连接起来的句子，各分句之间是一种平行或并列关系。概括来说，商务英语并列句包括三个类别：表关联的并列句、表列举的并列句、表让步和结果的并列句。

1. 表示关联的并列句

表示关联的并列句通常由 and，either...or...，neither...nor... 等并列连词将两个或两个以上的分句连接在一起。例如，In 2008, China's total export volume of juice beverage decreased to 794,000 tons and the export value reached USD 1.26 billion, dropping by 30.4% YOY and 7% YOY separately.

2. 表示列举的并列句

表示列举的并列句通常由 namely，that is，such as，for example，for instance 等词组来进行列举。例如：

Apart from the products of several enterprises such as Hui yuan, Coca-Cola and Pepsi that sell well all over China, most other enterprises can only sell their products in regional markets.

3. 表示让步和结果的并列句

表示让步和结果的并列句常使用 yet，but，hence，however，therefore，consequently 等连接词。从语义角度来分析，后面的分句是前面分句的某种结果，或者分句之间存在一定的语义冲突。例如：

It is clear that, to date, only a small number of developing countries and economies in transition are participating in the process of R&D internationalization. However, the fact that some are now perceived as attractive locations for highly complex R&D indicates that it is possible for countries to develop the capabilities that are needed to connect with the global systems of TNCs.

（三）商务英语复合句

复合句是由主句＋从句构成，它是英语中比较复杂的句子结构。一般来说，英语中一个句子只能有一个主谓结构或动宾结构，如果出现两个主谓结构或动宾结构，那么其中一个主谓结构或动宾结构只能是以从句的形式或并列句或分词短语的形式出现。所谓从句是指从属于主句的句子，它是主句中一个句子成分；另外从句必须由引导词即关系代词或关系副词引导。

概括来说，商务英语复合句中的从句主要包括三种：名词性从句、定语从句和状语从句。

1. 名词性从句

宾语从句、表语从句、主语从句、同位语从句等都属于名词性从句。一般来说，名词性从句由疑问代词（如 what，that，who 等）和疑问副词（如 where，when，how，why 等）来引导。在某些情况下，if，whether 等连接词也可以用来引导名词性从句。例如：

The Committee members discussed the issue of uses of balance of payments statistics in their various countries and suggested that further work be undertaken by IMF.

本例中，"The Committee members discussed...and suggested..." 是主句，"that further work be undertaken by IMF" 是 suggested 的宾语从句。

2. 定语从句

当一个句子在复合句中做定语时，这个句子就是定语从句。定语从句常由 which，that，whose，who，whom，where，when，why 等来引导，其中最常用的是 which 与 that。

定语从句所修饰的词叫先行词。根据定语从句与先行词之间亲疏关系的不同，定语从句可以分为限制性定语从句和非限制性定语从句。

（1）限制性定语从句

限制性定语从句对所修饰的先行词起限制作用，与先行词的关系较为密切。换句话说，如果缺少定语从句，主句的意思就不完整或者会出现逻辑错误。因此，限制性定语从句紧跟先行词，二者之间不能使用逗号。例如：

The purpose of the Joint Venture is to adopt advanced technologies and efficient management systems to produce Licensed Product which shall be of top quality and competitive in the world markets, so as to achieve satisfactory economic returns.

（2）非限制性定语从句

非限制性定语从句对先行词不起限制作用，只是对被修饰语加以叙述、描写或解释，通常用逗号隔开。将非限制性定语从句删除后，主句的意义几乎不受影响。因此，非限制性定语从句与先行词之间常通过逗号进行分隔。例如：

A Hainan Airlines baggage attendant decided that his personal signature would be to collect all the luggage tags that fall off customers' suitcases, which in the past have been simply tossed in the garbage, and in his free time send them back with a note thanking them for flying Hainan. A senior manager with whom I worked decided that his personal signature would be attaching Kleenex to memos that he knows his employees won't like very much.

3. 状语从句

当一个句子在复合句中做状语时，这个句子就是状语从句。具体来说，商务英语中的状语从句主要包括条件状语从句、时间状语从句、原因状语从句、目的状语从句、让步状语从句、结果状语从句等。

（1）条件状语从句

条件状语从句是表示主句动词发生的前提或条件的从句。条件状语从句分为真实条件状语从句和非真实条件状语从句。引导条件状语从句的有 if（如果），unless（如果不），as（so）long as（只要），on condition that（条件是…），in ease（假使），provided/providing that（如果，只要，假如），suppose/supposing that（如果，只要，假如）等。

例 如：If any change is required regarding the terms and conditions of this agreement, then both parties shall negotiate in order to find a suitable solution, provided, however, that any change of this agreement shall be subject to the approval by the government of both parties.

（2）时间状语从句

时间状语从句常由一些表示时间的连词如 when，before，after，as，while，since，until 等引导，用来对某一动作发生的时间进行描述。

例如：After we trove checked the L/C carefully, we request you to make the following amendment: "Partial Shipment and Transshipment Allowed."

（3）原因状语从句

原因状语从句常由 because，since，as，for 等表示原因的连词来引导，用来说明主句表达的内容的理由与根据，或说明主句动词所表示的动作或状态的原因。

例　如：Because small foreign cars could be produced at less cost than the larger cars made in the United States, they captured a significant share of the American market. To compete with foreign cars, American manufacturers began to produce compacts. When the U.S.dollar was devalued on the international market the cost of a foreign car to an American buyer rose proportionately, and the American compacts could now be sold for less than their foreign competitors.

（4）目的状语从句

目的状语从句常由 so that，in order that，to the end that 等来引导，用来说明主句状态或动作的目的。

例如：An effective management will review on a regular basis whether they should continue to hold the security or sell it. Thus, in order that management's performance can be measured, it is appropriate to classify the security as other investment regardless of the period of holding and carry it at fair value in accordance with paragraph 24.

（5）让步状语从句

让步状语从句表示在某种相反的条件下，主句中的情况依然会出现。引导让步状语从句的有 although/though（虽然），while/as（尽管），even if/though（即使），whatever/no matter what（无论什么），whenever/no matter when（无论什么时候），however/no matter how（无论怎样），wherever/no matter where（无论在哪里），whoever/no matter who（无论是谁），whichever/no matter which（无论哪一个），whether...or（不论……还是）等。

例如：It was the biggest one-day points loss in more than two years and the second-biggest points drop ever. Although an interest rate rise in the U.S.is expected next month，analysts had not been prepared for such a dramatic fallout in Hong Kong this week. The index closed on Wednesday at 15.846.72 points and Thursday down further at 15.153.23.

（6）结果状语从句

结果状语从句常由 so that，with the result that 等引导，用来表示主句内容所产生的结果。

例如：Low audit fees have become a way of life over the past 18 months as the economy has gone off the boil. The audit has been traditionally regarded as a fairly generic service, so that as the economy has slowed, price-cutting has been regarded as the only way to compete on audit services. The tendency to cut prices when times get tough for companies has been magnified by a new development on the Hong Kong accounting scene.

### 三、商务英语特殊句型

商务英语中的特殊句型主要包括比较句型、被动句型和存在句型。这些特殊句型具有表达简练、适用面广、使用频率高的特点。

（一）比较句型

比较结构表示两人或两物在性质、特征、程度、数量、大小等方面相等、相近、不同等概念。在国际商务实践中，运费比较、价格比较、产品质量比较以及其他数据的比较等是司空见惯的现象，因此比较句型常出现在商务英语中。根据比较点、比较范围、比较方式等方面的差异，商务英语中的比较句型可以分为五种：等比句型、差比句型、比例句型和极比句型。

1. 等比句型

等比句型常通过 as much as，no less than 等比较人或物在性质、特征等方面的某些相似之处。例如：

Meanwhile, Thai newspapers reported yesterday that HSBC will buy 75 percent of Bangkok Metropolitan Bank for as much as 40 billion baht（HK $8.03 billion）.

GREGATE CONSIDERATION Term Fat has represented and warranted that the audited consolidated net asset value of Tem Fat Hing Fung（B.VI.）Limited as at 31st December, 1997（"December NAV"）will be no less than HK $56，000，000. In the event that the December NAV is less than HK $56,000,000,Tem Fat will refund to RNA an amount equal to the shortfall as an adjustment to the consideration.

2. 差比句型

该句型用于对两个人或事物之间的差别进行比较，其中包括两个方面：一是优等比较，即"甲胜于乙"，另一是次等比较或劣等比较，即"甲不如乙"。例如：

A broker said the counter still had strong European institutional interest.

Another broker noted that in contrast to earlier in the year, HSBC was favoured more by local than European investors. Smartphone dropped 5.99 percent to $20.40. It has shed 17.4 percent since Thursday, when Hutchison Telecom made sweeping cuts to its mobile.

In the coming years, Asia is going to have to use its own savings much more productively than in me past to achieve growth. That's because there will be much less foreign savings flowing in than prior to the crisis. That's not bad news.

3. 比例句型

比例句型通常用于表示前者与后者的正向或负向比例关系，即前者与后者在程度上的变化关系。比例句型常使用 the more..., the more... 的结构。其中，逗号前的部分是从句，关系副词 me 表示 by how much；逗号后的部分是主句，指示副词 the 表示 by so much。例如：

"More important, it enhances China's international status." Party spokesman Sin Chung-kai said: "Past experience shows the more China opens up the more benefit it brings to Hong Kong." He said worries that Hong Kong would lose its intermediary role were unfounded.

4. 极比句型

这一句型表示某一事物在一定范围内最突出或某一动作达到最高程度，通常要带一个表示范围的词组。例如：

J.P. Morgan and Co. Inc. closed down 4-3/8 at 109-1/2；American Express Corp was down 3-1/4 at 142 and Citigroup Inc. closed off-11/16 at 43-13/16. Retail clothing chain Abercrombie and Fitch Co. was the most actively traded stock on the NYSE，falling 6-3/8 to 26-3/16 after it said October sales slumped but was still comfortable with its third-quarter profits estimates. Oil stocks had a strong day，however，as oil prices rose following a bullish report late Tuesday.

（二）被动句型

被动句的结构实质是，某事或某人是受动者，即主语要承受某种动作（指谓语动词）所施加的影响。由于被动态的结构特点，因此被动句大都用于表达事物的客观状态。如果一个句子中的主语是谓语动词所表示动作的承受者，那么主语与谓语之间就是被动关系，这个句子就属于被动句型，其基本结构是"主语 +be+ 过去分词"。

在具体的商务英语实践中，被动句型常会发生一些变形，具体包括以下七种。

（1）Subject（主语）+Verb（动词）+To be+past Participle（过去分词）……（其他成分）。这种结构中通常有两个动词：第一个动词对句意的表达起辅助作用，并使用主动形式；第二个动词用来表达全句的主要内容，使用被动形式。例如：

There are possible differences of objective and culture. "While bankers always want to be considered as gentlemen，they consider insurance sales staff as non-gentlemen. There are operational difficulties in getting them to work together，" Mr. West all said.

本例中，bankers 是主语，want 是动词，to be considered 是被动形式。

（2）Subject（主语）+Be+Past Participle（过去分词）+Preposition/Adverb（介词或副词）+…（其他成分）。这种结构中的介词与副词可使句意更加准确、完整。例如：

The International Monetary Fund has suspended talks on its bailout instalments to Jakarta，and it has been announced publicly that the Asian Development Bank will hold up further loans until the Bank Bali case is cleared up.

本例的第二个分句中，it 是主语，has been 是系动词，announced 是过去分词，publicly 是副词。

（3）Subject（主语）+Be+Adjective（形容词）+To be+Past Participle（过去分词）+…（其他成分）。这种结构属于合成谓语的被动句型。其中，"Be+Adjective"起辅助说明作用，第二部分则是被动说明部分。例如：

Hong Kong dollar due to the linked exchange rate system，would lead to further improvement in the terms of trade，that is，the ratio of export prices to import prices；but export volume growth is likely to be affected by the deterioration in export price competitiveness. As a result，total export volume growth might at best average only 10，124，512 On 1997. A strong dollar would also imply lower inflationary pressures in Hong Kong as import prices are likely to be.

在 but 引导的分句中，growth 是主语，is 是系动词，likely 是形容词，affected 是过去分词。

（4）It+Be+Past Participle（过去分词）+Real Subject（that，who，where，when 等真正主语）+Clause（从句）。在这一结构中，that，where，who，when 等词引导的是真正的主语，而 it 只是形式主语。当主语过长，使用主动句易使句意重心偏离或句子结构失衡时，应使用本句型。例如：

It is reported that Standard and Poor's，an international credit rating，agency，have forecast that the percentage of bad and doubtful debts against the total amount of loans（referred to as "bad/doubtful debt ratios" below）made by banks in the territory would probably increase to more than 10 this year.

本例中，it is reported 构成了句子的主干，that 引导的句子是真正的主语。

（5）Subject（主语）+Be+Past Participle（过去分词）+Object（宾语）+…（其他成分）。这一结构由"主谓双宾结构"转化而来。"主谓双宾结构"中的直接宾语与间接宾语都可以充当被动句型中的主语。当双宾之一充当主语后，另一宾语应在原来的位置上继续保留。例如：

Disciplinary procedures adopted by the Commission are designed to ensure that a person is given a proper opportunity of being heard. Once the Commission makes a tentative decision to make a disciplinary order against a person he is informed by letter of the facts and circumstances upon which it is based.

在第一个句子中由 that 引导的分句中，a person 是主语，is 是系动词，given 是过去分词，opportunity 是宾语。

（6）Subject（主语）+Be+Past Participle（过去分词）+Subject Complement（主语补足语）+…（其他成分）。这一结构由"主谓宾宾补结构"转化而来。其中，"主谓宾宾补结构"中的宾语补足语相应地变为被动句中的主语补足语。例如：

Within 7 business days after a person is appointed or ceases to be appointed as a director of a registered financier，the financier must give written notice to the commission of the appointment or cessation of appointment and the person's name and address.

本例第一个逗号前是一个介词短语，其中包含了一个由 after 引导的时间状语从句。其中，a person 是主语，is 是系动词，appointed 是过去分词，a director 是主语补足语。

（7）Subject（主语）+Be+Past Participle（过去分词）+To Be Past Participle（被动不定式）+…（其他成分）。这种结构常由 order，expect，allow，suppose，report 等担任谓语动词。因同时包含谓语动词的被动形式与动词不定式的被动形式，这一结构又被称为"双重被动句"。例如：

"We are now forecasting a lending volume of US $1.6 billion in the fiscal year of 2000." Mr. Severino said. The reduction is expected to be attacked by World Bank critics，who are likely to argue the bank cannot insist on continued reforms by Beijing while cutting off assistance vital to such efforts. In the bank's latest quarterly East Asia Regional Overview report，it expressed concern about Beijing's reform of state enterprises and its continued boosting of the economy.

本例第二个句子中，the reduction 是主语，is 是系动词，expected 是过去分词，to be attacked 是被动不定式。

（三）存在句型

存在句型是一种表示存在的特殊句型，以非重读 there 做引导词或形式主语，而把真正的主语放在动词的后面。谓语动词通常是主动词 be 或其他含有"存在"意义的动词的一定形式。其结构模式是：There+be+ 名词词组＋地点状语＋时间状语，在商务英语实践中大量使用。以 There be 句型的结构与作用为标准，商务英语中的存在句型可被分为以下几类。

（1）用来表示存在

真正的主语位于 be 的后面，且句中常包含表示时间或地点的状语，这是 There be 句型最基本的用法。例如：

If they have at least that much in reserve in case the underlying market moves against them. The initial margin is $13，000，but the contract is valued at $1，000 per index point and there is a "maintenance margin" of $10，400 per lot. This means if the underlying Hang Seng 100 index moves more than 2.6 points（$2，600 worth of index points）against，the investor，they need to top up their margin so there is always $13，000 of coverage.

（2）用来描述事物的状况

此时，主语部分是句意的重点，动词常表示"出现""存在""发生"等含义。例如：

HK Dollar life insurance helps you and Hong Kong to have a better future HK Dollar policy offers stability，better returns-Due to the peg system，there exists interest rate differences. That's why the HK Dollar policy can generally offer a better dividend and interest rate. Also，a HK Dollar policy can reduce the risk of premium increases due to the floatation of exchange rates.

（3）用来表达某种观点

此时，句子的基本结构是"There is expected/thought/considered to…"，谓语动词的范围限于 thought，expect，consider 等。例如：

On the other hand，economic growth in the Mainland of China should continue to be steady. Overall，the economy there is expected to move forward in reasonable shape，with GDP rising by 8 percent this year and with the on-going process of reform and structural change adding potential for further growth.

（4）用来表示说话人的态度

其中的 be 常与助动词或情态动词构成复合谓语。例如：

Global Regulatory Review and the Need for Reform All things considered，there must be a global regulatory review on prudential regulation. At present，too much trust has been put in segregation，capital and other prudential measures that have been shown to be.

## 四、商务英语的句子基本特点

（一）多用成语介词、被动语态、祈使句、非谓语动词、情态动词及从句

商务英语用以传递重要的商务信息，要求其具有正式、严密、严肃、庄重的文体特征，行文严谨，避免歧义。为了做到语言简洁、内容表达客观公正和有关事项描述的准确无误，商务英语中常使用大量的介词或介词短语、被动语态、祈使句、非谓语动词、情态动词以及各种从句。

例（1）：Formerly，when any countries were on the gold standard and permitted the free flow of gold out of the country，the value of their currencies in terms of other currencies could fluctuate within only a very narrow range.

译文：原先，许多国家采用金本位制，允许黄金自由流出本国时，其货币与别国货币兑换的价值浮动的幅度很小。

例（2）：The international marketer must provide considerable training to the local sales force，in regard to both the product line and negotiation techniques suitable to the company's image and financial requirements.

译文：国际营销者必须培训当地的销售人员，以使产品系列和谈判技巧与公司的形象和财务要求保持一致。

例（3）：Foreign exchange is a commodity，and its price fluctuates in accordance with supply and demand；exchange rates are published daily in the principal newspapers of the world.

译文：外汇是一种商品，它的价格根据供求关系而浮动，汇率每天都登载在世界主要报纸上。

解析：成语介词 in terms of，in regard to 和 in accordance with 在各自的上下文中分别可用简单介词 against，concerning（considering）和 with 来代替，替代后句子语义丝毫不受影响，但文体意义有所不同。在商务英语中，成语介词的频繁使用使商务文体具有正规严肃、庄重严谨的特点。

被动语态的使用具有结构紧密、语义准确、表达严密、逻辑性强等特点，在商务英语中使用被动语态，不说出施动者，能够起到突出商务信息、提高论述的客观性、少带主观色彩和增强可信度等作用。因此，被动语态的运用适宜具有严肃性和庄重性特色的商务文体的需要。

例（4）：Quotations and samples will be sent upon receipt of your specific enquiry.

译文：一收到贵方的具体询价，我方将马上寄送上报价和样品。

例（5）：Notwithstanding the provisions of this Clause or any other Clause of the Contract，no payment certificates shall be issued by the Engineer until the performance security is submitted by the Contractor under the Contract and approved by the Employer.

译文：尽管有本条款或任何其他合同条款的规定，在承包人提交履约保证并经业主批准之前，工程师不对任何支付款开具证书。

（二）句式结构复杂

商务英语的句子有的很长，句式结构比较复杂，句中常常用插入短语、从句等限定、说明成分，形成冗长而复杂的句式结构，有时一个句子就是一个段落。

例（1）：In any situation whatsoever and wheresoever occurring and whether existing or anticipated before commencement of or during the voyage，which in the judgment of the Carrier or the Master is likely to give rise to risk of capture, seizure, detention, damage, delay or disadvantage to or loss of the ship or any part of her cargo, or to make it unsafe, imprudent, or unlawful for any reason to commence or proceed on or continue the voyage or to enter or discharge the goods at the port of discharge, or to give rise to delay or difficulty in arriving, discharging at or leaving the port of discharge or the usual or agreed place of discharge in such port, the Carrier may before loading or before the commencement of the voyage, require the shipper or other person entitled thereto to take delivery of the goods at port of shipment and upon failure to do so, may warehouse the goods at the risk and expense of the goods; or the Carrier or the Master, whether or not proceeding toward or entering or attempting to enter the port of discharge or reaching or attempting to reach the usual place of discharge therein or attempting to discharge the goods there, may discharge the goods into depot, lazaretto, craft, or other place.

译文：不论任何地方任何情况，不论是在开航前或航程中存在或预料到的，只要承运人或船长认为可能有导致捕获、扣押、没收、损害、延误或对船舶或其货物不利或产生灭失，或致使启航或续航或进港或在卸货港卸货不安全、不适当或非法，或致使延误或难于抵达、卸载或离开卸货港或该港通常或约定的卸货地，承运人可在装货或开航前要求发货人或与货物权利有关的其他人在装货港口提回货物，如要求不果，可仓储货物，风险和费用算在货主头上；承运人或船长，不论是续航至或进入或企图进入卸货港，或抵达或企图抵达港口通常的卸货地，或企图在此卸货，也可将货物卸在仓库、检疫站、驳船，或其他地方。

解析：commence 和 start 都是动词，表示"开始"，但前者比后者更为正式，因此，在法律英语中也总是被选用了在有限的条款中完整、明确地体现商贸各方的权利和义务，商贸合同中常常使用长句。

（三）句法的严谨性

商贸英语注意行文严谨。由于它的目的是规定商贸双方的权利和义务，所表达的内容必须完整、明确、肯定。从句法层面上讲，书面商贸英语以陈述句为主，几乎不用疑问句、省略句。在商贸合同中还较多地使用被动句和长句。

被动句突出动作的承受者，对有关事物做客观描述，规定。使用被动句体现了商贸英语的严谨性。在翻译时一般将英语的被动句转换成汉语的主动句。例如：

The date of the receipt issued by transportation department concerned shall be regarded as the date of delivery of the goods.

译文：由承运的运输机构所开具的收据日期即被视为交货日期。

为了在有限的条款中完整、明确地体现商贸各方的权利和义务，商贸合同中常常使用长句。长句的频繁使用无疑增加了商贸合同逻辑的严密和句子结构的严谨性，但也增加了理解和翻译的难度。翻译商贸合同中长句一般采用拆句法，然后根据中国人的思维方式调整各句之间的顺序。例如：

The prices stated are based on current freight rates, any increase or decrease in freight rates at time of shipment is to be the benefit of the buyer, with the seller assuming the payment of all transportation charges to the point or place of delivery.

译文：合同价格是以运行运费计算，装运时运费的增减均属买方。卖方则承担至交货地的全部运费。

例句从买方和卖方的利益和义务确定商品的价格计算，原文中以一个介词 with 来分界。在原文中 with 分句是一个状语，翻译时采用中国人平铺直叙

的思维方式，用分述的方式把这个句子拆成两句，清楚地表达了原文的语言
信息。

# 第三节　商务英语的语篇特征

商务英语是在商务活动这一特殊社会语境下进行交际的工具，是社会活
动的产物。而语篇分析（text analysis, or discourse analysis）以在某一特定语
境下使用的语言（language in use, or language as discourse）为对象，突破了
传统语言学一直以"句"为最大研究单位的羁绊，焦点从形式转向意义，从
微观转向宏观，从静态转向动态。自 20 世纪 80 年代以来，语篇分析逐渐成
为文体学的研究热点，而衔接则是语篇分析中最重要的内容之一。这里运用
语言学基础理论和语料库提供的语料，在语篇这一层次上，对商务英语的衔
接手段进行定量研究，以明确商务英语的语篇衔接特征。

## 一、语篇衔接的基本手段

在商务英语中，语篇的衔接与语篇的好坏有着密切的关系，好的语篇衔
接手段可以使文章的内容更加有条理地展现出来。具体而言，商务英语中语
篇衔接的基本手段包括以下几种。

（一）省略

省略指的是将语篇中的某一部分省略掉。省略也可称为"零替代"（Zero
Substitution）。省略可以分为动词性（Verbal）省略、名词性（Nominal）省略
和小句性（Clausal）省略。

1. 名词性省略

名词性省略是将名词词组的中心词省略掉，只保留限定词或限定词加前
置修饰语。例如：

Attitude surveys focus on customers' perceptions of（…），and attitudes to,
products and the companies who make them.

译文：顾客态度调查主要是调查顾客对产品及厂家的认识和看法。

上例中在 perceptions of 后面省略了 products and the companies who make
them.

2. 动词性省略

动词性省略指句子中谓语部分的省略，表现在助动词、主动词及全部动
词的省略。不定式中存在的动词省略现象，亦可被视为动词性省略。动词词

组可以由一个实义动词构成，也可以由助动词和实义动词一起构成。因此，动词性省略之后有的有助动词，有的没有。例如：

Under this system，the value of a currency unit was not directly fixed or defined in terms of gold but rather（…）in terms of a currency which was fixed in terms of so much gold.

译文：在这种货币制度下，一货币单位值不是以黄金形式直接确定或规定的，而是以一种由含金度多少而定的货币来确定的。

上述例句中将 but rather 后面的 was fixed and defined 省略。

3. 小句性省略

小句性省略指的是将整个分句省略，小句性省略主要用于对话中，对于对话中已经提到的具体内容，在后面的对话中再提及时往往将其省略。例如：

A:Do you mean they are both named George ？

B:No. One is Samuel，the other is Albert.

例句中的 B 在回答时将 No 后面的内容省略了，但是这对于话语意思的理解没有任何影响。

（二）替代

替代指的是将语篇中的一个成分用另一个成分来代替的方法。替代属于语法衔接手段，替代主要利用词与词、词组与词组以及句子与句子之间的结构关系，而非其意义关系来实现照应。替代是一种纯粹的语篇衔接手段，其只利用段落中的两个部分实现衔接，没有其他任何功能。按照所替代成分的不同可以将替代分为动词性替代、名词性替代和小句性替代等。

1. 动词性替代

用动词性替代词，又称代动词，和（复合代动词）来替代动词词组中心词或整个动词词组的替代现象叫动词性替代。动词性替代主要借助助动词 do，does，did 来实现。例如：

A:You think Joan already knows ？

B:I think everybody does.

A 句中的动词 knows 被 B 句中的 does 所替代。

A:Do they buy their drinks at the local supermarket ？

B:No，but we do.

A 句中的动词 buy 被 B 句中的 do 替代。

2. 名词性替代

以名词性替代词替代一个名词词组或者它的中心词，这种替代现象叫作名词性替代，能充当名词性替代词的词项主要是 one，ones，some，the other，others，the same，the kind，the former，the latter 等。例如：

For example，technological advance has also had a strong impact on employment and productivity，benefiting some jobs，hurting others.

译文：例如，科技的进步对就业状况和生产力的提高就会产生很大的影响，对某些工作的就业会有利，但对其他的工作就业会造成不利的影响。

上述例句结尾处的 others 替代了 some other jobs。

Collection is of two kinds:collection with bill of exchange against documents and collection with a clean bill. In practice，the latter is not so widely used as the former.

译文：托收可分为两种：一种是跟单汇票的托收，另一种则是光票托收。在实际操作中，后一种没有前一种用得广泛。

此例第二句中的 the latter 和 the former 分别替代前句中的 collection with bill of exchange against documents 和 collection with a clean bill。

Among all measures to develop national industry，a key one must be investment in upgrading plant，machinery and skills.

译文：在所有发展国家工业的措施中，关键的一个就是必须在更新厂房、机器和技术方面进行投资。

此句中的 one 替代了意义上单数形式的 measure。

3. 小句性替代

小句性替代指的是用替代词指称上文出现的名词性小句表达的意义。小句性替代一般由形式词 so，this，that 来代替整个句子或句子中的部分内容。例如：

The founder-members of the EEC believed that if the economies of the member states were linked，they would grow together politically. We shall have to wait and see if this is so.

译文：欧洲经济共同体的发起国相信，各成员国如果在经济上联合起来，将在政治上也会共同发展。是否如此，我们将拭目以待。

该例句末尾最后一句的 so 替代前一句话中的 they would grow together politically。

Following the OPEC oil embargo，for example，United State automakers began to make greater numbers of small cars and fewer of the large models they had previously produced. This did not happen because government intervention had ordered this charge.

译文：欧佩克颁布石油禁运令之后，例如：美国汽车制造商开始打算生产更多的小型车而减少原有大型车的产量。这种情况之所以没有发生，是因为政府的干预控制了局面。

上述例句中，this 所替代的是分句 United State automakers began to make greater numbers of small cars and fewer of the large models they had previously produced。

（三）衔接

词汇衔接指语段中一部分词的意义存在某种联系。具体而言，衔接方式有词汇同现、词汇重复、上下义词以及相似性。

1. 词汇同现

词汇的同现（collocation）是指使用相关词语使篇章能够前后呼应，这种现象在所有语言中都可以找到。例如：

When consumers borrow money to buy a house，car or dishwasher，they are paying higher rates because of the deficits.

译文：消费者借钱买房子、汽车或洗碗机时，会因为财政赤字而支付比较高的利率。

该句中的 consumer，money，buy，pay 在语义上具有相关性，利用这些词使语篇更具完整性、连贯性。

2. 词汇重复

在语篇中重复出现的词一般都是一些关键词，这些词的重复出现既可以增强文章的气势，又可以使文章更加连贯。例如：

Lower tariffs will increase the imports of both agricultural and industrial products，Competition from foreign imports will force Chinese producers to lower their price and improve the quality of their products，to the benefit of Chinese consumers. Those firms that cannot compete will have to adjust，with some possibly going bankrupt. Foreign manufacturers operating in China will also provide competition. Local foreign producers have the advantages over importers of being able to use the low-cost labor in China and save the cost of transporting the final products to China. Financial and telecommunications firms in China will have to upgrade their products to service foreign competition.

本例出现了三个 competition，还出现了其同根词 compete。这些词的巧妙使用，使主题更加突出。

3. 上下义词

英汉上下义关系词的使用有一点十分相似：它们都经常用于某个概念或物体性质的界定。上义词可以用来界定下义词，上义词的含义比较概括，属于抽象性意义，而下义词的含义较为具体。例如：

Top students allow no interruption of their study time. Once the books are open，phone calls go unanswered，TV unwatched and newspaper unread.

译文：优秀的学生在学习时杜绝任何干扰。只要一打开书，从不接听电话，也不看电视和报纸。

该例中，interruption 是 phone calls，TV，newspaper 的上义词，而 phone calls，TV，newspaper 是下义词。

4. 相似性

相似性包括两层含义，一个是"近同义性"，一个是"反义性"。这里的形似性与其具体意义没有关系。例如：

As dealers，the specialists are charged，with maintaining an orderly market in the stocks in which they specialize. In carrying out this responsibility，specialists should be trading against the market that is，buying if the prices of his stocks are declining and selling if they are rising.

该例中的 be charged with 和 responsibility 为近义词，两者都可以表示某种责任。又如：

When a balance of payments deficit is caused by something considered undesirable（such as heavy dependence on Mid-east oil），it may be that the government will seek a way to decrease such imports. When the same deficit is caused by something considered desirable（such as contributions to developing countries to foster their economic development），the government may be willing to draw down its reserves for the purpose.

译文：如果国际收支逆差是由不令人称心如意的原因引起的（例如过分依赖中东的石油），结果就可能会使政府想方设法减少这类进口。但若国际收支逆差是因令人向往的原因引起的（例如帮助发展中国家发展经济），政府可能会乐意为此目的降低其官方储备。

上例中的 undesirable 和 desirable 形成一种反义衔接，表达了产生国际收支逆差两种原因的不同性质。

## 二、商务英语的指称衔接

商务英语的指称衔接，包括人称指称、指示指称和比较指称三种。

（一）人称指称

人称指称指的是利用话语情景中的功能以及不同人称表现的指称。我们所熟知的人称代词有第一人称（I，we）、第二人称（you）、第三人称（he，she，it，they，one）。在人称指称中的人称代词与这些代词有所不同，其范围更加广泛，包括这些人称代词的主格和宾格（me，us，you，him，her，it，them，one），还包括其各自的形容词所有格（my，our，your，his，her，its，their，one's）以及所有格代词（mine，ours，yours，his，hers，its，theirs）。例如：

Japan has been able to export large quantities of radios and television sets because it can produce them more efficiently than other countries.

译文：日本之所以能出口大量的收音机和电视机，是因为日本的生产效率高于别国。

从上面的句子可以看出，it 指称 Japan，them 指称 radios and television sets。

（二）指示指称

用指示词或相应的限定词以及冠词等所表示的指称照应关系称为指示指称。在指示指称中，发话者通过表明事物在时间或空间上的远近来确定所指对象。指示指称通过指示指称词（this、these、that、those）和指示副词（如 here，there，now，then 等）来体现。例如：

Central banks of the member countries were required to intervene in the foreign exchange markets to keep the value of their currencies within I percent of the par value. This intervention was achieved by buying or selling foreign exchange or gold. A given currency could，therefore，never rise above nor fall below fixed points，which are called intervention points. These are the prices beyond which the central bank intervenes. This is called the system of fixed exchange rates.

译文：各会员国的中央银行必须干预外币市场以保持其币值于平价的 1% 之内。这种干预是通过买进或卖出外汇或黄金来实现的。这样，一种货币上升时不得高于、下降时不得低于固定点，这些固定点叫作"干预点"，超过了这些价格中央银行就要进行干预。这叫作"固定汇率制度"。

上面一段话的第 2 句中的 this intervention 指称前一句话的谓语部分 were required to intervene，第 4 句中的 these 指上句中的 intervention points，最后一句中的 this 指本段内容中前四句讲述的这种干预外币市场的现象。

Japan has been able to export large quantities of radios and television sets because it can produce them more efficiently than other countries. It is cheaper for the United States to buy these from Japan than to produce them domestically. According to economic theory, Japan should produce:and export those items from which it derives a comparative advantage. It should also buy and import what it needs from those countries that have a comparative advantage in the desired items.

译文：日本之所以能出口大量的收音机和电视机，是因为日本的生产效率高于别国。对于美国来说，进口日本货要比自己生产合算。根据经济理论，日本应该生产和出口那些因生产费用较低而获利的产品，购买和进口那些自己需要的、别国也因生产费用较低而获利的产品。

上面的一段话中，第 2 句中的 these 和第 3 句中的 those items 均指称第 1 句中的 radios and television sets，第 4 句中的 those countries 指称第 5 句中的 that have a comparative advantage in the desired items。

（三）比较指称

比较指称指的是用比较事物异同的形容词或副词及其比较级所表示的指称。比较指称语包括形容词与副词的比较级、最高级，以及同级结构如 as…as、superior to、inferior to 等。比较指称可以分为三种。

1. 表示相似、相同指称关系。例如：

The principle of similitude states that the best foreign market for a company is the country that is the most like，or the least unlike，the markets currently served by the firm.

In other words，companies should seek to identify those foreign markets whose characteristics are very similar to those of their domestic markets. Making the right product policy decision is greatly simplified when the company sells in similar markets.

2. 表示相反关系。例如：

The firm may welcome some competition. Competitors' promotional dollars combined with the firm's spending may lead to a much greater expansion of the market than would have been possible without competition. A share of a very large market may mean more sales than 100 percent of a small market.

3. 表示好坏、多少、大小等比较关系。例如：

The APEC group of economies includes all China's most important trading partners and accounts for over 54 percent of its report and export trade if Hong

Kong's trade is included while that of China and trade between the two economies is excluded from their total trade.

Among them are the United States and Japan. While the relationship with the United States is not free of problems（the human rights issue，arms sales intellectual property rights，illegal textile trans-shipments，the Taiwan Issue，and market access for U.S.products in China）and the relationship with Japan carries the burden of history，China shares more interests with the Asia Pacific economies than with other trading nations.

### 三、商务英语的连接

在商务英语中，连接的表达形式多种多样，例如有连词、动词分词、一般副词、合成副词、介词短语等，它们在数量上可谓惊人。尽管似乎有大量的连接语可供选择，但是人们实际上很少可以随心所欲，自由取舍，而要受到语域的限制。其中的实际使用情况和特点可通过下列连接手段使用的不同方式和频率得到体现。

（一）增补连接

增补关系可以表示追加、否定、选择、比较、同位以及后续等逻辑关系，表示不同的关系需要不同的连接词。下面就对增补连接中的几种常见的增补连接词进行说明。

1. 表示意义引申。意义引申指的是一种顺接关系。在英语中表示意义引申的词主要有 again，also，and，and then，and besides，besides，equally，further，furthermore，in addition，additionally，in a like manner，in the same way，likewise，moreover，similarly，what's more 等。在商务英语信函中经常会使用表示意义引申的连接词。

2. 表示举例、例证。通常用基数词和序数词以及副词来表示举例。在段落中可以使用 next，then 等来引导，结尾项目还可以用 last（ly），finally，to conclude 等引导。表示例证通常用 for example，for instance，incidentally，in particular，in other words，namely，particularly，specifically，such as，that is 等。

（二）因果连接

因果连接可以表示原因、结果、目的、条件、手段等逻辑语义关系，常用来表示因果的连接词包括 so，therefore，as a result，consequently，for that reason，in other words，in that case，if so，if not，that implies，then， therefore，thus 等。例如：

He says that he will love me for good. If so，I will be the happiest girl in the world. If not，I would kill him.

To run a business is like managing a big family. In other words，the "parents" must be excellent at administration ; otherwise，the "big family" would break up.

下面是商务英语中因果连接使用实例。在语篇中使用因果连接可以使内容之间结构紧凑，文章连贯。

Dear Sir or Madam，I am writing about the heating unit you installed for us. Unfortunately，the heating system exploded，blowing a large hole in the roof.

I should like to remind you that we wrote to you on 9 December last year because it was making a strange noise，but you did not give us a reply.

We must insist，therefore，that you replace the heating system immediately and pay for our damages stock worth about US $400，000.

Yours faithfully！

（三）时间连接

时间连接可以表示连续、同时、在前、总结等逻辑语义关系，主要利用时间词表达事件的进展等信息。

1. 表示某个时间以前的事态发展可用 earlier，former，preceding，previous 等。

2. 表示在某个特定时间点两个事件同时发生可用 contemporary，mean time，meanwhile，presently，simultaneously，at present，at this point，in the meantime 等。

3. 表示在某个特定时间以后的事态发展可用 following，later，next，afterwards，immediately，since，after that，since then 等。

（四）转折连接

转折连接可以表达对比、修正和排除等逻辑语义关系，转折连接用于提示段落内容意义的改变，表示意义转折的语汇有 but，for all that，however，in spite of，nevertheless，notwithstanding，on the contrary，on the other hand，still，yet，whereas 等。例如：

I supposed that he would not meet the deadline. On the contrary，he over fulfilled his task.

On the questions of payment terms，however，we will make no concessions.
The workers kept working，notwithstanding the heavy ram.

（五）空间连接

空间连接主要利用的是方位词来表示空间概念，如 above，across，from，before，below，beyond，beneath，close to，down，further，in front of，next to，near to，on the left，on the right，opposite，on top of，over 等。例如：

The development in Asia has been quite different from that in Europe and in the Americas. While European and North American arrangements have been driven by political will，market forces may compel politicians in Asia to move toward formal integration. While Japan is the dominant force in the area and right seem to take leadership in such an endeavor，neither the Japanese themselves nor the other nations want Japan to do it.

## 四、商务英语语篇基本特点

（一）文体多元性

商务英语具有多元化特点，因为它被社会上不同的领域所使用。根据英语的功能划分，英语通常包括以下五种文体：文学英语、法律英语、新闻英语、广告英语、科技英语。从商务英语所涉及的专业范围来看，五种文体中属于商务英语的是广告英语和法律英语。

由于国际商务在各领域中的实践性较强，商务英语还具有实用性。国外有学者从国际商务用途角度出发，认为商务英语通常与一定的商务背景知识有关，以需求分析为基础，有时间上的压力，目的明确。

（二）确切性

商务篇章要具体明确、层次分明、有说服力，必要的时候，要使用具体的事实和数据。商务英语中业务数字和时间都很关键，稍有差池，可能就会导致业务失败。概念的表达，物与名所指，数码与单位等，都要求具体明确，而且全文一致。为了避免纠纷和损失，商务英语所涉及的语义信息、风格信息、文化信息等都要求使用者做到具体得当的传达。

例如：We are delighted to receive your Letter of November 18 asking whether we can supply you with Art.No.6120.

译文：很高兴收到你方 11 月 18 日来函，询问我方可否供应 6120 货号产品。

商务英语不说"We wish to confirm our telex dispatched yesterday."而要说"We confirm our telex of July 2nd，2000."因为前者笼统含糊，后者清晰明了，恰如其分地表情达意。

在商务英语中，有时可采用不同的词语或短语表达同一语义或概念，这不仅可避免重复所引起的"单调乏味"，使语篇表达富有变化，生动活泼，而且更能从不同侧面加强所表达的语义，使之更明晰、明确。有时，采用省略的方式能够使表达更明确，而汉译时必须采用重复方式才能使译文语义明确，且并不因此而显得冗赘单调。

如：In such a society，we make contracts when we buy goods at the supermarket，when we get on a bus or train，and when we put money into a machine to buy chocolate or drinks.

译文：在这样一个社会里，当我们在超级市场购物的时候要订立合同，当我们乘公共汽车或火车的时候要订立合同，当我们把钱投入自动售货机购买巧克力或饮料的时候，也要订立合同。

解析：英文原文仅一处使用 make contracts，而汉译文将此重复使用三次，英汉表达方式不同，但却都达到了表达清晰明确的目的，可谓殊途同归。

（三）篇章结构规范

商务英语具有程式化的语篇特征。在篇章结构上，严格按照各种语类的纲要式结构并参照各种语类的交际目的行文。这种程式化的纲要式的结构和交际的目的是其各类语类的核心。在商务英语实践中，我们把商务文本细分为商务报告、商务广告、企业宣传材料、产品说明书、商务信函、商务合同、商标词等，每一种文本都有其"纲要式"的结构，为从事商务活动和商务交际的人们提供对各种语类在理解和写作上的参照。下面以商务报告类文本为例，分析商务英语的篇章结构的示范性。

从整体结构上讲，英语商务报告包括了下列几大部分：题目（Title）、报告传达书（Transmittals）、目录（Contents）、总结（Summary）、前言（Introduction）、正文即调查结果和研究结果（Findings）、结论（Conclusion）、建议（Recommendations）、参考资料（References）、附录（Appendices）。其中关键的部分是主体。商务报告的主体一般由前言（preface）、正文（body）和结尾（conclusion）组成。在前言部分，主要说明报告的目的（purpose）、背景（background）、范围（scope）和问题的叙述（problem statements），说明问题提出的缘由、背景和相关情况。报告的正文部分是核心内容，通常是由研究内容、研究方法、研究结果等构成，主要阐述研究结果和调查结果、项目进展情况、策划方案的步骤等。

# 第四节 商务英语的修辞特征

从广义的角度来讲，商务英语的修辞可包括商务英语语音、词汇、句法、语篇的组成等各层面的所有特征，涉及"遣词造句、谋篇布局"过程中的一切活动，是对语言进行选择加工，以达到传情达意的目的。而词义、句子结构以及语篇等所有的特征总汇构成商务英语的修辞特征。

## 一、商务英语的词义修辞特征

商务英语中的修辞为实现选词恰当、精确，语言表达礼貌的语言效果起到了至关重要的作用，其词义修辞特征主要表现在以下方面。

（一）暗喻

暗喻又称隐喻，是一种含蓄的比喻，本体和喻体同时出现，没有喻词。在商务英语中，暗喻是频繁使用的修辞手段之一。例如：

A woman express herself in many languages，Vimal is one of them.——Vimal Saree

译文：女人用多种语言表现自己，维姆就是其中之一。——维姆纱丽服

该例中，妇女服饰品牌 Vimal Saree 被比作 language，表达了这种服饰就像语言一样可以直观地传达出女性的魅力所在，潜意识下表明了该品牌的特殊之处。

（二）双关

双关的修辞效果往往使得话语更加幽默，一箭双雕。商务英语中经常利用同音词、谐音词与一词多义的词来实现双关。

例如：The Self-Made woman. She's living better all the time.

译文：《自我》成就的女性，生活永远如此称心。

该例中，Self-Made 的使用实现了双关，因为其具有一词多义的特点。Self 即有"自我"的含义，同时还是一本妇女杂志的名称，故 Self-Made 暗示了阅读《自我》杂志的女性在生活上都是称心如意的，这就可以号召大量女性来阅读该杂志。

（三）夸张

虽然夸张手法有言过其实的修辞效果，但基本上还是符合事物本质特征

的。适当的夸张是为了增强效果、抒发感情，在事实的基础上做出放大或缩小某一特征的艺术手法。因此，夸张是商务英语中经常使用的修辞手段之一。

例如：They murdered us at the negotiating session.

译文：谈判时他们枪毙了我们的方案。

该例中，murdered us 即是夸张手法的运用，目的在于强调谈判失败的后果，使得表述更加生动有效。

（四）借代

商务英语中常常用一个表示具体形象的词来表示一个事物、一种属性或一种概念，表现为将具体词语的词义做抽象化引申，引人联想，并起到修饰语言的作用。

例　　如：Viewing such problems with a humorous eye and avoiding the syndrome of taking yourself too seriously can make all the difference in keeping negotiations on track.

译文：如果用幽默的眼光来看待这些问题，让自己避免过分严肃，对谈判沿着既定的轨道前行具有十分重要的作用。

该例中，利用人体器官 eyes（眼睛）这一具体器官的形象引申出其所产生的行为——眼光，使得句子在表述上形象、轻松，在很大程度上缓和了话题的过分严肃性。

## 二、商务英语的结构修辞特征

对商务英语结构具有重要修饰意义的手段有：倒装句、反复、排比、对比。下面就对这些修辞手段进行探讨。

（一）倒装句

倒装是一种语法手段，用于表示一定句子结构的需要和强调某一句子成分的需要。商务英语中也常常通过改变语序，倒装句子来实现有所指、有所强调的交际意图。试比较下面一组句子。

（1）A sample of a similar cloth，of exactly the same color，which we have in stock，is enclosed.

（2）Enclosed is a sample of a similar cloth，of exactly the same color，which we have in stock.

译文：附上一块目前有现货的，颜色几乎一样的相似布料。

对于同一个句子，使用的英语句型却是完全不同的。（1）句使用的是普通的、正常顺序的句子，因为主语很长且位于句首，给读者的感觉是头重脚轻。（2）句通过倒装改变了句子中词语的顺序，读起来更加合理。

（二）反复

商务英语中常用反复来强调所表达的内容，引起话语接受者的注意，其主要表现在以下几个方面。

1. 重复某个关键词。重复某个关键词（Repetition of a Key Word）能够帮助语言发出者建立主题思想，让语言接收者有意识或无意识地熟悉这个词带来的信息。

例如：She is a leader:a leader in the workplace，a leader in her church，and a leader in the commumty.

译文：她是领导：是工作上的领导，是教堂的领导，还是社区的领导。

该例中，通过对 leader 一词的重复实现了强调的目的，充分表达了其牢固的领导地位，从而将她的领导形象深深刻在人们心中。

2. 结末重复。结末重复（Antistrophe）是指末尾段落连续使用重复的短语或句子。与句首重复一样，结末重复也是为了强调这些语句。例如：

Our stockholders will win.

Our employees will win.

And，best of all，our families will win.

译文：我们的股东将会获益；我们的员工将会获益；另外，最让人高兴的是，我们的家族将会获益。

该例中，对句末短语 will win 进行了重复，强调了人们获益的范围是非常广泛的，即表明了这次成功将使所有人都获得利益。

（三）排比

排比（parallelism）就是把两个或两个以上结构相同或相似、意义相关或并重、语气一致的语言单位平行排列起来，形成一个连贯的整体的修辞手法。在商务英语中，排比也是一种常用的修辞格。这种修辞结构使读者强烈感受到排比结构内部的关系，起到加强语气、强调重点的作用。例如：

If a man runs after money，he's money-mad；if he keeps it，he's a capitalist；if he spends it，he's a playboy；if he doesn't get it，he's a never-do-well；if he doesn't try to get it，he lacks ambition. If he gets it without working for it，he's a parasite；and if he accumulates it after a life time of hard work，people call him a fool who never got anything out of life.

译文：只追求钱的人是疯子；只攒钱的人是资本家；只花钱的人是花花公子；挣不到钱的人是小混混；不愿意挣钱的人是没有包袱的人；想不劳而

获的人是寄生虫；一辈子只为挣钱的人则是智力障碍者。

该例中，整个段落列出了七项有关 money 的种种行为，并通过这种排比结构讽刺了一些人、批评了一些人，在一定程度上加强了人们对于如何花钱这方面的正确认识。

（四）对比

商务英语中经常使用对比的修辞手法使一句平衡对称的句子在意思上截然相反，形成强烈对比。例如：

There is a large group of active and innovative companies who devote themselves to increasing the productivity. While there always a large group of laggard and stereotyped companies who devote themselves to gnawing government subsidy.

译文：很多积极的、创新的企业都致力于提高生产力。然而还有很多落后的、守旧的企业致力于啃食政府补贴。

本句通过 active and innovative 和 laggard and stereotyped，increasing the productivity 和 gnawing government subsidy 两组意象的对比，表达了两个方面的意思。一是赞美了前者的创新精神。二是批评了后者不思进取、腐败落后的企业作风。

## 三、商务英语的语篇修辞特征

（一）圆周句

圆周句（Periodical Sentence），也称"掉尾句"，它是英语中末端中心（end focus or end weight）原则的应用。圆周句的特点是，主要信息或实质部分迟迟不出现，使之造成一种悬念，借以抓住读者的注意力，步步推进，直到句尾或接近句尾才能明了作者所要表达的真正意思，给读者以深刻的印象，从而使主要信息或实质部分得到强调。圆周句是作者有意安排的句子，句子结构比较严谨，多用于正式语体。当很多从句都把话语重点放在了句末，便形成了修辞学上所说的圆周句。

圆周句在商务英语中的使用主要基于以下目的。

（1）有时是为了吸引对方注意。

（2）有时是为了加以强调。

（3）有时是为了减弱不利信息造成的影响。

下面来看一则实例。

Although profits are down，morale remains high.

译文：尽管利润下降了，但我们的道德水平依然很高。

该例中，通过使用 although 来引导让步状语从句，并以此说明后面的句子是语言表述的重点，故该句话是一个圆周句。其中 profits are down 这一不利消息以状语从句的形式被放在了前面，而话语中心则被放在了后半句上，因而整个句子就句子含义而言，在很大程度上减弱了不利消息对听话人的影响，强调了好的一面。

（二）松散句

松散句（Loose Sentence）也是复合句，即主句在前，后面通常跟有几个从句：一些语言学家定义的右分支结构（right-branching structure）。松散句是一种组织松弛的句子。在效果上这种句子比较松弛，多用于谈话。句子的组织部分连绵不断，但结构如此松散，以至于你可以在句中的任何地方加一个句号，结构都是完整的。与圆周句不同，松散句通常将句子中心放在前半部分用以提出主旨。例如：

The Buyer may cancel its order through a telegram to the Seller，which is required to get to the latter prior to the beginning of any shipment.

译文：买方可以通过电报通知卖方取消订货，但此电报需在货物装运之前到达卖方。

该例中首先明确了话语的主题即"取消订单"，然后在后半句进行了说明：不是任何时候都可以取消订单，只有在货物装运之前将取消订货的电报传达给卖方时才可以。

# 第四章 多元化商务英语翻译理论的应用

## 第一节 功能翻译理论

### 一、功能翻译理论的概述

功能翻译理论起源于 20 世纪 70 年代的德国，它是以目的论（skopos theory）为核心，强调问题和翻译功能的一种流派，反映了翻译的全面转向：从原来占主导地位的语言学流派注重形式的翻译观转向更加注重功能和社会文化因素的翻译观。这种转向得益于交际理论、行为理论、话语语言学、语篇学说以及文学研究中趋向于接受理论的一系列研究活动。功能翻译理论的形成大体经历了两个阶段。第一个阶段是以卡瑟琳娜·莱斯（Katharina Reiss）在 1971 年出版的《翻译批评的可能性与限制》一书为标志的，书中提出了功能翻译理论的雏形。第二个阶段是赖斯的学生汉斯·弗米尔（Hans Vermeer）创立的功能翻译理论的核心理论：翻译的目的论。第三个阶段，在弗米尔的"目的论"的基础上贾斯塔·霍茨·曼塔利（Justa Holz Manttari）进一步发展了功能翻译理论，提出了翻译行为论。而克里斯蒂安·诺德（Christiane Nord）作为德国功能翻译理论的集大成者和主要倡导者之一，在诸多德国功能派学者中首次用英文全面系统地整理归纳了功能派各种学术思想，用简单易懂的语言和丰富的实例阐述了功能派复杂的学术理论和术语。针对翻译理论的不足，她还提出了翻译的忠诚原则。

功能翻译理论来源于行为理论，认为翻译是一种目的性很强的行为，是为了实现信息的跨文化、跨语言转换而设计的一种复杂的行为；翻译活动是基于原语言文本的翻译行为，根据翻译的目的使目标文本和原文本保持一致，从而使交流得以跨越文化语言的障碍顺利进行。反映出翻译本身的目的性、交际性和跨文化性特质。

构成功能翻译的基本理论主要有四种：文本类型与语言功能理论、目的论、翻译行为理论和功能加忠诚理论。功能翻译理论以目的为总则，把翻译放在行为理论和跨文化交际理论的框架中，实现了翻译理论从静态的语言翻译象征论向动态功能翻译分析法的转化。功能翻译理论提出，翻译活动的最高原则是目的法则，任何翻译策略都是依据翻译目的而定的。王宗炎教授曾有过明确的论述，指出"在作用上最适当的译法，也就是在意义上最适当的译法"。直译、调整性译法、仿译等不符合传统翻译标准的翻译方法都可以使用。这些特别的翻译策略和方法恰好适用于商务英语这种功能明确的实用翻译。商务文件基本属于信息型文本，主要功能是传达和交流商务交际信息。功能翻译理论可以避免翻译的盲目性，对于商务英语翻译教学具有较强的指导意义。

（一）瑟林娜·赖斯的文本类型和语言功能理论

瑟琳娜赖斯 1923 年出生于德国，是著名的学者，翻译理论家，精通德语和西班牙语，曾执教于海德堡大学、维尔茨堡大学和美因茨大学。长期从事翻译研究和教学，并深受奈达等值理论的影响，将语用学引入翻译研究中，提出了从功能角度对文本进行删减和补充，以实现更好的对等。此后，她将功能对等理论应用到翻译批评中，提出了比较合理的翻译批评观，即以功能等值作为译文评估的标准。赖斯认为翻译文本应注意与原语在概念性内容以及语言形式、交际功能等方面相互对等，它是一种综合性交际翻译；赖斯还认为文本分类通常从文本的语言特点以及习惯、主体交际功能上实现，能够帮助翻译者根据特定翻译目的进行所需要的合理对等程度的确定，并从两种角度对文本进行划分：一是根据文本的语言特点和习惯，将文本体裁或变体划分为工具书、讲稿、讽刺作品或广告等；二是根据主体交际功能，把文本划分为信息型、表达型和诱导型功能文本类型，并总结了各自特点及翻译方法。商务英语文本主要以传递信息为主，属于信息型文本。由于不同的商务英语文本翻译的目的与功能的不同，因此，所采用的商务文本类型需要根据实际情况而定。例如商务合同翻译，在翻译时采用功能翻译理论的目的性原则，有利于确保信息的准确传达与执行，除此之外，还应注重语言的严谨。她将语言因素划分为四个层次：语义、词汇、语法和文体。从语言因素角度审视翻译过程，目标语应做到：语义的对等、词汇的妥帖、语法的准确和文体的对应。在著作中，她还总结了一些非语言因素在翻译过程中的重要作用。如语境、主题、时间、地点、源语环境读者群、源语作者和感知因素等。

赖斯还对翻译批评的制约进行了说明。她认为，现实中的翻译过程涉及很多影响翻译批评的主客观因素。因为每一个源语文本的作者在创作文本的过程中都置放了特定的目的，这种倾向性会体现在目标语的表达中。相应地，目标语文本也蕴含了某种特定的功能。她还详细地介绍了许多功能不同的目标语文本，如儿童读物、简历、学术著作、文艺作品等，它们都是为了服务于特定的读者群。

赖斯还将信息论引入到翻译研究中来。因译者能力和语言结构不同所带来的差异造成了信息走失，赖斯称之为"无意改变"；而为了实现源语文本功能在目标语中的转换而造成的信息走失则称之为"有意改变"。她在对等的问题上，表现更为灵活。可以通过适当的删减和补充，最大限度的实现源语文本在目标语中功能的转换。但是，这些翻译思想过分依赖语言学，忽略了文化、译者等其他因素对翻译的影响。

（二）汉斯·弗米尔的目的论

目的论为汉斯·弗米尔的研究理论，其理论核心主要是翻译过程中所应用的翻译方法及翻译策略是由译文的预期目的以及功能进行决定，它是在行为理论基础上研究提出的理论。费米尔提出翻译（包括口译和笔译）是一种目的性行为，决定翻译目的的最重要因素是译文预期的接受者。在翻译过程中应遵循三个总体原则，即目的原则、连贯原则和忠实原则。功能翻译理论的核心内容就是目的论。根据"目的论"，所有翻译遵循的首要法则就是目的法则，翻译行为所要达到的目的决定整个翻译行为的过程，即翻译目的决定翻译方法。这个目的有三种解释：译者的目的（比如赚钱）；译文的交际目的（比如启迪读者）以及使用某种特殊翻译手段所要达到的目的（如为了说明某种语言中语法结构的特殊之处而采用按其结构直译的方法），但通常"目的"是指译文的交际目的。根据功能翻译理论的目的论可知，无论是什么翻译，都有一定的目的性原则。可以说，翻译活动的主要因素取决于目的性，基于什么样的目的，才会需要什么样的翻译方式。通常情况下，功能翻译理论的目的性，实质上是交际活动中所需要的内容。

弗米尔把原文只看作是一种"信息供源"，仅提供翻译委托所需的信息，而不再是评价译作的唯一或最高标准。译者有权按照翻译目的来取舍其中的信息，是否与原文保持篇际一致是由翻译目的来决定的，忠实于原文只是其中的一种可能性。翻译位于两极之间，遵循目标文化的行为与预期、用目标文化的方式来表达原语文化的特征。翻译目的实现的可能性取决于目标文化的条件，而不是原语文化。

（三）赫尔兹·曼塔利的翻译行为理论

曼塔利提出了翻译行为的概念，并探讨了包括文本转换在内的所有跨文化转换形式，着重论述了翻译过程的行为、参与者的角色和翻译过程发生的环境三个方面的问题。曼塔利指出，翻译行为是一种信息传递的过程，目的是实现信息的跨文化以及跨语言的转换，而翻译是翻译行为的具体操作，翻译具有目的性、交际性以及跨文化性。翻译和翻译行为是两个不同的概念，翻译行为是为实现信息的跨文化、跨语言转换设计的信息传递过程；而翻译只是文本形式上的跨文化转换活动，在转换中，交际性的语言符号或非语言符号（或两者兼有）从一种语言转换成另一种语言。翻译是翻译行为的具体操作。翻译的实质反映出翻译的三个性质：目的性、交际性和跨文化性。该翻译理论从译入者的全新视角来诠释翻译活动，使翻译摆脱了原语的束缚。

（四）诺德的功能加忠诚理论

诺德从翻译文本、翻译方法和翻译单位等方面阐述了功能翻译理论。功能加忠诚理论要求翻译中译者需要对翻译的各方参与者负责，同时进行其关系协调，它还认为翻译是一种在译语文本和原语文本保持联系，且根据译文预期目的或功能要求实现具体化，以保证能够顺利进行客观存在语言文化障碍的交际行为的活动过程。诺德从功能的角度划分了文本和翻译的类型。文本有四个基本功能：指称功能、表达功能、诉求功能和寒暄功能。文本功能的不同模式是编写翻译教材和翻译教学课程设置的基础。诺德区分了翻译过程的功能及所产生的译文的功能，并概括出翻译过程的两种基本类型，即纪实型翻译和工具型翻译。纪实型翻译旨在用目标语创作出一个真实反映原文交际活动的文本，记录原语文化的信息发送者和接受者在原语文化条件下通过原文进行交际。工具型翻译作为目的语文化中独立的信息传递工具，实现新的交际行为，使接受者在没有察觉读或听一个来自异文化的文本的状态下实现其交际目的。

## 二、功能翻译理论的基本原则

（一）功能翻译理论的连贯性原则

连贯性原则是功能翻译理论所具备的原则之一，主要突出的是翻译的连贯性。译文须符合篇内连贯的要求，翻译作品中无论是语句的书面表达还是内在含义，都应保持一致性，使得翻译的作品可以容易获得接受对象的理解。商务英语翻译的最主要的特点就是确保语言的连贯性，不仅体现在书面表达形式上，还体现在翻译的内容上。这个理论当中的连贯性原则是针对译文语篇内部及与译入语文化之间的关系而言，以及忠实性原则能够帮助翻译对象更好地实现自己的功用。商务文本有着独有的特征，它重视连贯。这主要表现在它的写作本身需要遵照一定的程序，使用较为统一的专业术语。所以，对于商务翻译，其忠实性还有以下表现，即它的译文需要使用精准的术语，使文章确保简洁、严密，和原文在使用规范与整体意义、礼节态度上保持一致。这种忠实特性需要翻译者正确使用商务术语，需要译文尽可能减少文章传递上的失真。

（二）功能翻译理论的忠诚性原则

忠实原则是针对译文语篇与原文语篇之间的关系而言的，近似于译文应忠实于原文的说法，但与原文忠实的程度和形式取决于译文的目的及译者对原文的理解。忠诚性原则与连贯性原则类似，也有明显的区分。连贯性原则主要是指翻译作品的书面表达与内在含义的一致性，确保翻译语句连贯性，而忠诚性原则是指翻译作品的原文与翻译后的作品之间的语言连贯性，确保翻译后的作品与翻译作品的原文内容一致。因此，翻译人员在进行翻译工作时，应该确保翻译原作品的内容，做到对翻译作品的作者以及读者认真、负责的态度。然而这种忠诚并不是要求翻译人员按照翻译作品原文逐字逐句地进行翻译，而是根据翻译的目的与要求，结合翻译人员对翻译作品的理解程度，进行合理的调解，使得翻译后的作品能够达到理想的翻译效果。对于商务英语翻译来说，忠诚性原则还应表现出译文具有一定的商务专业术语，做到译文的语言严谨、简洁以及逻辑性，有利于实现译文的整体性、专业性以及规范性等方面。商务英语翻译的忠诚性就是严格要求译文正确运用专业术语，提高译文内容的准确性，从而有效确保传递信息的真实性。

（三）功能翻译理论的目的性原则

商务英语翻译是指将翻译作品原文按照一定的要求，用英语语言的方式体现出来。在商务英语翻译过程中，目的性原则是指对翻译作品进行有选择性的翻译，而并非全篇翻译。翻译作品原文与翻译后的译文，无论是在内容上还是交际功能方面都处于同等作用。在满足翻译的目的时，不仅可以有效提高翻译的效率，还可以提高翻译质量。在整个过程中，目的原则是所有翻译应遵循的首要原则，包括翻译方法和翻译策略的选择，都是由翻译行为所要达到的目来决定的。目的论把翻译行为所要达到的目的概括为三种：译者的目的、译文的交际目的和使用某种特殊翻译手段所要达到的目的，其中译文的交际目的最为重要。实际上，功能翻译理论中，所有的翻译都是具备一定的目的的，它应该帮助文章实现自己的价值。翻译的目标直接对翻译过程产生了决定性作用，它是翻译的关键。在进行商务英语翻译的时候，翻译者应该根据目的性原则，对文章本身传递的各种信息进行有意识的筛选，使翻译质量得到改善，实现理想的翻译目标。商务文本翻译的本质就是搭建关系桥，使原语语篇与其内在思想等实现对等，进而帮助文本实现交际意义。所以，信息传达的效果才应该是进行商务文本翻译的关键所在。

### 三、功能翻译理论的意义

首先，功能翻译理论下的翻译具有目的性、交际性和跨文化性等特征。该理论以目的论作为理论中心，以跨文化交际理论和行为理论为支撑，将翻译实现由静态语言向动态功能方向的转化，从而达到理想的翻译效果。注重翻译的交际形式概念含义，它认为翻译过程主要包含原语文本以及翻译者、翻译者的图式文本、译语文本三种文本形式。

其次，翻译过程中，"功能主义"理论认为翻译时也需要考虑翻译目的与读者对象这两个关键因素。在功能翻译理论指导下进行翻译时，主要将翻译的目的性放在首要地位，功能翻译理论从一定程度上更侧重翻译的文化功能。该理论认为翻译活动要围绕翻译目的展开，目标文本和源文本的信息传递应保持一致，使跨文化和跨语言障碍的交流变得畅通。

再次，翻译理论不再像传统翻译理论那样认为评价翻译的唯一标准是原文，而是运用跨文化交际理论和行为理论来考量翻译活动，把翻译当作翻译行为的一部分。它打破了传统单一的翻译分析视角，使学者从关注译作与原著的对等转变成关注翻译过程及译者本身，打破了传统等值翻译的静态批评法，而开创了一种新的动态模式。因此使翻译具有目的性、交际性、跨文化性、人际性以及文本生成等多种特点，其本质上是一种目的性行为功能翻译理论在中国的接受与传播，对我国翻译工作产生了深刻的影响。开创了新的研究翻译的视角，这为今后对翻译的深入研究有着非常重要的指导意义。

商务英语文本一般都涉及多方经济利益，因此对翻译的要求也很高。功能翻译理论认为，根据教学角度，商务英语翻译可分为语用型、文化型或说具体文本就文体形式而言，可分为公文体、广告体、契约体、应用体等从功能翻译理论的角度来说，不同文体的侧重不同，风格也各异：商务应用文的翻译，应注意一些约定俗称的说法，入乡随俗；商务广告的翻译，应从其劝购的功能性和目的性出发；商务信函的翻译应注重礼貌得体，准确无误；商务合同的翻译，应准确完整，通顺得体。分析各种不同商务文本的翻译特点，有助于在翻译的过程中使用更合适的翻译策略。然而，由于商务文体的复杂性，在现实的翻译实践中，不同的商务文体又遵循着具体的、顺应实际情况的翻译标准。

# 第二节 交际翻译理论

## 一、交际翻译理论背景

英国著名翻译教育家和理论家彼得·纽马克于 1981 年在其力作《翻译入门》中首次提出了语义翻译和交际翻译两个概念。他指出"交际翻译力图使译文读者在阅读译文时得到的感受尽可能地与原文读者的感受相似；而语义翻译力图在译语的语义和句法结构允许的情况下，尽可能准确地再现原文的上下文意义。"也就是说语义翻译理论是在目的语语言结构和语义许可的范围内，把原作者在原文中表达的意思准确地用译语再现出来，要求翻译语言必须与原文紧密对照。语义翻译重视的是原文形式和原作者思想，而不是目的语的语境及其表达方式，更没有把译文放在目的语文化情境中考量。语义翻译通常适用于文学、科技文献和其他视原文语言与内容同等重要的语篇体裁。而交际翻译的目的在于用适合的语言阐述原文的主旨，即努力使译文对目的语读者所产生的效果与原文对原语读者所产生的效果相同，其重点是根据目的语的语言、文化和语用方式传递信息，它把原文形式仅视为译者应考虑的部分因素，译者在交际翻译中有较大的自由度去解释原文，而不是尽量忠实地复制原文的文字和原文的形式。所以交际翻译理论倡导既尊重原文的本意，又不完全依赖于对原文的字句对照翻译，翻译语言能够恰如其分地传递内在精髓，便于读者感同身受。

纽马克认为，通过交际翻译理论，能够促使目的者所看到的译文与原语者所产生的语言效果保持一致，即一方面交际翻译理论的重点在于根据目的与所处的文化环境、语言特征、语用方式等进行信息的传递，而并非单纯的根据语义进行文字的翻译复制。另一方面商务英语翻译当中应用交际翻译理论，能够促使翻译者尽量自由地对文体进行调整，对歧义进行排除，对原文进行翻译，甚至能够对原文当中出现的错误进行恰当的纠正。据此，翻译者能够在打破原本局限的同时，使读者了解原文的内容。

在这两个基本定义之上，纽马克进一步探讨了如何应用这两种翻译理念的问题。纽马克提出了三个语言功能模式："表达功能"（expressive function）"信息功能"（information function）以及"呼唤功能"（vocative function）。纽马克认为，在翻译中，使用的方法是按照文本性质的不同进行选择，在文本中，纯文学文本或者艺术性较高的文学作品，如自传、信件、小说、诗歌等，能够体现出作者和文本本身的，都属于表达型文本；而有些文本主要目的是要表述文本的内容和传递相关信息和知识，这类型的文本属于信息型文本，这种类型的文本要求的内容和书写格式比较规范，大部分的领域都可以应用；呼唤型文本主要的目的在于得到读者相应的反馈，把读者和作者紧密地联系在一起，使用说明、商业广告、宣传资料和说服性文章属于呼唤类文本。纽马克认为，在表达型文本中，使用语义翻译比较合适，而交际翻译比较适合在信息型文本和呼唤型文本中使用。

经过以上的分析，我们可以发现，由于表达类语篇的翻译重点在语言层面，因此语义翻译比较适用。而信息类语篇的翻译重点在于客观事实，译入语就比较重要，交际翻译比较适用。最后，呼唤类语篇旨在煽动大众情绪，因此，交际翻译更为合适。

交际翻译理论的内涵对于实践工作具有重要的指导意义，因为它需要深厚的文化功底作为支撑，以达到对两国语言的精准传达。这不是靠简单的语义翻译就可以实现的，而现实翻译工作中恰恰会存在这样一种"瓶颈"，严格按照语义对照形成的译文生硬刻板，甚至是词不达意。若要突破现有的障碍，就必须立足交际的层而，广泛搜集和学习基于文化视角的交际特点，再与本国语言融会贯通。

## 二、交际翻译理论的内涵

交际翻译主要关注的是帮助阅读者排除交际方面的困难，保证交际的顺利性。纽马克把文本做了明确的分类，包括信息型，表达型和呼唤型，强调了在对原作或者译文进行翻译时，要紧贴原文。语义翻译理论主要强调对原文作者思维过程进行重现，比较重视翻译中的内容，并且利用短小的句子对原文的单词，短语等进行表述；而交际翻译理论恰恰相反，强调翻译的语域要与目标文本相一致，更加注重翻译效果。交际翻译理论在翻译上一般是以段落为基础的，把目的语作为翻译中心，比较注重读者的理解和对翻译后的反映，主要是让读者能够读到真实客观的原文信息。在交际翻译中，原文形式仅是部分考虑因素，有较大的自由去根据目的语文化语境去解释原文给目的语读者。作为文化交际的桥梁，译者有其翻译目的，有特定的目的读者群，因此，译文必然会打破原文的局限。即使翻译难度较大、专业性较强的语篇，交际翻译也会较多地使用通俗词汇，使所产生的译文通俗易懂，清晰明了，规范自然，符合特定的语域范畴和文化交际目的。

"我在翻译方面仅仅提出这两种方法，这两种方法对任何文本来说都合适。

在交际翻译中，翻译者用目标文本来表达和原语同样的效果；在语义翻译中，翻译者在目标文本句法结构和语义方面允许的范围内，来表现原语言的真正语境意义。"也就是说，在交际翻译中，纽马克认为，目标文本所产生的效果应当力求接近源文本。因为交际翻译重视产生的效果但不注重表达的内容，所以交际翻译首先要忠实于目标语和目标文本读者，要求原语符合目标语和文化，不给读者留下疑点和晦涩难懂之处。在语义翻译中，译者首先必须忠于原作者，符合原语文化，只有对源文本的内涵意义出现理解困难时才加以解释。纽马克根据语言的功能来划分文本的类型。他在著作《翻译探索》（Approaches to Translation）中认为语言大致划分为三种功能，即表情功能（expressive function）、信息功能（informative function）和感染功能（vocative function）。根据这三种功能，他将文本分成三种类型：表情型文本（expressive text）、信息性文本（informative text）和感染型文本（vocative text）。他认为，译者应根据不同的文本，采取不同的翻译方法。

纽马克在 1994 年一篇题为《关联翻译法》（A Correlative Approach to Translation）一文中，正式地提出了他的新理论，即关联翻译法（correlative translation）。关联翻译法包括两个关联命题和一个附加命题。"源文本的语言越重要，译文就越要贴近源文本。但是，还有一个附加命题，假如源文本作者和译者的目的一致，或者有相同类型的读者，无论源文本重要与否，源文本质量越高，译文就越要贴近源文本。""重要"指的是特殊的价值、意义和永久性。确切来说，在不改变源文本意义的前提下，其重要性取决于客户的要求、原作的价值、作者的社会地位、原语言的词语、习语、固定搭配、文化或法律术语植入目标语的程度如何。从词汇、语法和篇章的层面上，"贴近翻译法"和直译法相似。关联翻译法，体现了纽马克一贯的翻译主张，是语义翻译和交际翻译方法的进一步发展和补充。

纽马克认为不同的文本有不同的翻译方法，他的文本范畴理论"为我们看待翻译的标准问题打开了一扇新的窗口"。在广告翻译中，应优先考虑的是在目的语中传达原语的同样的说服劝诱说服力，要保证译文与原文具有同样的效果，引发目的语读者的想象力，达到最好的宣传效果，并进而吸引客商。而这种过程便是以呼唤功能为主的文本的主要翻译方法，确切"交际翻译"，来使文本在译入语国家融入当地价值观和理念中，达到广告应该有的效果。原语广告中有一些极其普通但与民族的文化背景密切相关的词语，如果直接翻译成译语会引起接受者误解的时候，就需要思量斟酌，这是就要用到交际翻译而尽量少用语义翻译。例如：在中国人的传统观念中，"凤凰"一直是吉祥的动物，而"龙"则显示的是尊贵，至高无上，是皇族和权力的代表，故有"龙凤呈祥""望子成龙，望女成凤"之说，多是表达人们心里的一种美好愿望和向往，这两种动物在中国人心中有不可替代的地位。而在西方人眼中"凤凰"意蕴"再生"，而"龙"则代表着邪恶，暴力跟怪物，像《坎特伯雷故事集》里面的怪兽，最大的反面代表就是一条龙。但是很多不了解中西方文化差异的商人在出口商品的商标或图案喜欢用龙、凤作为标记。如上海凤凰牌自行车的商品的商标一直译"phoenix"。在汉语中它意味着"吉祥、如意、高雅"，而在英美文化中，看到这个商标的人则会立刻"死而后生"，由此是否有可以引发"死里逃生"的尴尬联想，或预示着即将有什么样的灾难。所以这样的语义翻译在文化含义差别很大的词语上不宜应用。因此，不考虑译语文化的背景的直译必将引起译文接受者的误解，产生负面的效应。语言表达及文化背景的差异，使得英语广告和汉语广告各有自己的特色。所以在进行翻译时要兼顾文化背景和民族心理的差异。所以在肯定纽马克理论的同时，要注意一些含有文化内涵的词语。西方翻译理论家纽马克将翻译文本分为不同的类型，然后按照不同的标准来翻译不同的文本，这无疑在文学作品翻译及非文学作品翻译等领域开拓了新的思路，解决了翻译理论和实践的问题。虽然在翻译有关民族文化背景的词语时，会有一些例外情况，但总的来说在整个翻译过程中，"语义翻译"和"交际翻译"根据译者的意图会有所侧重，"两译"者并不彼此排斥，而是为重现原文信息而采取的两种相辅相成、互为补充的手段。

### 三、组马克交际翻译理论对商务英语翻译的启示

商务英语的特性决定了商务英语翻译的特殊性和复杂性。成功的商务英语翻译不仅需要广博的知识，更需要专业翻译理论的指导。纽马克的交际翻译理论对商务英语翻译带来了重要启示。交际翻译理论要求成功的译者必须要具备广博的知识和原语与译入语的深厚文化底蕴，同时还要具备灵活的应变能力。

（一）坚持译词准确、严谨

商务英语的专业特性决定了用词准确是商务英语翻译的第一要求。商务英语翻译的准确性不能只停留在表层意义和文本形式的对应上，而应该是深层的意义影射或其精髓的准确传达。商务英语是专门用途英语的一种形式，在语言的应用方面，商务英语使用了大量的专业术语、缩略语等，这对保持商务用语经济性的特点和提高工作效率方面起到的重要的促进作用。但是如果在商务英语翻译中不了解商务英语语言表达的这种特点及其掌握一定的商

务知识，而采取"字对字直译"的方法，就会造成与原文意义大相径庭的结果。比如：人们常常把"白酒"照其字面翻译成"white wine"，这样的翻译乍一看似乎没有什么错误，但对英语中酒的翻译稍微有点了解的人就会知道，英语中的"wine"一般特指用水果为原料来酿造的酒，比如典型的 apple wine 等，而如果"wine"之前没有任何限定性的水果名词，则专门用来指葡萄酒。由此可见，在商务英语翻译保持高度的严谨是非常必要的。

（二）合理调整文化不对等现象

众所周知，中西方各国民族文化之间存在着巨大的差异，文化不对等现象是非常普遍的事情。交际翻译理论观认为翻译的目的在于使译文应用适合的语言将原文主旨恰如其分地表达出来，使译文读者与原文读者产生相同的效果，从而达到准确交际的目的。因此，对于不同民族文化之间出现的文化不对等现象，商务英语翻译人员应了解这些差异的存在，通过对译入语做出适当的调整，从而使不同民族文化信息实现灵活等值。现实中，我们常常会发现，同样的一个词语，不同文化背景的人对其却完全有着不同的感受。比如，我国生产的"大白兔"奶糖是深受我国消费者所喜爱的名牌产品，而"白兔"本身也是一种可爱的动物，深受国人喜爱。然而，如果我们把这一品牌的奶糖翻译成为"White Rabbit"并将其销售往澳大利亚的话，其结果可能会不尽人意。因为，在澳大利亚人看来，兔子是一种"害虫"，它们到处挖洞，破坏草原并与牛羊夺食，影响了农业的发展，所以人们非常厌恶兔子，更不喜欢以其作为商标的商品。所以，在翻译类似这些动物名称的时候，我们要非常的小心，为了避免其对译入语读者造成不良影响，可以考虑对其进行适当的调整。

此外，在翻译用词上，我们也要考虑不同民族对词语内涵理解不同。例如，在我国的很多广告中，特别是在一些饮料或食品的广告中，常常出现有"老少皆宜"的字眼，如果不顾英美民族的习惯，而将之翻译为"suitable for both the old and the young"，将会是非常不利的，因为西方人对 old 非常忌讳。因此，可以对此做适当的改变，将其翻译为"suitable for grown-ups and children"。

（三）不断充实商务专业知识

与普通英语翻译所不同的是，商务英语涵盖了多个方面的知识，翻译比普通英语翻译要难得多。从分类上来讲，商务英语属于专门用途英语的范畴，其语言具有明显的专业领域属性和特点。对商务英语进行准确翻译的前提条件是要具备一定的相关领域专业知识，并能透过商务英语词汇、句子的表面意义，真正理解商务英语所要表达的内涵。交际翻译理论观提出了好的译文要充分地尊重译入语读者的理解感受，要在突破原文形式的基础上对译文信息进行适当的改组。而在商务英语翻译中，若做到这一点，翻译者就必须具备广博的商务领域相关专业知识，从而保障其对原文的忠实理解和对译文的灵活处理。为此，商务英语翻译者就要了解某一特定商务领域专业语言表达的特点，掌握其常用的一些固定表达方式以及一些其所指与普通英语中所指大不相同的词语或句子结构。除了具备一定的基本翻译技能外，成功的商务英语翻译者还必须善于不断进行自我积累和识记。

（四）保持原文与译文语义的信息对等

交际翻译理论认为翻译的主要目的是准确地传达信息，因此翻译过程中的一切都要为译文的整体效果服务。在商务英语翻译中保持原文信息与译文信息的对等是翻译的根本要求，而这种对等应该是深层次的信息等值，这就要求译者对一些特别信息做必要的处理。而商务英语中，通过直译而导致的信息不等值的错误为数不少。比如，我国不少被评为"国家二级企业"的企业在对外宣传时却把"国家二级企业"翻译成了"State Second-class Enterprise"。殊不知，在英语中"Second-class"含有事物或产品质量低下、不合标准之义，这与他们所要表达的信息相去甚远，并给自身形象带来了不利影响。如果将其翻译成"State-level Ⅱ Enterprise"则效果会好得多。因此，在商务英语翻译中，为了保持原文与译文语义的信息对等，译者务必字斟句酌，切忌掉以轻心，导致严重的失误。

## 四、交际翻译理论在商务英语翻译中的运用

经济全球化背景下，国家间的政治、经济、文化交流达到了前所未有的广泛程度，商务英语翻译工作在跨文化交流中发挥着至关重要的作用。依托交际翻译理论，有助于翻译人员转换思维，及时、准确地表达原文的语义，使参与商务往来的各国人员都能切身感受到对本国文化的尊重，建立良好的合作基础。交际翻译理论对商务英语翻译当中的深层次翻译工作比较重视，倡导由表及里的翻译工作，文字的表面内涵都可以通过语义对照加以明确，背后的引申义需要以交际的需求为根本，掌握词汇跨文化翻译的要点。一般情况下，商务英语翻译当中的表面含义均能够通过语义翻译而获得，但是其深层次的引申含义却需要将交际翻译理论作为基础，对跨文化翻译关键进行恰当的掌握。当前，在经济全球化趋势不断加深，各个国家之间的文化、政治、经济交流均逐渐广泛的情况下，商务英语翻译更加有必要依托交际翻译

理论，对人的语言、含义、思维等进行恰当的转换，既让他国人员感到对其文化的尊重，又能够明确其语言当中的内涵，建立良好的合作关系。因此，可以说商务英语翻译中对交际翻译理论进行恰当的应用，能够更加准确的进行传情达意，建立友好往来的桥梁，具有重要积极意义。

（一）交际翻译理论在商务英语翻译中的直译应用

交际翻译理论在商务英语翻译中的应用并不意味着否定语义翻译的重要性，交际翻译理论的直译应用就是集中的体现。商务英语翻译的直译分为含义直译与发音直译两种情况。

1. 含义直译

含义直译是依照原文的语法、词汇结构直接进行翻译，不进行其他的翻译调整。纵观人类历史的发展，中西两国在很多方面存在哲理性的共识，所以在语言表达上也会有异曲同工之处。例如，中国人代代相传的教育观"好好学习，天天向上"，在英文中译为"Good good study，day day up"，完全尊重了学习和努力的客观规律，只需直接翻译，即可获得交流的共识。

2. 发音直译

英语中有部分词汇是直接通过发音翻译成中文，并且在商务往来中应用频繁。例如，中国人在和外商合作建设活动沙龙时，"salon"一词被直译为"沙龙"，类似对于英语沙龙活动的翻译也是如此。交际翻译理论的直译应用有助于营造原汁原味的意境，特别是在跨文化交流的过程中，保留本国的文化韵味也会给对方国家带来文化吸引力，从而更好地促成商务交流与合作。

（二）交际翻译理论在商务英语翻译中的意译应用

交际翻译理论在商务英语翻译中的意译是指通过理解原文的精神实质，然后转述成形象的表达。通过理解原始文本的内在含义，进行内容的形象表达，从而实现信息的传递。英语与汉语在很多表达方式上都是相似的，如对于某些事物或者动作，使用比喻手法进行表达，在英语中也经常会用到。如果遇见带有比喻等手法的英语，对其使用直译的方式进行翻译就不能达到很好的翻译效果，就会给交流带来阻隔。例如，He was born with a silver spoon in his mouth 一句，如果直接翻译成"他出生的时候嘴里含着银匙"，很明显不符合常理，这种翻译很难领会其中的内涵。而交际翻译理论的意译应用就可以把这句话利用比喻的手法进行联想，翻译，能够真正体会到原文所要表达的含义事实上，可以含着银匙出生的人说明他从出生起就比较富有。在正常的表达中，出现发音或者表达不清楚的文本很正常，我们可以利用交际翻译理论对其进行合理的调整，使商务英语翻译达到事半功倍的效果。

（三）交际翻译理论在商务英语翻译中的转译应用

在商务英语翻译中，交际翻译理论的直译和意译的应用在运用和表述上相对简单，浅显易懂，而转译就需要翻译人员具有较强的专业技能和更广阔、更深厚的文化知识的积累，才能破解其中的奥妙，才能把原文的含义表述得淋漓尽致。所谓转译，就是将原文中的语句或词汇所描述的事物转换成其他事物，并做出更多的调整，以实现中西文化交流的对接，不能单单通过字面或者比喻对原文进行翻译来实现文化的沟通和交流。相对于直译或者是意译而言，难度增加了很多。例如，中国的紫禁城是中国历史文化遗产中具有代表性的，同时也是有名的旅游胜地，深受中外游客的欢迎。但是对于紫禁城来说，在英语中被翻译成"Forbidden City"，这种翻译并不是直译的方法，因为其中的紫色没有被翻译出来，但它也不是意译，如果是意译，所表述的内容和文字的字面表述不应当有关联，而它恰恰是有关联的，所以说也不是意译。因此，这个翻译所采用的是转译的方式，能够充分的对紫禁城进行表述交际翻译理论的应用，通过一个事物转换成另一个事物进行描述，把静态和动态互转，最终来达到信息的传递和思想的感悟。

例如，中国成语中的"亡羊补牢，为时未晚"，源于羊被狼吃掉后，立刻修补羊圈还不算迟的寓言故事。这一成语翻译成英语时将"羊"转译成"马"，即"lock the stable door after the horse has been stolen"也有人翻译成"never too old to lean，never too late to turn"，在这里"羊"和"马"之间的转换不属于比喻还原，后一种则是约定俗成的翻译方式，既无法通过字面而直译，也不存在比喻。交际翻译理论的应用将人们的思维由静态转向动态，由书面转向现实环境，一切以商务英语交际的默契为宗旨，帮助翻译人员在文化积累的基础上，用敏捷的思维感悟原文的真正主旨。

# 第三节 功能对等理论

## 一、奈达的"功能对等"翻译理论

美国著名翻译理论家奈达指出："所谓翻译，就是指从语义到文体，在译语中用最贴切而又最自然的对等语再现原语的信息"，奈达在《翻译理论与实践》一书中解释道，所谓最切近的自然对等，是对意义和语体而言。他在该文中指出："动态对等是指用接受语言复制出与原语信息最切近的自然对等，首先是意义对等，其次是文体对等，译文接受者对译文的反应应与原文接受者对原文的反应基本上相同"。他认为翻译是一个分析、转换和综合的过程，在意义、风格上应尽可能地用译语产生出原语信息的等值体，从而实现面向接受者的原语语篇和译语语篇之间动态的等值。尽管"最切近的自然对等"的提法比 1964 年的提法更完善、更科学，但是"首先是意义对等，其次是文体对等"的提法很容易让人误解为"内容对等先于形式对等"。20世纪 80 年代末，奈达将动态对等延伸为功能对等。"功能对等"（Functional Equivalence）理论的核心是译文读者对译文的反应与原文读者对原文的反应应该是基本一致的，进而他将翻译定义为"翻译是在译语中用最贴近、最自然的对等语再现原语的信息，首先是意义上的对等，其次是风格上的对等"。无论是"动态对等"翻译原则，还是"功能对等"原则，二者的共同点是"对等"。尤金·奈达提出的"四个对等"在普通英语里是指：原文语义信息与译文语义信息对等（equivalence of semantic message of source language and target language）、原文文体风格信息与译文文体风格信息对等（equivalence of stylistic message of source language and target language）、原文文化信息与译文文化信息对等（equivalence of cultural message of source language and target language）、原文的读者反映与译文的读者反映对等（equivalence of response of source language readers and target language readers）。

在功能对等理论中，他将对等分为"形式对等"和"动态对等"。形式对等是以原文为中心，尽可能地显示原文的形式和内容，译语的信息应与原语中的各个因素分别对应。奈达的形式对等要求严格地再现原语的形式，其实也就是"逐字翻译"或"死译"。奈达本人也不主张形式对等的翻译，他认为严格遵守形式无疑会破坏内容。动态对等包括四方面：词汇对等、句法对等、篇章对等和文体对等。他认为，译者在翻译过程中应做到原文与译文最自然、最贴切的对等，首先是意义对等，其次是文体对等，而非生搬硬套。同时，功能对等理论强调了重视文化的重要性，译者应尽量消除原语和译语间的文化差异。此外，奈达还提出了一个新的翻译评价标准，即把译文读者的反应与原文读者的反应进行对照。奈达的研究成果对现代翻译学的发展具有重大意义。

## 二、功能对等翻译理论内涵

奈达认为：翻译的首要之点是翻译信息的内容，即翻译原文的意思。因此，"语言信息或语义信息的传译在翻译中享有优先地位"。如果语言在形式上各异的话，那么为保存原语内容，翻译时改变其形式就成为必然。可见，翻译中奈达所关心的是读者的反应与信息的传递问题。这里的"信息"包括原语所传达的语义、文体、意境和心理效果等各种信息。当原语文本信息传递给读者，译者便充当了原语文本的读者，而后译者将获取的信息再通过译文以信息的形式传递给译文读者，这便产生了两种信息。功能对等注重读者反映，以最贴近、最自然的对等语再现原文信息，使译文读者能够达到和原文读者一样的理解和欣赏原文的程度。

奈达所强调的是"对等""信息""意义"和"风格"，从语义学和信息论出发，强调翻译的交际功能，正如他自己所说"翻译就是交际"，目的是要寻求原语和接受语的"对等"。他所说的"信息"包括"意义"和"风格"，着重于交际层面，实质上要打破的是传统的翻译标准。他把翻译看成是"语际交际"，也就是在用交际学的观点来看问题。交际至少应当是三方的事情：信息源点——信息内容——信息受者，也就是说话者——语言——听话者。他曾说过，一些优秀的译者，常常设想有一位典型的译文读者代表就坐在写字台的对面听他们口述译文，或者正在阅读闪现在电脑显示屏上的译文。这样，就好像有人正在听着或读着译文，翻译也就不仅仅是寻求词汇和句法的对应过程。运用这种方法，译者就可能更自觉地意识到"翻译就是翻译意思"的道理。

奈达的"功能对等"理论的提出是对译学研究的一个重大贡献。首先，他提出了一个新的翻译评价标准。他指出：翻译准确与否取决于普通读者正确理解原文的程度，也就是把译文读者反映与原文读者反映进行对照，看两者是否达到最大限度的对等。其次，他提出的"最贴切、最自然的对等"标准也不同于传统的"忠实"标准，这样对译者的要求也就更高。因为"忠实"只是基于原文，而"对等"则是既照顾原文和原文读者，又照顾译文和译文读者。第三，他用新的眼光看待翻译过程。传统的观点认为翻译过程是单向的、直线式过程，即原文——译者——译文；而奈达认为翻译过程还应包括译文读者对原文的理解和评价。应当指出，奈达的理论也有一些值得探讨之处。首先，他的翻译论来源于翻译经验，因此，他所提出的翻译标准不一定适用于所有的文本。对于文学翻译，译者就很难或者说没有必要总是考虑读者反映。因为文学作品的解读常常受到许多主观因素的影响，由于读者在文化素养、价值观、审美观、情感体验等方面存在很大差异，不同读者在不同时代对同一作品的理解往往相差甚远。即便是原文读者对原文的理解也可能千差万别，更何况是处于不同文化背景的译文读者。因此不能把读者反映作为评价译文优劣的唯一标准。其次，他的功能对等论在某种程度上排斥文化交流。他认为翻译中要尽量使用译文读者熟悉的表达法来替换难懂的、或可能引起误解的原语习惯表达法。事实上，不同文化之间确实存在差异，而翻译的目的之一也就是促进文化交流。保留原语的一些表达法有利于读者了解外国文化，丰富本国的语言。

奈达的理论可总结为功能论，奈达强调读者反映和贴切、自然，奈达把形式和意义看作是翻译中两个对立的部分，因此他反对形式对等，主张功能对等。奈达虽然提出有形式对等和功能对等，但他真正主张的是功能对等的翻译，而且适用于所有文本类型。奈达注重读者反映，主张用接受语的表达习惯代替原文中外国文化的表达方式，也就是主张"归化"。奈达以现代语言学、社会语言学、社会符号学、交际学理论和信息论为指南，采用不同于传统的、令人耳目一新的研究方法，对翻译理论和翻译实践中种种问题都进行了广泛的探讨，对翻译理论的进一步完善做出了重要贡献。

### 三、"功能对等"翻译理论在商务英语翻译中的应用

（一）语义对等优先论

在商务英语翻译中，应把握商务英语翻译标准，以奈达所提出的功能对等理论为基础，根据具体语境采用不同的、适合语境情景的翻译方法。由于商务英语用词表意准确专业性强，因此表现为使用大量的专业术语，涉及国际贸易、金融、营销、保险、货运和法律等。如：blank endorsement（空白背书）、real estate（房地产）、standby credit（备用信用证）、market share（市场份额）、letter of guarantee（银行保函）。

另外，还有一些词汇在经贸英语中的含义完全不同于日常英语中的含义，这时就需要翻译者用对等的语言信息进行准确翻译。如：

The company has raised its joint venture equity to 70% to gain management control，which has tripled its initial investment and is now expanding its product range and manufacturing capacity to meet growing demands.

句子中的"equity"通常指"公正，公平"的意思，但是在该句中如果用此含义不成立，若译者了解此词在金融市场上专指企业资产中所占的股份，那么此词语的翻译便成了"股份"。"initial investment"也不能直接翻译为"一开始的投资"，而应该译为"先期投资"或"预付款"。因此该句应该翻译为："公司将其在合资企业的股份增至70%，以获得管理控制权，这使先期投资增加了两倍，而且现在正在扩大产品范围和生产能力来满足不断增长的需求。"

对于商务英语翻译中遇到的词汇来说无论直译还是部分直译，只要译文与原文所传达的信息相同，便都达到了功能上的对等。

（二）文体风格对等论

商务英语文体的多样性要求译者要研究各种文体的语言特点，做出恰当

的翻译。商务英语中的函电、法律、广告等都有其独特的文体，在翻译时一定要注意其文体信息的传递，即求得原文文体风格信息与译文文体风格信息对等，如函电的抬头通常写成"Dear Sirs"，根据对等翻译原则可译成"敬启者/先生"，函电的落款通常写成"Yours faithfully/Your faithfully/Yours sincerely"，可译为"……启"，由于中英文的函电格式相似，所以，有些套话可采取套译方法，这也充分体现了原文文体风格信息与译文文体风格信息对等原则。

例如：The shipping documents for the consignment are now with us and we shall be glad if you will arrange to collect them.

译文：货运单据现存我行，请安排前来赎单。

商务信函多使用简单句、简短并列句和简短复合句，翻译时要使译文简洁明快。而在翻译合同时则要措辞严谨，形成法律文字特有的保险性和稳定性。为表示法律的威严，翻译成中文时也不能拖泥带水、冗长、累赘，要保留原文中威严、用词简明扼要的风格，同时还要符合中文法律条文的表达习惯，在翻译法律英语时，译者尤其是要遵循文体风格对等原则，切莫随意地叠加华丽的辞藻，那样反而只会弄巧成拙。

（三）文化信息对等论

基于全球化的背景，道勒拉普在分析影响翻译过程的种种因素时指出，"我们对翻译的理解是基于对特定语言的观察，而本地的研究结果，未必适用于其他国家和地区的语言。译者所面临的主要问题，即文化区域原语中的某些文化成分无法移植到目的语中。同时，有时候要在目的语中加入一些信息才能保证交流的目的"。文化信息的传递主要是通过翻译来了解他国文化，实现文化信息的对等也是可能的。我们可以遵循奈达"功能对等原则"，这里的"对等"不能理解为数学意义上的等同，只能是近似的等同，即以功能对等接近程度为依据的近似。他认为翻译的目的应该是原文和译文在信息内容、说话方式、文体、文风、语言、文化、社会因素诸方面达到对等。为了达到这些对等，必须在翻译中进行调整。

第一，如果在形式上贴近的译文对所指意义可能产生误解的话，必须对译文文字做某些变通，可以保留直译，但必须加上脚注来解释可能产生的误解。

第二，如果是形式上贴近的译文，有可能导致对原文联想意义的误解，或者对正确理解原文的风格造成重大的损失，那么对译文进行必要的调整来反映原文的联想价值就十分重要。例如，将中国名酒"杜康"翻译成英语一般按发音译为 Dukang，英语国家读者看到英语商标时，只会把它与酒联系起来，而不会想到中国历史上酿酒的高手"杜康"，也不会像中国人那样把"杜康"与"好酒"联系起来。所以，"杜康"作为商标，文化信息没有完全对等。不过，我们在实际贸易中不妨用希腊酒神的名字 Bacchus 做"杜康"酒的英语商标，这样，文化信息的对等性无疑比直译"杜康"要好得多，因为 Bacchus 会使西方人产生更多有关的联想。

　　第三，一篇文字的翻译，必须产生与之相伴随的语码，这就常常要求在音位、词汇、句法及语篇等各个层面做一系列的调整。例如，蓝天牌牙膏在中国是无可争议的老品牌产品。"蓝天"赋予我们丰富的联想，寓意"干净、清爽"，中国的消费者自然会喜欢。然而其英语译名 Blue Sky 则承担了更多的语用意义。如果该产品在美国，就不会受到消费者的青睐，因为蓝色在英语为母语的国家有忧郁的含义，Blue Sky 在美国人看来有着企业收不回来的债券的意思。光从消费心理看，人们对此类商品就有一种排斥心理，尤其是生意人，特忌讳这一点。所以，译者在翻译时一定要考虑到目的语受众的文化因素，因为如果翻译不当，译文可能产生歧义、误解，甚至给受众带来伤害。还有一些词汇的翻译需要译者了解不同民族文化之间的差异，以便通过恰当的方法达到文化上的对等。

　　东西方人有不同的文化传统，所以，文化差异就必然存在。进行国际商务英语翻译时必须特别注意这些差异，在外国文化和本国文化中找到一个契合点，按照一定的标准和奈达先生的翻译原则，做出适当的调整，设法使这些差异在传译过程中消失，同时在译语中找到准确的词语，使异国文化在译入语中再现。

（四）商务功效对等论

　　商务功效对等原则是对等翻译原则中的最高翻译目标，即原语读者反映与译语读者反映对等是商务英语翻译的最终目的。译语读者对译文的理解应当达到原语读者是怎样理解和领会原文的程度；译语读者应当能够基本上按照原语读者理解和领会原语的方式来理解和领会译语。尤其适用于以追求盈利为目标的广告翻译、商标翻译、意向书翻译等。广告翻译好坏的标准不是看这则广告是否在语义、文体上保持了一致性，用词是否准确，文风是否优雅。一则成功的广告翻译能在目的语读者心里产生巨大的反响，或者是留下深刻的印象，或者是家喻户晓，从而产生巨大的社会效益和经济效益。在翻译商业广告时，译者应学会变通，灵活应用翻译原则，一切围绕促销，赚钱是硬道理，盈利是终极目标。

　　商务翻译中读者反映对等，以语义、风格、文化信息对等为基础，以忠实、准确诠释原文为准则。

例：Interest rate agreed in the agreement depends on market interest rates and the bargaining strength of the parties in international practice.

译文：在国际金融业务中，协议中约定的利息高低，取决于市场利率和协议各方讨价还价的力度。原句中的 interest rate 翻译成利率固然没错，但若仔细揣摩原文，将该词的深层含义表述出来，译为"利息高低"则更易使译语读者产生和原语读者对等的反应。

又　如：Individually，with the help of eager multinational partners wanting to add new products to their stable，Chinese brands could become a global phenomenon within a decade，marketed on their exotic appeal.

译文：在一些想在其产品系列里添加新产品的外国公司的协助下，中国品牌可以依靠其中国特色，在十年之内一个一个地都成为全球知名品牌。

译文对 a global phenomenon 和 exotic appeal 的准确引申也有助于译语读者产生和原语读者一致的反应。在这种情况下，才可以做到畅销无阻，商家才能获得巨大的收益，达到挣钱的目的。

## 四、功能对等理论下商务英语翻译策略

### （一）直接转化

不同的文体功能及语言特点决定了翻译策略的选择。由于商务英语翻译面向的是译语读者，其关键在于使译语读者对信息的反应与原语读者对信息的反应趋于一致。根据奈达的功能对等理论，"如果直译能够实现文本的外延和内涵意义，那么就不需要归化了"。这种情况下，实现形式对等也就实现了功能对等。

例：You can stay assured that shipment will be effected according to the contract stipulation.

译文：您尽管放心，我们将会按照合同规定如期装船。

在商务英语翻译中，传递信息是非常重要的。如果原语和目的语之间没有语言文化差异或这种差异非常时，是可以直译或直接转化的。以上例句没有发生太大的转变便达到了语义上的功能对等。

### （二）归化翻译策略

很多情况下，由于英汉语言和文化的差异，通过直译或直接转化并不能实现功能对等，因此这时选择以接近译语语言文化为中心的归化翻译策略便十分重要。奈达提出在以下两种情况下需要适当的归化：第一，形式对等会

导致语言失去意义；第二，形式对等会导致信息传递失真。

下面主要探讨功能对等理论指导下归化策略在商务英语翻译中的应用，即运用归化策略进行商务英语翻译时要遵循的三条原则。

1. 忠实原文主旨

如前所述，商务英语的措辞正式、精确，商务英语翻译的目的就是使译语读者准确了解信息发出者的要求和原则，因此，翻译时译者应抓住原文的主旨，忠实、准确地再现原语核心信息，尤其是在涉及权利和义务时，译者要尽可能清楚明了地译出双方权益及义务。

例：Notice of particulars of shipment shall be sent to buyers at such time and by such means that the said notice shall be received by buyer within 7 days after shipment.

以上例句中的"at such time"和"by such means"表述模糊，可直译为"在这样的时间和以这样的方式"，显然，此种译法违背了功能对等理论，容易使译语读者获取模糊不当的信息。比较而言，以下汉译更为明确，具有可读性。"卖方须及时以适当的方式将装运详情通知买方，以便买方在装运 7 日内收到装运通知。"

除此之外，商务文本中通常采用复杂的句子结构，由于英汉不同的思维方式，两种语言在结构上有很大的差异，翻译时应对语序、句式、词性等方面做出相应的调整使译文意思准确，更具可读性。

2. 正确理解专业术语

商务文本涉及经济、贸易、法律等各个领域，因此不可避免的牵涉很多术语。许多术语意义广泛，如果直接将原语译成目的语，一些词语很可能让人不明白，因此在商务材料的翻译中，译者必须正确理解专业术语，在目的中选用正确、规范的对等术语。

例：Exchange dealers only work with these differences with premium and discount，expressed in decimal points，between the spot and forward prices.

译文：外汇经纪人只赚取这些差额，即利用即期汇率与远期汇率之间的差额，以小数点表示的贴水和升水。

以上例句中，"discount"的意思是"贴水"而不是"折扣"。如果翻译成"折扣"则会造成信息的传递错误，也就无法达到功能上的对等。通过以上分析，为了准确传递原文信息，译者必须掌握大量的专业词汇。对术语的误译必然会给商务活动造成很大的麻烦，甚至是损失。

3. 符合译语语言风格

商务英语的一大特点就是礼貌原则，交易双方都尽量措辞严谨、语气温和。因此，译者在准确传达原文信息的基础上，可以采用归化翻译策略使译文更易于接受。

例：We are pleased to make the following offer subject to your reply reaching us by May 20.

译文：我方十分乐意报盘如下，此报盘以 5 月 20 日前收到对方复函为准。

上述例句中"be pleased to"是礼貌用语，不仅能给对方传递感激、喜悦等积极情感，还可以委婉地提出进一步的要求，这样可以对商务合作起到推动作用。在翻译的时候，译者须把握原语语气，使译文符合目的语风格。

礼貌原则在商务信函中的使用极为广泛。在商务信函中，有一整套公函套语，如汉语中有"贵公司""谨""承蒙""祈盼""获悉""见谅"等。在翻译时，我们可以根据英汉不同的措辞，在保持意思不变的情况下进行归化处理。翻译时可不必拘泥于原语语言形式，努力实现原语读者与译语读者相同的反应。

例：The pen is mightier than the sword，The pen is a Parker.

译文：千军万马难抵大笔一挥——此笔乃派克。

以上译文突破了原语语言形式的限制，采用接近译语风格的归化翻译策略使译文更具可读性。

# 第四节 图式理论

## 一、图式翻译理论概述

（一）图式翻译理论的提出

图式这一词是德国哲学家 Kant（康德）在 1781 年首次提出的。他认为概念本身不具有任何意义，只有当它同人们已知的东西相关联时才是有意义的。在康德身处的年代，图式仅仅是一个概念而没有任何基于这一概念的理论产生。随后，英国心理学家 Bartlett（巴特莱特）将这一概念引入了他在心理学的研究中，让人们知道在语言理解中背景知识的重要性。Bartlett 将图式定义为"图式是人脑对过去反应和经验的积极构建，即对大脑中长期记忆的组织和唤起"。从这一定义我们可以知道图式是通过储存在一个人脑海中的经验获得的优先知识，它是知识的抽象结构。图式是认知的基础，人们对输入信息的理解是建立在他们是否有相关背景知识并且能够及时地起到作用。当译者在处理材料时，他需要结合输入信息和优先信息并用他长期积累的记忆来与相关的图式进行搭配。一旦图式开始作用，理解过程的速度将会大大提高。因此，译者脑中储存的图式对翻译起着非常重要的作用。20世纪初，格式塔心理学家们以及瑞士心理学家皮亚杰把图式概念引入心理学。随着现代认知心理学的产生和发展，图式概念获得了更丰富的意义。美国人工智能专家Rumelhart（鲁梅尔哈特）把图式称为以等级层次形式储存于记忆中的一组"相互作用的知识结构"或"构成认知能力的建筑切块"。图式理论的主要论点是，人们在理解新事物的时候，需要将新事物与已知的概念、过去的经历，即背景知识联系起来。对新事物的理解和解释取决于头脑中已经存在的图式，输入的信息必须与这些图式相吻合，如果大脑不具备相关的图式，或者虽然具备了相关图式，但由于种种原因未能激活它，那么就不能理解新事物。

（二）图式翻译理论的翻译分类

皮亚杰将图式分为三大类：语言图式（language schema）、内容图式（content schema）以及结构图式（structure schema）。语言图式是指译者对言语的把握程度，比如一些语法和词汇结构；内容图式是指对文章的知识背景以及主题的熟悉程度，这其中就包括风俗习惯、文化特色等方面；结构图式则是指译者对原文本的语篇解构及体裁的掌握程度。这三种图式在英语的翻译过程中密不可分、缺一不可。

1. 语言图式

是指读者在词汇、语法、习语，包括句子结构、语法影响、拼写发音等方面的已知语言熟练。它们是其他图式的基础。我们知道，语言学的知识在语篇理解中起着基本作用，没有语言图式，读者根本无法译解和理解篇章。因此，译者脑中存储的语言图式越多，他才能够越快地获取信息，才能更好地达到翻译效果。在商务英语中，语言图式指专业词汇和典型准则。在商务英语翻译中，译者如果没有理解最初的文本，往往会误译。这都是由于在译者脑中缺乏语言图式而导致只知道一个词在普通英语中的意思而不知它在商务英语中的特有含义。

2. 内容图式

是指在人脑海中的超出文本的背景知识记忆，这种记忆有助于人们理解文本。它指文本内容范围的背景知识，包含话题精通、文化知识和对某一领域早前的经验。在商务英语中，内容图式指在国际商务方面的相关背景知识。译者不仅需要英语好，还需要掌握国际贸易的背景知识。在翻译中，即使译者知道文本中每个词的意思，他也不能保证翻译得都准确。

### 3. 结构图式

是指书面文本的组织形式和修辞结构。它是构建文本和篇章的潜在结构。它包含不同的文本类型、文体、文本结构、语言结构等。在商务英语中，结构图式指复杂严格的句子结构和多样的文本风格等。

同普通英语翻译相比，商务英语翻译更加复杂。它包含专有词汇、专业背景知识和严格的句子形式。语言图式可以帮助译者选择目标语中正确的词汇根据含义来表达原语。当一个词语有多种不同的含义时，它可以帮助译者择取最佳答案。内容图式对译者理解原语的确切含义有指导作用。同时，商务英语的另一特点就是要求准确。因此，结构图式的运用，译者就能更容易掌握商务英语的风格、语调、结构等。以图式理论的观点看来，只要译者建立对等的语言、内容和结构图式，他们可以将商务英语翻译进行得更好。

商务英语翻译不同于一般的文学翻译或其他翻译，它必须强调地道和准确，而且要专业，语义达到对等或等效。加拿大著名翻译学家让德利尔教授曾经指出："代码转译是确立词的一致关系，翻译是寻求信息等值。"他指出"信息等值"是"翻译等值"的同义词。例如："亚洲四小龙"如果对外直接翻译成"Four Asian Dragons"就有些不妥，因为西方人没有龙的概念。若翻译成"Four Asian Tigers"就比较合理，因为在西方人心中老虎是一种较强悍的动物。随着文明要素正在国内商务运动之中不断渗透，许多国际贸易运动中的曲解与摩擦并非因为技能或者业余学问缺点所形成的，而是由于不熟悉外国的风俗习惯或文化传统，违反了对方的价格观点和习俗习等。因此，译者更需要意识并了解到文化差异的存在，在翻译过程中做些符合文化特性的调整。

正确地翻译必须具备两个先决条件：一是译者是否已具备与文本相应的图式；二是译者在翻译过程中是否能成功地激活此图式。只有通过运用与商务英语特点相关的语言、内容、结构三种图式才能正确处理商务英语翻译过程中的理解和表达的难点，再现商务英语的专业特点从而达到跨文化交流的目的。

## 二、图式理论在商务英语翻译中的运用

比起普通翻译，商务英语的翻译要复杂得多，因为商务英语不但承载着商务理论和商务实践等方面的信息，在词汇、语言结构方面有着自己独有的特征，且内容方面与专业知识密切相关，因此译者除了要精通两种语言及其文化以及熟悉翻译技巧之外，还必须熟悉商务方面的知识，了解商务各个领域的语言的特点和表达法。从图式理论的角度看，商务英语译者必须建立相

应的语言、内容图式才能搞好商务英语翻译工作。

（一）语言图式与商务英语翻译

用于商务文本通常专业性很强，如果译者欠缺相应的商务知识、缺乏商务语境意识，就会导致对术语、多义词、词复数等的翻译错误。在进行商务英语翻译时往往看不懂原文而误译，一些使用十分频繁的词汇，在商务英语中却有着特殊的含义。这也是译者语言图式的缺失所造成的。

例：From the Survey Report issued by the Commodity Inspection Bureau here，you will see that there is a shortage of 868 kilos.

原译：从商检局签发的检测报告中，你可知短短 868 千克。

原句中"Survey Report"指"验货报告"，而非普通意义上的"检测报告"。故而改译为"从商检局签发的验货报告中，你可知短缺 868 千克"更确切。

另外，有些译者的翻译根本不具有商务英语的特色，其主要原因为译者缺乏商务英语用词特点的图式。商务英语用词明白易懂、正式规范、简短达意、语言平实。用词方面多使用常用词，以保证所用词语具有国际通用性，保证能为普通大众所理解，但又不能过于口语化，即商务英语所使用的语言不能过于非正式。有些商务文书（如合同）因为具有规范、约束力等公文性质，因此，会使用一些很正式的词语，如使用 prior to 或者 previous to 而不使用 before；使用 expiry 而不使用 end；使用 certify 而不使用 prove 等。多使用单个动词而不太使用动词词组，如使用 point 而不使用 make an appointment of；使用 continue 而不使用 keep on 或 goon；使用 supplement 而不使用 add to 等。但在介词方面，商务英语往往使用以繁复的介词短语来代替简单的介词和连词，如：用 in the nature 代替 like；用 along the lines of 代替 like；用 for the purpose of 代替 for；用 in the case 替代 It；用 on the ground that 替代 since/because；用 with regard to 替代 about 等。

（二）内容图式与商务英语翻译

众所周知，背景知识在理解原语时扮演了非常重要的角色，同时能影响对目标语的理解。而内容图式是图式理论中很重要的一部分，因为它的构建和激活是理解原语的关键。没有正确的理解，没有译者能很好地翻译目标语。内容图式在商务英语翻译中的应用，即背景知识在商务英语翻译中的应用，它是文章的内容范畴，也是文章的主题，是主要存储有关事物、事件内容的知识图式。商务翻译工作要求译者不仅具备英语水平，而且还应具备国际商务知识。

在实际翻译中，如果缺乏商务基础知识，译者即使看懂了原文中的每个单词也未必能进行正确的翻译。比如我们一说到中秋节，眼前就会浮现大家团圆在一起赏月、吃月饼的画面，除了节日的图式，还有有关历史文化的图式等。我们经常发现这一现象，一篇英语文章，尽管读者读懂了文章中的词句，却不太容易理解全文的意义，主要原因是读者还没有备有关的内容图式，或者缺乏调动内容图式的能力。在商务翻译中调动内容图示的能力很重要，往往要激发大脑中的语言图式和语境图式。

例：Stocks, held by the buyers, may be in two forms. One is called "Common Stock" that is suitable for all corporations because its holders will have the ownership of the corporation's profit and the interest produced by its assets, the right to vote for its board of directors and the right of asset distribution in case of its bankruptcy. Another is called "Preference Stock", which is adopted by part of corporations. Its holders will have the right to get a portion of dividends before its distribution to all Common Stock holders, but they have no right to vote or veto for the board of directors.

译文：持股人手中的股票一般有两种形式。一种叫"普通股"，适用于所有公司，其特征是：持股人对企业的利润和资产所产生的利息拥有占有权，拥有对股份公司董事会的选举权和公司破产后资产处理的分配权。另一种叫"优先股"，为部分公司所采用。持有这种股票的人，在对普通股持有人分配股息之前，享有先获得部分股息的权利，但他们对董事会无选举权和否决权。

初看每个单词都很简单，也很容易理解它们的意思。但是，当译者看到后却可能不知道如何翻译，因为他不能在目标语中找到确切的词。这是因为译者不熟悉股票知识。对相关领域缺乏足够的背景知识，即使原语中没有复杂的单词，译者仍旧无法进行正确的翻译。因此我们可以得知在商务英语翻译中内容图式起着至关重要的作用。在翻译前，译者应该收集相关话题足够的信息和知识，为翻译做好充足的准备。商务英语的特性决定了原作品形式的丰富多样，这就要求翻译者自身具有博大的背景学问，也就是具有丰富的有关图式。原有的图式越多就越能简单地把新构建的图式与已知的图式联络兴起并加以应用。

（三）结构图式与商务英语翻译

商务英语句子结构比较复杂，句式规范，文体正式，尤其在招标文件和投资文件以及合同中更是如此，这也给译者的理解带来了困难。结构图式在翻译实践活动中十分重要，它是宏观把握脉络的关键。不同语种的人具有不同的语言特点，汉语作者在阐明观点时，比较含蓄、注重暗示，很少直奔主题。而西方国家的人会更加直白，通常情况下，每一段开始是主题句，然后围绕主题层层展开，最后说出结论。在商务翻译中，文本类型不同，语体也不尽相同。语体的意义通常与其所处的语境有着密切的联系，而且和文化氛围也有着一定的关联。所以译者在翻译的时候，应该注意选词的简洁与准确。译者如果没有对此引起高度重视，就会使得译文不得体，也就是结构图式的缺失。因此，注重文体和结构图式并仔细分析句子结构才能达到准确翻译的效果。

例：The goods we received contrary to our instructions are packed in wooden cases without iron hoops.

此句中我们可以看到，短句"contrary to our instructions"的位置被提到了前面，它修饰的是"the package"而不是"the goods"。因此，此句应该翻译为：收到的货物是包装在没有铁箍的木箱里，而这种包装与我们的指示不同。

# 第五章 跨文化语境下的商务英语翻译

## 第一节 文化与语言的关系

### 一、文化对语言的影响

文化是语言活动的环境，因此文化因素对语言有重要的影响作用，主要体现在以下三个方面。

（一）文化是语言形成和发展的基础

文化是语言形成和发展的基础，没有文化，语言也不会存在。著名人类学家、语言学家萨巫尔在他的《语言论》一书中提出，语言是不能脱离文化而独自存在的，也不能脱离整个社会延续下来。语言在很多层面都会显示出文化因素，如句法结构、谋篇布局、词汇意义等，可以说，语言其实是文化的行为。

另外，从中西方文化的对比中也可以体现出这一点。对于中国人而言，考虑任何事情、说任何话都需要依靠综合性思维，这就需要领悟能力；而对于西方人而言，主要以分析性思维作为主导，因此比较侧重理性。两种思维方式的差异导致汉语重意合而英语重形合。具体来说，就是中国人注重意念，重视直觉的效果，只要能够准确表达出意思，词语的形式可以不计较，这就是汉语的重意合。英语国家认为清晰合理的思想是由词语和句子决定的，只要句法完整，那么要表达的思想肯定也是完整的。所有这些都是由于中西方特有的文化背景和地理环境的差异造成的。

（二）文化是语言词汇象征意义的来源

词汇是语言的基本结构，每一个词汇都有其自身的概念，而一种语言中所蕴含的词汇往往会反映出这个语言所在民族的文化环境。可以说，词汇对人类认识客观世界以及赋予人类世界的意义而言非常重要。词汇的意义分为概念意义和比喻意义。概念意义也称为"本义",能够反映客观事物的特征;而所谓比喻意义,也可以称为"指称意义""引申意义"或者"象征意义",这种象征意义的存在主要就是源于文化存在。由于各个民族文化的差异性,导致对待同一种事物而产生的认识也会存在差异甚至截然相反。例如,中国的"龙"和英语的 dragon,在中国,龙是尊贵、威严的象征,如"中国龙""龙凤呈祥""龙的传人""望子成龙"等,但是在西方,dragon 被认为是邪恶的,也被认为是相互争斗的根源,可见不同的文化代表的词汇意义也不相同。除了龙之外,马、牛、猫、狗等动物也存在这些差异,在这里就不一一进行列举了。

（三）文化是制约语言运用的决定性因素

语言的运用受到很多因素的制约,其中文化是决定性因素。众所周知,语言的运用受到语境的影响,语境是语言生成和理解的先决条件,而文化就是语境的最主要部分。文化的决定性作用可以避免语言实际运用中的很多问题,如语言误解、语言冒犯、语言无礼等,主要表现在以下两个方面:

1.语言受不同文化背景的影响,如汉语中两个朋友见面常说:"上哪去了呀？"或者"你去哪里了？",在中国人眼中,这充其量也就是简单的问候语,表示关怀;但是用英语则会翻译成"Where are you going？"或者"Where have you been？"这会让外国人感觉很不舒服,因为他们会认为你的问题侵犯了他们的隐私,他们有权力选择回答或不回答,甚至他们也可以气愤地说:"这不关你的事情"。可见,文化对于不同背景的实际语言运用来说多么重要。

2.语言受相同文化背景的影响,在汉语中虽然有着相同的文化背景,但是也存在着语言的差异性,尤其体现在名讳上,如嫦娥,原名恒娥,为了避讳汉文帝而进行了修改,这样的例子在古代的名讳中有很多。

## 二、语言对文化的作用

从本质上来说,语言是文化独特而重要的部分,也是文化的产物,因此语言实际上承载着文化的功能,主要有以下两种表现:

（一）语言影响文化

对语言影响文化的论述不得不提到形成于 20 世纪 50 年代的"萨丕尔 - 沃尔夫假说"这一假说自提出之日就颇受争议,这一理论主要包含以下两个层面的解释。

1.语言决定论

语言决定论也叫"强势理解",是指语言决定着人的态度、思维方式以及信念等。如果语言不同，那么思维方式也就完全不同。

2.语言相对论

语言相对论也叫"弱势理解"，是指语言反映着人的态度、思维方式以及信念等。这和决定论相比就弱化了很多，语言不再起决定作用而是影响作用。因此，如果语言不同，那么它的思维方式也会存在着某些差异。

这一假说引发了很大的争议，支持者和反对者都提出了相关的证据，但关于这一假说的正确性至今也没有一个权威的说法。随着人们对语言学研究的不断深入，现今已经没有多少人可以完全接受"语言决定思维方式"这一思想。对于"语言影响思维方式"这一论调则受到很多国内外学者的追捧。总而言之，我们既不能完全接受这一假说，又不能全盘否定其正确性，我们可以探讨的是这一假说在某种程度上的准确性。

（二）语言反映文化

语言是一种记录、表达的符号，它可以表达人们的态度、思维、信念、认、识等，可见语言反映文化，这种反映主要体现在生存环境、风俗习惯以及民族心理上。

1.语言反映生存环境

文化的形成受生存环境的影响，这是不争的事实。不同的生存环境造就了不同的地域文化，反映在语言上就是有不同的表达形式，并且这些表达形式是固定的。从宏观上来说，这些生存环境主要包含物质环境、地理环境、自然环境等；具体来说则包含海洋、船舶、动植物、气候、天气以及物产资源。下面以习语作为范例进行解说，如表5-1所示。

表5-1 有关生存环境的固定表达

| 习语 | 字面意义 | 比喻意义 |
| --- | --- | --- |
| any port in a storm | 船舶遇到风暴时，一个港口的存在就可以避开危险 | 危机时任何可以解脱的办法 |
| in the same boat | 在同样的船上 | 处境相同，同舟共济 |
| polish the apple | 擦亮苹果 | 拍马屁，逢迎 |
| full of beans | 充满了豆子 | 精力充沛，精神饱满 |
| tell it to marines | 告诉海军陆战队 | 准备战斗 |
| poor fish | 可怜的鱼 | 可怜虫 |
| chip off the old block | 大块里面出来的小块 | 酷似双亲 |

2.语言反映风俗习惯

风俗习惯是特定群体在社会文化内共同创造和遵守的行为规范，简单来说就是一种社会文化的现象。这些风俗习惯主要体现在礼仪、生活方式、婚姻传统、习惯、信仰、迷信等。例如，英国人很注重场合，什么场合穿什么衣服，采用什么样的礼节，这些都非常看重，而中国就很随便。在表达上，中国人很看重自己的面子，并且非常在意自己在别人心中的形象，选择的语言也是非常谨慎的；而对美国人来说，这些都不太看重，他们总是习惯直率地表达自身的观点和看法。

3.语言反映民族心理

语言是文化的载体，自然也是民族文化的载体，它可以反映民族心理。民族心理主要包含伦理道德、价值观等。在中国的伦理道德中比较重视亲属关系，尤其是对亲属关系的称谓特别注重，如汉语中的"嫂子"是指兄长的妻子，而且将长嫂比作母亲，表达对"嫂子"的尊重。但是英语用sister-in-law来对其进行翻译，实际上这是不对等的，因为英语中的sister-in-law兼有"嫂子"和"弟媳"两个意思，这便可以看出英语国家往往从法律程序上来看待亲属关系的民族心理。

# 第二节 英汉商务语言的异同

## 一、英汉商务语言的相同点

在一般情况下，我们学习英语总会受到汉语这一母语的影响。事实上，英汉两种语言存在的某些相似性有助于我们学习和理解英语，这在商务语言上也不例外。这种相似性主要体现在词类划分、句子要素以及基本句型上。

（一）词类划分相同

英汉两种语言在词类划分上是基本相同的，一般情况下都把词汇分为实词和虚词两大类。其中实词主要有名词、动词、形容词、副词、数词、代词等，虚词有介词、连词、语气词、助词等，两种语言的相似性主要体现在二者的语法功能上。

（二）句子要素相同

从句子构成要素上来说，英语和汉语两种语言都包含主语、谓语、宾语或者表语、定语、状语等这几大类。其中最突出的是主语和谓语的作用，从本质上来说这两个成分构成了英汉语言的主要句子结构框架，如最简单的"主语＋谓语＋宾语"结构，以下例句足以说明这一问题。

I like tea.

我喜欢茶。

Their cells sell well.

他们的电池销量很好。

（三）基本句型相同

从以上两个例子可以看出，两个句子除了句子要素存在着相似性，还可以看出二者的基本句型也没有太大的差别，两种句子都是按照主谓结构排列的。在众多的商务文体或者科技文章中，句子结构相互对应的情况是比较普遍的。例如：

According to the Joint Venture Law of China, a joint venture shall take the form of a limited liability company.

根据中国《合资企业法》，合资企业应该以有限责任公司的形式出现。

As requested in your letter of 15 July, we are enclosing our check for $500.

按照你方 7 月 15 日的来信要求，我方附上 500 美金的支票。

从上边两个例子我们可以看出，译文的结构其实和原文相差无几，只是在个别用词上要遵从商务英语的习惯翻译方法。

## 二、英汉商务语言的不同点

（一）词汇形态变化差异

从词汇形态变化上来说，英语词汇有形态的变化，但是汉语基本是没有的。具体来说，英语的词汇变化主要体现在几种词上，其中动词有人称、时态、语态、语气、情态、不定式或分词的变化；名词有修辞格、数量的变化；形容词和副词有比较级、最高级的变化；个别词汇还有加词缀的变化；词汇意义的变化等。英语商务语言因为有这些变化，使句子的语法关系和逻辑关系更加丰富多彩。

I will accept your invitation.

我将要接受你的邀请。

I have been working here for ten years.

我在这儿已经工作满十年了。

从上面两个例子可以看出，因为英语词汇形态的变化，汉语不得不通过增加一些词语来表达准确的意义，如"将要""已经"等。同时需要注意的是，汉语没有词汇形态的变化，它主要是依靠词语顺序以及逻辑关联词来表达整个句子的实际意义。

（二）句子被动语态应用差异

在英语句子中，尤其是具有信息性和文体性的商务文件中，一般被动结构的应用比较广泛，而汉语句子往往不使用被动结构也可以表达被动的意义。将英语翻译成汉语时，商务文件的被动形式大多都会翻译成主动形式。

例如：

This problem should be resolved in good time.

这个问题要及时加以解决。

Three days are allowed to their company for making the preparations.

我们给予他们公司三天的时间准备。

将汉语翻译成英语的时候，很多汉语中存在的隐蔽的被动形式需要在英语中翻译出来。例如：

这份合约应该予以足够的重视。

This contract should be paid enough attention to.

付款条件将要在下次谈判加以讨论。

The terms of payment will be touched upon during the coming negotiation.

（三）句子叙述先后顺序差异

英汉两种语言在安排句子和建构句子各个小句的顺序上存在着某些相似的地方，但是也存在着一些差别，尤其是在信息编排的顺序上。关于陈述重要信息，英语习惯将其放在句首的位置，这就是英语国家习惯的开门见山，而汉语中一般将最重要的信息放在最后的位置。汉语一般选择自然语序，而英语两种语序都有。下面就从几个层面对比一下英汉句子层面语序的差别。

1. 英语先表态后叙事，汉语先叙事后表态

当句子中既含有叙事的成分，也含有表态成分的时候，英语通常会将表态放在前面，而后是叙事，其中表态的部分比较短，叙事的部分比较长。

例如：

It is regrettable that the aggressive market strategy of Japanese colleagues and their apprentices in Korea has resulted in destructive price erosion for consumer electronics goods.

我们的日本同行和他们的韩国"徒弟们"以其野心勃勃的市场战略破坏性地降低了民用电子产品的价格，这是令人感到遗憾的。

从这个例子可以看出，英语国家总是首先表达个人的感受、观点、态度以及结论，因为英美国家的人们认为这是最为重要的，然后才开始将事实和

理由一一道来，形成一种头短尾长的结构形式。值得注意的一点是，英语中比较习惯采用 it is...to 的形式来表达，这也是为了英语先表态后叙事而准备的。

汉语的句子一般叙事在前，将叙事部分叙述清楚之后才会进行表态，因为汉语国家人们认为叙事起到的是铺垫的作用，两者是前因后果的关系，符合汉语国家人们的一般性思维方式。例如：

It was a real challenge that those who had learned from us now excelled us.

过去向我们学习的人，现在反而超过了我们，这对我们来说确实是一个鞭策。

2. 英语先结果后原因，汉语先原因后结果

在英语中，因果关系主要体现在复合句中，因果哪个先说哪个后说，英语中都存在对应的句子，但是从总体上来说，英美人更偏重的是先说结果，后提及原因，这可能是由于他们认为结果要比原因更重要。例如：

It is a good thing that we have reached an agreement on the price.

我们能够在价格上达成一致是一件非常好的事情。

从上面的例子可以看出，英美人习惯将信息的重心放在句首来说，然后翻译成中文的时候将语序进行了变动放置到了最后。这就符合了中文的习惯，即先原因后结果。

3. 英语先焦点后背景，汉语先背景后焦点

所谓"背景"，是指事件发生的时间、地点以及伴随的情况等一些不重要信息或者细节。而焦点可以理解为信息的焦点，因此英美人先焦点后背景，即习惯将最重要的信息放在句首来说。例如：

It was a great disappointment when I had to postpone the visit which I had intended to Uisit China in January.

我原来打算一月份访问中国，后来不得不推迟，这使我深感失望。

上述句子中，"感到失望"是本句子的焦点，因此英美人将其放在句子的最前端，而后叙述"感到失望"的原因、时间、地点以及相关的事情。而翻译成汉语后，则明显将这些原因、时间等放在前面，而后得出问题的焦点。可见在背景和焦点问题上，英汉语言存在着明显的差异。

（四）句子主语是否省略差异

主语是句子的主要成分，是句子陈述的对象。主语可以作为施事者，也可以作为受事者。在英汉两种语言中，主语的位置是基本相同的，一般都位于句首。但是在某些特殊的情况下也存在着一些明显的差异，尤其是在施事主体为物的情况下。施事主体为没有生命的事物的情况其实是很少的，这些

句子的存在主要是由于修辞的存在，主要分为拟人化、半拟人化以及无拟人化三种。

1. 拟人化

拟人化的修饰手法不仅能够使句子更生动形象，而且可以带给人一定的联想。例如：

A strange peace came over her when she was alone.

她独处时感到一种特殊的安宁。

The company's name slips my mind.

我不知道这个公司的名字。

两个英语句子通过运用拟人化的修饰，使整句话更生动。

2. 半拟人化

半拟人化是指有些句子的拟人化色彩已经淡化，常常与 see、witness 连用来表达某一种经历。例如：

History witnessed it all.

历史见证了这一切。

The house saw more unhappiness.

很多不幸发生在这间房子里。

3. 无拟人化

有些词语已经丧失了拟人化色彩，在这类句子中常见的动词有 strike、kill、seize、know、find、bring 等。例如：

A good idea suddenly strikes me.

我突然想到一个好主意。

The house reminds me of my poor life.

看到那间房子，使我想起了贫穷的生活。

综上所述，拟人化的句子使英语结构更加严谨，句子更加流畅、语气更加含蓄幽默。但是汉语还是注重将这些转化成主语为人，这更符合汉语的表达习惯。

（五）句子是否使用虚词差异

之前已经提到，虚词有介词、连词、语气词、助词等，英语中的这些虚词往往只具备语法的功能，而且使用的频率也非常高，但是汉语中一般使用的比较低。因此，在将英语翻译成汉语的时候往往把这些虚词省略。例如：

We have reached an agreement on the style of the trousers.

我们在裤子的样式上达成了共识。

I hope that we can cooperate happily.

希望我们合作愉快。

The dress cost me two hundred and sixty dollars.

这件裙子花费了我两百六十美元。

# 第三节 文化差异对商务英语翻译的影响

## 一、商务英语翻译中的文化错位现象

由于受经济、地域因素的影响，不同文化、社会背景下的人们产生的语言习惯、风俗习惯以及价值取向等都存在明显的差异。各个民族在其自身的地域范围内形成了独特的价值观念和文化体系，这就导致了不同民族的人们对同一事物产生不同的理解，严重的可能造成误会。语言是民族的象征符号，不同的语言蕴含着不同的文化含义，因此在商务英语翻译过程中如果只追求字面意义的对等，那么就很容易出现文化错位的现象，主要表现为以下三个层面。

（一）不同的客观事物文化意象相同

由于受中西方差异的影响，对于蕴含相同文化意象含义的事物却选择用不同的客观事物进行表达，如果对于中西方文化、语言使用的习惯不熟悉的话，很容易造成商务英语翻译中文化错位的现象。例如：

The high rate of economic growth consistently achieve over decades by the Asian tigers has almost no equal anywhere at any time.

亚洲四小龙的经济几十年来持续高速发展，几乎在全世界堪称空前绝后无出其右。

在这个句子中，tiger 是"老虎"的意思，但是在汉语中，习惯将其称之为"龙"，在这里，"龙"与"虎"就表达了同样的文化意象。

（二）相同的客观事物文化意象不同

受各民族历史发展、意识形态以及社会心理差异的影响，出现了不同地域的相同客观事物却表现出不同的文化意象。如果对其不了解，很容易造成文化错位的现象。例如，中国的"文房四宝"是众所周知的，就是笔、墨、纸、砚，当被翻译成英文的时候，西方人习惯用 writing brush, ink stick, paper, ink slab，对于不了解中国文化的外国人来说，这样的翻译完全让人感觉不到其深层次的文化内涵，这说明相同的客观事物，在中国可能是意义非凡的，但是对于西方人来说则并没有表达出其特殊的指示含义。

（三）相同的客观事物文化意象相反

相同的客观事物文化意象相反是商务英语翻译中最容易导致文化错位现象出现的一个方面，这是由于各民族价值观以及思维方式的差异，对相同客观事物的感知情况受到外界因素的影响而造成文化意象完全相反。例如：

An old dog likes him never barks in vain. When he barks，he always has some wise course.

误译：一个像他这样的老狗从来都不会徒劳的叫喊。但是当他叫的时候，总会是高声地。

正译：像他这样的行家老手，从来不会随意发表意见，一旦发表，必有高见。

在翻译此句时，如果不了解英汉语中"狗"的文化意象，将 an old dog 译，为"老狗"，就会造成误解。因为在西方文化中，dog 是一种宠物、爱畜，可以享受相当高的待遇。尤其对英国人而言，狗既可以帮助看门、打猎，也可以作为知己或伴侣看待。在西方国家，人们往往把狗看成是他们的保护者和最忠实的朋友，甚至把狗看成是他们家庭中的一员，因而常常用 she（她）或 he（他）来指代狗。可见，狗在西方人的眼中是比较积极、正面的。甚至有时候会用 dog 来形容人，显得更幽默诙谐。而在中国，虽然自古就有养狗的习惯，但是中国人对狗并不像西方人对狗那样亲近。狗在汉语文化中是一种卑微、令人厌恶的动物，而且与"狗"相关的词组或者成语大都表达贬义，如"狗仗人势""偷鸡摸狗""猪狗不如""狼心狗肺""狐朋狗友""狗腿子"等，都是含有贬义甚至是辱骂性质的词语。

## 二、商务英语翻译中的文化意象丢失

（一）颜色文化意象丢失

中西文化的不同导致中西方不同的颜色在象征意义方面存在着极大的差异。在实际的翻译中，为了保证其实际含义就会选择丢失其文化意象。下面从红色、白色、黑色、绿色这几个颜色来分析英汉颜色的象征差异。

1. 红色与 red

红色（red）在中国代表喜庆，是美好的象征。红色是人们最崇尚的颜色，象征着喜庆、欢乐、吉祥、幸福、愉快等。通常在新年或者比较喜庆的场合都会使用红色，如商人在经商时会使用"开门红"；中国人结婚时整个装饰以及新娘的礼服都会以红色为主；把生意的热闹和兴旺称之为"红火"；把热闹、繁华的地方称之为"红尘"；把与钱相关的纸袋称之为"红包"。另外，人们在喜庆的日子往往会高挂大红灯笼、贴红色的对联、红色的福字等。

然而，在英语文化中，red 是不吉利、暴力的象征，因为在西方人的观念中，红色是鲜血的颜色，是不吉利的。它不仅象征着残暴、流血、犯罪、激进的革命，也象征着危险、紧张、放荡、淫秽等。例如：

a red battle 血战

red light 危险信号

red ruin 战祸

2. 白色与 white

在西方的文化中白色（white）这个词不仅象征着善良、纯洁和幸福，还象征着正直、高尚、善意等。例如：

a white day 吉日

a white soul 纯洁的灵魂

white handed 正直的

white sheep 坏人中的善人 / 败类中的规矩人 / 好人

而在中国的文化中，白色已经成了一种禁忌，其象征着死亡、丧事，含有不幸以及悲伤的含义。在中国传统的风俗习惯中，如果家里有亲人死亡，需要白事、穿白色孝服、设白色灵堂等。另外，白色也代表着失败，如举白旗等，汉语中还用白色形容智力低下或者阴险、奸邪等。

3. 黑色与 black

黑色（black））在中西文化中的联想意义基本是一样的，都代表着坏人、坏事。在中西方的文化中，黑色一般被认为是禁忌颜色，它象征着死亡、灾难、邪恶等。例如：

black hand 黑手党

black list 黑名单

black market 黑市

black sheep 害群之马

另外，值得注意的是，汉语中有些与"黑"相关的词语翻译成英语的时候并未使用 black 这个词。例如：

黑心 evil mind

黑货 smuggled goods

揭穿黑幕 to tell the inside story of a plot

广场上黑压压地挤满了人。 The square was thronged with a dense crowd.

4. 绿色与 green

在中西文化中，绿色（green）一般被认为是大自然赋予人类的生命之色，因此代表着青春、生机盎然、和平、希望等意思。例如：

green sward 草地

green vegetables 蔬菜类

fresh and green 青翠

make green by planting 绿化

in the green mood 青春旺盛的年代

The mountains were beautifully green. 群山绿油油的，真美丽

在西方文化中，green 还代表另外一层意思，即表示没有经验、不成熟等。例如：

green hands 新手

green as grass 无生活经验

green with envy 十分嫉妒

从上面的几组颜色中，我们可以明显看出其存在的差异，而在实际的商务活动中，常常会将这些带有颜色的词语在翻译时进行"归化"处理，这就使得颜色意象丢失，同时这样的翻译结果必然会引起对方的反感，最终有可能导致谈判失败。

（二）数字文化意象丢失

英汉商务语言经历了漫长的发展过程，形成了各自独特的数字语言。数字在英汉商务语言中的使用频率非常高，但是相同的数字在英汉商务语言中却有着不同的内涵。下面我们来看几组数字。

1. "3"与 three

"3"这个数字对于中国人来说其实没有什么特殊意义，但很多西方人认为 three 具有"力量""全能"以及"统一"的意思。值得注意的一点是，这个数字在乍得、贝宁等地方含有消极的意思。例如，国内的知名品牌"三枪"牌内衣，如果将该品牌出口到诸如哥伦比亚、北非等国家，将其直译为 Three Guns 是没有问题的，并且会受到对方的热烈欢迎，因为"3"这个数字在哥伦比亚、北非等国家有十分积极的含义。但是如果将该品牌内衣出口到乍得、贝宁等地，仍然直译成 Three Guns 就会带来很大的麻烦，这个产品也不会销售出去，因为"3"这个数字在乍得具有消极的含义。

2. "4"和 four

在中国文化中，"4"这个数字是受到禁忌的，因为"4"与死同音，因此

在某些重要的场合是忌讳提到"4"这个数字的，电话号码、车牌号、建筑楼层、地址门牌等尽量要避开"4"，与之相关的还有"14"（要死）、"54"（我要死）等数字。汉语中用"4"表达贬义的时候常常会与"3"相连，如朝三暮四、推三阻四、说三道四等。而英语国家对 four 是非常崇拜的，他们认为 four 代表着公平和正义。例如：

four seasons 四季

the four hundred 上层人物；上层社会；美国的富豪家族

3. "6"与 six

在中国，数字"6"是最吉祥的数字了，深受中国人的喜爱，因此在婚礼日子的选择上一般会选择初六、十六、二十六以及星期六等，与"6"相关的成语也有很多，如"六六大顺"，因此"6"就成了顺顺利利、顺风顺水的象征。而 six 对于西方人来说是一个禁忌，是非常不吉利的一个数字。在西方人的眼中，six 一般是不会被提及的，而且建筑上也会避开这个数字。同样，在有些产品上也是如此，如"六个核桃"，这是我们日常生活中比较常见的饮料，如果将这一饮料直译成 Six Walnuts，然后销售给西方国家，这个产品的销量就不会特别高，就是因为 six 这个数字。

4. "13"与 thirteen

"13"这个数字对于中国人来说是没有任何问题的，也没有其他的意义，但是对于西方人来说，thirteen 是一个禁忌，并且是一个令人十分恐惧和不安的数字。在西方，thirteen 这个数字带来很多消极的习语。例如：

Thirteen is an unlucky number.

"13"这个数字很不吉利。

因此，在西方文化中，包括房间号码、建筑层级或者住宅的门号上都不会使用 thirteen，而是选择使用 twelve B。

5. 个别数字

汉语中的"2、3、10、100"等在许多时候并不表示具体的数字意义，而是表达"多数"的含义，因此翻译的时候应该多加注意。例如：

to cause destruction to both sides.

两败俱伤。

three cardinal guides and five constant virtues.

三纲五常。

Wicred to the ertreme. The Greater Bad.

十恶不赦。

Nothing can possibly go wrong.

百无一失。

这些数字在商务英语中的使用是比较频繁的，但是如果译者对这些数字不加注意的话，很容易造成文化意象丢失。

### 三、商务英语翻译中的文化用语失误

#### （一）礼貌用语失误

礼貌是商务交流中必不可少的一部分，这不仅是对交流方的尊重，也是一个国家素质的重要体现。在商务英语翻译中，如果翻译者并不知晓英语国家的文化，也不能从说话人的语言中知晓其要表达的礼貌态度，必然造成其礼貌用语的翻译失误，而且会造成听者的不满。例如，中国人的客套话一般是"吃了么？"或者"你去哪了？"，要是将其直接翻译成"Have you had the meal？"或者"Where are you going？"，这会让西方人觉得很不高兴。在西方人看来，这样的话并不是客套的语气，而是在过问自己的私事。另外，当西方人对于拒绝对方的请求或者建议时，一般为了礼貌会选择用积极的词语。因此，翻译人员如果不知晓对方的文化，很容易造成误解。

#### （二）合作性用语失误

合作性用语失误现象在商务英语翻译中也是比较常见的，尤其体现在商务信函上。商务信函一般是公函语体，因此在措辞上比较委婉，注重礼节。例如，汉语中一般会使用"贵公司""谨""承蒙""敬请"等，英语中常常会使用 please、thank you 等。

再如，在进行参观或者拜访的时候，中国人习惯用比较谦逊的词语，如"请多多关照"或者"请提宝贵意见"，但是如果翻译人员缺乏两种语言差异的相关知识，必然导致对方对这一客套话的尴尬和误解，最后导致合作失败。

### 四、商务英语翻译中的跨文化因素

#### （一）商务广告翻译中的跨文化因素

广告，作为一种特殊的语言形式，蕴涵着源语丰富的文化元素。它不仅包含着该民族的历史和文化背景，而且蕴藏着该民族的价值观、生活方式和思维方式。广告作为一种商业语言被传递，与广告同时被传送的还有文化。文化语境是广告翻译的"最高层次的语境"。因此，国际商务广告面临的不是简单的语言符号切换问题，涉及语言、传统习惯、法规、教育、自然环境、

宗教、经济状况等差异问题。在全球化时代，即便最敏锐的国际公司在进行广告传播和市场推广时也会常常落入社会文化和伦理的陷阱。例如，"高露洁"牙膏在马来西亚开拓市场时，广告宣传中一再强调其增白的功能，结果产品无人问津。因为该地区文化中以牙齿黑黄为高贵的象征，人们甚至通过咀嚼槟榔来使牙齿变黑，显然这则广告没有了解语言背后的文化因素。在翻译时，有关颜色的广告词也不可忽视：日本人认为绿色是不吉利的；巴西人以棕黄色为凶丧之色；欧美许多国家以黑色为葬礼的颜色；叙利亚人将黄色视为死亡之色；比利时人最忌蓝色；土耳其人认为花色是凶兆，布置房间时不用花色；埃及人认为蓝色是恶魔的象征。在翻译广告时，忽视诸如此类的文化差异会导致某些商品在国外市场受挫。面对种种不顺应文化而导致失败的教训，广告翻译者应努力发现文化差异和特殊性。可以说广告翻译既是一种商业行为，又是跨语言、跨文化的社会活动。

例 1：Cofee's perfect mate.（美国雀巢咖啡伴侣广告）

译文：默默奉献，为香浓加分。

"mate"一词在英文中的含义为"asociate, companion or friend"，隐含之意是咖啡与咖啡伴侣二者关系是平等的，两者合作就可以创造出香浓美味。美国是一个主张人人平等的国家，崇尚个人主义，该广告语言正好顺应了美国人个人主义和人人平等的价值观。中国是一个崇尚集体主义的国家，所以这则广告的中文译文中强调一种奉献精神，与中国人所崇尚的"舍己为人""牺牲小我成全大我"和"个人服从集体"的思想不谋而合，让人们看到它时能产生一种精神共鸣，即为了味道香浓的咖啡而奉献自己。若在美国广告中使用"默默奉献"，显然是不符合美国人的价值观的。因为美国人会产生这样的想法：默默奉献意味着失去自我，盲从他人。美国文化并不看好这种牺牲自我的做法，这与其人道主义、平等主义精神背道而驰，其广告效应也就可想而知。在美国，世界著名的两大饮料生产厂家可口可乐和百事可乐竞争非常激烈。下面是百事可乐曾经做过的一则比较广告：

例 2：Nationwide more people prefer the taste of Pepsi to Coca-cola. Being able to compare the two, I'd pick Pepsi.（百事可乐广告）

译文：在国内更多人喜欢百事可乐胜过可口可乐，比较两者，我选择百事可乐。

以上的广告语言采用了直接比较法，而且很具挑战性。美国人的成功意识浓厚，在广告中也采取各种手段来达到推销的目的。在跨文化广告中应尽量谨慎选择广告语言，否则会引起麻烦，百事将类似的广告放在日本宣传，结果迫于传播媒介的压力不得已而放弃。世界上很多国家都禁止这种比较广告，所以在跨文化语境中传播广告语言时，要认真了解当地的政策法规。

例 3：We do chicken right.（肯德基广告）

译文 1：我们做鸡是正确的。

译文 2：烹鸡专家。

如果对文化差异不敏感，逐字逐句地翻译，很容易让人引起误解，因为"鸡"在中文中有着不好的蕴义，这会给企业带来负面的影响。译文 2 采取创新的译法，把握了这则肯德基广告的内涵所在，文字简练、富有感召力。

例 4：I am yellow.（美国出租车广告）

译文 1：我是黄色的。

译文 2：我是出租车。

在美国街头，有时你会发现这样的小汽车，它们身上喷着"I am yellow."而车本身并非黄色。这就使得许多中国人纳闷，感觉这句话印在车上有点莫名其妙。其实，这里的"yellow"是另有所指，是指出租车。很明显，"I am yellow"应译为"我是出租车"。这便成了一则出租车自荐广告。

中外文化差异的存在势必给广告翻译带来很多的障碍和困难，需要译者在实践中进行不断的探索。该如何正确处理不同语言文化间的差异，消除这些文化差异对广告效果的负面影响，使广告收到预期效果，成了广告翻译中的重点和难点。广告翻译绝不能只停留在字面意思的一一对应，在广告翻译中，既要注意到语言翻译的准确性，突出广告所要表达的内容要具有吸引力、说服力等特点，也要在熟悉并尊重译文读者的社会文化和生活习惯的基础上，对商品介绍时，使之符合该国消费者的文化背景，使译文读者能得到与原文读者同样的信息，以达到广告推销的目的。翻译广告时能深谙中西文化的异同，就能知己知彼，百战不殆。

没有翻译就没有文化交流。翻译不仅要克服语言的障碍，更要克服文化的障碍。翻译工作者是跨文化交际活动中文化交流的使者，对世界文化的交流起着难以估量的积极作用。他们是桥梁，架起了中西方文化的融会贯通。面向国外受众的中国商品广告的英文翻译文本，能让西方了解中国，具有对外文化宣传功能。面向国内受众的国外广告中译本，让国内读者了解、熟悉英语国家的文化和价值观念。世界因多元而美丽，广告翻译因文化差异而多姿多彩、精彩纷呈。通过现代广告这个载体，可以更好地实现中西方文化的交流与融合。

（二）商标、品牌翻译中的跨文化因素

翻译是跨文化交际和沟通的桥梁。尽管各民族文化相互渗透、影响，但一个民族由来已久的文化是不可能完全被另一种文化所取代的。所以在英文商标和品牌名称的翻译中，必须从社会文化背景考察语言的使用。商标的名称要适应销售地区的风俗习惯，适应不同社会不同国度的道德观念，使商标和品牌的译名实现"客从主变，入乡随俗"。如果因为文化的差异，原商标词的内在含义很难为译文的读者所领会时，译者就必须根据两种语言和文化的各自特点，采用创造性的翻译方法，设法消除文化差异造成的沟通障碍。东西文化差异体现在很多方面，举例来说：

从数字上，我们可以看出东西两种文化的差异。在英语国家中，"7"是一个吉祥的数字，相当于中国的"8"。例如童话《白雪公主》中有 7 个小矮人，一个星期有 7 天，在投掷游戏中得七者为胜。所以在商标的翻译中，如果要译出品牌的内在含义，需要译者根据具体情况，进行创造性的翻译。例如英文商标词 Mild Seven 被翻译为"万事发"，7-Up 被译为"七喜"，就很好地体现了商标中蕴含的祝福好运的意思。

另外，国家地理位置不同，也会引起文化上的差异。如英语商标 Zephyr 就反映了英国特有的文化。在西方文化中，Zephyr 是古希腊神话中的西风之神。由于英国西临大西洋，东面欧洲大陆，西风从大西洋吹来，因此对英国人而言，西风总是温暖和煦的，是令人喜悦和值得歌颂的，例如著名的《西风颂》（Ode of the West Wind）。因此英国的汽车用"西风"（Zephyr）做商标很容易被英国国内的消费者所接受。相反，在中国西风送来的不是温暖而是寒冷，因而西风过后，到处是衰败的景象，所以西风总是和凄凉、悲伤的情感相联系，例如"古道西风瘦马，夕阳西下，断肠人在天涯"；"莫道不消魂，帘卷西风，人比黄花瘦"和"昨夜西风凋碧树，独上高楼，望尽天涯路。"所以如果将 Zephyr 翻译成"西风"，会使中国的消费者产生消极的联想，而翻译成"和风"才更符合原商标的内涵和神韵。

同样，一些在西方人看来有着积极意义的动物和植物却可能为东方人所躲避和讨厌。例如猫头鹰在西方是智慧的象征，英语中就有"as wise as an owl"的俗语。在儿童读物和漫画中，猫头鹰通常很严肃，很有头脑，很有学问。动物们之间产生争端，都喜欢请它作评判。但在中国，猫头鹰则被看作是预兆凶险的动物。因此，当英国的 OWL 牌钢笔笔尖投入中国市场时，没有直译为"猫头鹰"，而是译为"猎头鹰"牌，以符合中国人的思想观念。与此类似，我们可以想象，如果 Fox 不是译为"福克斯"，而是译为"狐狸"，则一定会让人产生狡猾、欺诈、不可信赖的印象，从而阻碍该品牌在华业务的发展。

在进行英文商标、品牌的汉译时，不但要了解消费对象特定的文化背景，了解文化差异，还要了解中国的汉语言特点。汉语字词量庞大，同音字、同义字词众多，在翻译英文商标、品牌时，应避免容易造成误解和消极联想的字眼，尽量采用雅致、吉利的词语。否则即使是吉祥、美好的形象，如果不能选择合适的词汇和方法来翻译，也可能使人反感。一个经典的案例就是男子服饰商标 Goldlion 的翻译。Goldlion 商标最初译为"金狮"。狮子在西方文化中是万兽之王，是勇气和力量的象征。用"Goldlion"作商标，可以使人产生高贵、威武的联想。但翻译成汉语，"狮"的发音"失"同音，与粤语中"输"的发音也很接近，所以当时的销售业绩并不理想。为了满足人们渴望吉利的心理，并使商品更添富丽堂皇的气派，Goldlion 公司后来采用了半音半意的方法，将 gold 意译为"金"；而 lion 一词采取音译方法，两者结合在一起便形成了"金利来"商标。不但悦耳气派，而且寓意美好，所以深受消费者的欢迎。

（三）商务名片翻译中的跨文化因素

翻译之所以不容易，是因为语言反映文化，承载着丰厚的文化内涵，并受文化的制约。一旦语言进入交际，便存在对文化内涵的理解和表达问题。这就要求译者不但要有双语能力，而且还有双文化乃至多文化的知识，特别是要对两种语言的民族心理意识、文化形成过程、历史习俗传统、宗教文化以及地域风貌特性等一系列互变因素均有一定的了解。正是以上这些互变因素，英汉民族的语言文化体现出各自特有的民族色彩。要准确地把握好翻译中的文化因素，就必须考虑这三个要素：不同语域的民族文化传统、文化内容和文化心理。从宏观上，译者要了解文化的蕴含、翻译的基本理论及技巧，在微观上要仔细观察以上三要素的差异并且加以对比和分析。总之，只有在考虑异域文化的前提下把"信、达、雅"融为一体，使译文"神、形"并茂，这样才能真正地做好文化翻译。

名片翻译的本土化过程也是个文化适应的过程，不仅仅是把信息从一种语言转换为它在另一种语言中相对应的意思。如此简单翻译而不考虑文化因素，那样的翻译结构往往是不够准确的。名片翻译要适应目的语的语言表达习惯和道德价值观、审美观等，使名片的翻译实现"入乡随俗"。鉴于名片翻译有着言简意赅的特点，文化因素常常又很难兼顾，因此是此类翻译中最为棘手的问题之一。

在我国，姓氏与名有着丰富的文化含义，名字还蕴涵取名者所赋予的含义。这样就造成了翻译上的困难。我国人名的英译，一般采用音译，其原有的语义信息无法传递。如"朱贤芬"一名中所蕴含的"贤惠""美好"之意，也不能反映名片持有者的性别，只能在指称意义上达到对等，而无法实现文化信息对等。不少名片在姓名翻译上存在着一些瑕疵，例如下面几则中文名字的英译：

例 1：钱富来

误译：Qian Fu Lai

正译：Qian Fulai

例 2：周祥和

误译：Xianghe Zhou

正译：Zhou Xianghe

例 3：李高登

误译 1：Ligao Deng

误译 2：Golden Li

正译：Li Gaodeng

以上各例名字的译法都存在着误译现象。众所周知，中国人的姓名是姓在前、名在后，并且大部分人的名是两个汉字组成，如上例都是双字名；而英语国家姓名的一般结构为：教名、自取名（中名）、姓氏，中名在很多场合往往省略或以首字母缩写。如：George W.Bush 或 George Bush。对于这些差异的不敏感就会造成名片翻译时的误译。译例 1 中的姓名翻译完全是对应中文的拼写，而且每个音节的首字母都大写，不符合规范，因为规范的英译文本应为"Qian Fulai"。译例 2 中名字在前，姓在后，虽然照顾到了英语民族的文化特征，但也容易造成误解。如李白（LiBai）如拼写成 BaiLi 就会容易与"白莉"等姓名的英语拼写混淆，并且也不适合我国民族文化特点。再者，中国人看重姓氏，如果把名字倒过来写会让人感觉不愉快。译例 3 中译文 1 的拼写不符合规范，译文 2 采用了英文名加中国姓的情况。虽然现在越来越多的涉外人员都喜欢采用，但是这也会令有些了解中西差异的外国人困惑。所以，在汉语姓名的名片翻译中，应该符合中国人姓名书写习惯即姓在前、名在后的文化传统习惯。按照国家规定用汉语拼音拼写，姓与名之间要留空格，第一个字母须大写等，但不主张全部用大写字母拼写，因为这不符合英文习惯，很少有外国人士把自己的名字全部用大写字母拼写的。

商务名片上的职衔也常常是翻译中的一大难题。翻译职衔时不能出错，要求务必准确。职衔的原意要在概念上和文化上得以保留。如果因为文化的差异，原名片上的内在含义很难为译文的读者所领会时，译者就必须根据两种语言和文化的各自特点，采用创造性的翻译方法，设法消除文化差异造成的沟通障碍。"干事"一职独具中国特色，由于英文中缺乏对应的词，所以翻译时可以灵活地译为"clerk",甚至可以不译,只写名字就可以了,因为有时译了反而可能产生某种"误导"。

英文名片在对外交流中起着日益重要的作用,但中西方社会文化差异给名片翻译带来额外的挑战。提高名片的翻译质量,并利用名片这一小小的窗口快速而真实地传递个人信息,可以最大程度实现名片在中西方交流中的价值,促进跨文化交际的顺利进行。

# 下篇 实践篇

# 第六章 跨文化商务广告翻译

## 第一节 商务广告的目的和作用

### 一、广告的概念

（一）广告的由来

广告（advertise）一词，源于拉丁文 advertere，其意为注意与引导。中古英语时代（公元 1300—1475 年），演变为 advertise，其含义衍化为"使某人注意到某件事"或"通知别人某件事，以引起他人的注意"。直到 17 世纪末英国开始进行大规模的商业活动，广告一词才广泛地流行并被使用。

广告历史悠久。在古代它曾以符号形式存在于市场中，用来为器皿做广告。世界上最早的广告是通过声音进行的，叫口头广告，又称叫卖广告，这是最原始、最简单的广告形式。早在奴隶社会初期的古希腊，人们通过叫卖贩卖奴隶、牲畜，公开宣传并吆喝出有节奏的广告。古罗马大街上充满了商贩的叫卖声。在欧洲和殖民地时期的美国，店主常常会雇人在镇上喊叫某个信息。

在商品经济高度发展的今天，几乎没有一个空间不在传递广告信息，广告已渗透到人们生活的各个方面，报刊与电视台、电台等各种媒体到处可见广告的影子，人们几乎没有可能逃脱广告的影响。

（二）广告的定义

广告是一种交际形式，旨在劝说受众（观众或听众）来购买产品、观念或服务或者对其采取某种行动。它包括产品或服务的名称以及产品或服务对消费者的益处、劝说目标市场购买或消费某个特定的品牌，而这些品牌通常是由登广告者付费并出现于各种传播的媒介。由此可见，广告对一项产品的推广起着极其重要的作用。广告不仅是一种经济活动，而且是传播文化的主要媒介。

著名的美国市场营销协会（American Marketing Association，AMA）认为广告是由特定的广告主在付费的基础上，采用非人际传播的形式，通过各种媒体对观念、商品或劳务进行介绍、宣传的活动。

美国《广告时代》在 1932 年曾经公开征求广告定义，最后把广告的内涵重点定性为劝服和影响："个人、商品、劳务、运动，以印刷、书写、口述或图画为表现方法，由广告者支付费用公开宣传，以促成销售、使用、投票或赞成为目的。"

《简明不列颠百科全书》对广告的解释："广告是传播信息的一种方式，其目的在于推销商品、劳务，影响舆论，博得政治支持，推进一种事业或引起刊登广告者希望的其他反应。广告信息通过各种宣传工作，其中包括报纸、杂志、电视、无线电广播、张贴广告及直接邮递等，传递给它所想要吸引的观众或听众。广告不同于其他信息传递形式，它必须由登广告者付给传播信息的媒介以一定的报酬。"

我国 1980 年出版的《辞海》给广告下的定义也是类似的表述："向公众介绍商品、报道服务内容或文娱节目等的一种宣传方式。一般通过报刊、电台、电视台、招贴、电影、幻灯、橱窗布置、商品陈列等形式来进行。"

广告包括商务广告和非商务广告。在现实生活中，绝大多数广告实为商务广告，即营利性的经济广告。非商务广告指不以营利为目的的广告。本书所研究和讨论的广告是指商务广告。

## 二、商务广告的目的和功能

戚云方教授曾说过："广告之于商品，犹如戏剧之于人生，它既是商品，又高于商品。"进行商务广告翻译之前，我们首先必须了解商务广告的目的和功能。广告赋予物品某种身份，因而使之具有能见的价值，这便是广告所特有的力量。衡量成功的商务广告的标准之一是看它是否符合美国 E.S.Lewis 所提出的 4 项要求，即 AIDA 原则：Attention（引起注意）、Interest（发生兴趣）、Desire（产生欲望）和 Action（付诸行动）。广告会以不同的方式影响消费者，作为一种竞争性的商业行为，商业广告最主要的目的是争取消费者，促成其购买活动，进而实现消费者由 Attention-Interest-Desire-Action 的逐渐转变。虽然广告的主要目的是劝说，但是达到这个目的有不同的方式。一般来说，广告主要有以下三个重要功能。

第一个重要的功能是识别功能。一则成功的广告要具备自己的个性，能引起人们的注意，获得人们的认识，从而区分于其他产品。识别功能包括突出自己的鲜明特征、表明自己的独特优点，显示其与众不同的功效，其目的就是影响信息受众，由此创造对该产品的意识并提供了消费者选择该产品的基础，它有助于企业树立良好的市场形象。例如，爱迪生电气公司一条广告就是"一切归功于'爱迪生'"。同样，万宝路的成功与它个性鲜明的广告词分不开——"哪里有男人，哪里就有万宝路"。一句精彩的广告语往往能捕获消费者的心。

广告的另外一个重要功能是传递产品信息，即信息功能。这对企业和消费者都是有益的。通过广告可以使企业把产品或劳务的信息传递给广大消费者，达到沟通产需之间联系的目的。要实现这一功能，广告必须要容易被理解。例如，福特卡车曾用过这样一则广告"美国就像福特卡车一样坚固"，向公众传递的信息就是福特卡车的牢固特性。某银行为强调其服务范围的周全和便捷，推出了以下的广告："您可在一个屋顶下办完所有的金融业务。"

广告的第三个功能是诱惑消费者购买产品，即说服功能。广告以劝说性的方法以期改变或强化消费者的观念和行为。广告最终目的是劝说性及创造性地销售产品或服务，这也是商业广告翻译的最终目的。李奇教授在《广告英语》一书中提到，"广告是否可达到销售商品的目的是衡量广告成功的标准"。脑白金的广告无疑是成功的，"今年过年不收礼，收礼只收脑白金"，语言简洁直白却极有说服力。"千万别忘了上一次大水灾"，这则保险公司的广告同样是以理服人、以情动人。"请喝可口可乐"，同样这则可口可乐公司的广告里只有请求而没有丝毫的强迫。

随着国际经济技术交流的日益频繁，国际市场竞争愈演愈烈。广告对于商品的推销和品牌声誉的建立有着不可忽略的影响。在 21 世纪的今天，作为一种经济手段的广告，还担负着传播文化的重任。现代广告是传播文化的主要媒介，它是中西方文化交流的重要桥梁，它能够帮助我们更好地了解西方文化，同时向世界传播中国文化。

# 第二节 商务广告的文体特点

经过长期的发展，英语商务广告无论在词汇、句法，还是在修辞方面都表现出一定的特点。

## 一、广告英语的词汇特点

### （一）广泛使用人称代词

为了使顾客对商品感到亲切，增强其参与感，现代英语广告广泛使用人称代词，尤其是第二人称 you 的使用，拉近了商家与顾客的距离，也体现出商家处处为顾客着想的用心。

例 1：We made this watch for you-to be part of you.（手表广告）

精心为您打造，精彩相伴人生。

例 2：Our philosophy is simple. To give you the most important things you want when you travel.（酒店广告）

我们秉承的宗旨很简单：让您在旅途中得到最想要的一切。

上述广告中 our，you，we 的使用，让顾客感觉如同和商家在进行面对面的交流，倍添身历其境的亲切感和对商家的信任度。

（二）常用形容词及其比较级、最高级

有位广告学家曾把广告称为一个"永远没有丑恶，没有苦难，没有野蛮的奇妙世界"。商家为了推销自己的商品，必然要对自己的商品进行粉饰美化，因此广告中常常使用大量褒义的、赞美的形容词来说明产品的性能、品质及优点。根据英国语言学家 Leech 的统计，使用频率最高的形容词，按其使用频率的高低依次为：

1.new　2.crisp　3.good/better/best 4.fine　5.free　6.big　7.fresh　8.great 9.delicious 10.real　11.full，sure　12.easy，bright 13.clean 14.extra，safe 15.special 16.rich

仔细分析就会发现，在这些常用形容词中，评价性的形容词占大部分。商家甚至使用形容词的比较级或最高级来间接与同类商品比较，突出自己的优点，以增强消费者的信心。

例 1：Why our special teas make your precious moments even more precious？（茶叶广告）

其中形容词 special，precious 与比较级 more precious 的使用，突出了该茶叶的与众不同。

例 2：There's never been a better Time. 从未有过的好时代。（时代周刊）

例 3：Let us make things better. 让我们做得更好。（飞利浦）

例 4：It's finger-licking good. 吮指回味，其乐无穷。（肯德基）

（三）杜撰新词、怪词

广告中常使用词汇变异手段创造新词，怪词，使消费者能在不经意间注意到广告的商品。这样既体现了产品的新、奇、特，满足了消费者追求新潮的个性心理，又可取得某种修辞效果，引人注目，是推销商品的有效手段之一。

例 1：What can be delisher than fisher？（钓鱼广告）

Delisher 是谐 delicious 之音故意杜撰出来的，目的是与后面的 fisher 造成押韵的效果，突出钓鱼的乐趣。在翻译时，可以从"子非鱼焉知鱼之乐"中得到启发，译为"子不渔焉知渔之乐"。或者，也采用谐音，译为"还有什么比钓鱼更余味无穷？"

例 2：You're not fully clean until you're Zestfully clean.

干净？用激爽。（激爽，沐浴产品）

将产品的牌名"Zest"当普通名词用，等于创造了一个新词。Zestfully 是按照普通名词的后缀法加 ful，传达了"赋予 zest 特色"的意思。Zestfully 是先按照形容词变副词的法则，为 Zestful 加后缀 -ly 而使之成为副词。此广告的意思是，"只有用 Zest，才能真正地洁净"。译文采用创造性的译法，求得与原文广告形似。

例 3：The Orangemostest Drink in the world.

这则饮料广告"orangemostest"，实为"orange+most+est"，most 与 -est 都表示形容词最高级，在这里与"orange"连用，借以表现这种橙汁软饮料的"高质量、高纯度、高…"，给人以丰富的想象。

（四）雅语、俗语各有特色

由于广告宣传的商品不同，面对的消费群体各异，所以广告的语体也有很大的差别。广告中雅语、俗语的使用各有千秋。"雅"指优雅而正式的书面语，"俗"指口语，俚语和非正式语言。为了体现广告的大众化特点，常会使用易懂易记的俗语，使广告更贴近生活，让消费者乐于接受。

例 1："I couldn't believe it，until I tried it！"

"I'm impressed！""I'm really impressed！"

"You've gotta try it！"

"I love it！"

这是一则推销微波炉的广告，用词极为简单，口语化极强，而且使用了 gotta 这一俚语。该俚语在美国英语中相当于 got to. 这就使得该广告极像一个使用过该微波炉的人的经验之谈，极具亲切感，更容易使人们相信该广告的真实性。

当然，并不是所有的英语广告都以口语为基础，英语广告的读者对象不同，所使用的语言也应有所区别。有些广告英语也具有较强的书面语色彩和文学味道。巧克力、饮料、大众食品等日常用品的消费者不分男女老幼、贫富贵贱，社会的每一个成员都有可能成为该类广告的读者。因此，所使用的语言必须大众化，通俗易读。否则将失去用户。名贵的酒类、豪华的汽车，高级化妆品等都以富裕的、受过高层次教育的人为对象，这类广告的语言就要求高雅富有文学色彩，以适合该层次消费者的口味，否则，这些高层次的人不爱读，也就会失去这些潜在的消费者。同时，优雅的广告用词还可以烘托出商品的高贵华丽，显示出消费者的社会地位。

例 2：The pleasure of sharing the genuine warmth and charm of Malaysia never ends.

Wherever you fly，to over 80 destinations across 5 continents，we'll welcome you the moment you step on board，as you would be honored guests in every part of the world，sharing with us a world of enchantment that is Malaysia.

Whether in the luxury of First Class or the comfort of Golden Club，you'll find that the pleasure of flying never ends，on the international airline with a growing modern fleet that includes the latest 747-400s.

这是一则航空公司的广告，因而用了许多优雅的广告词如：genuine warmth，honored，enchantment，luxury 等，显示出消费者的社会地位。

（五）拼写变异 / 错拼

广告英语中，商家对常用词进行拼写改动，以求标新立异，离奇醒目，增强广告的"记忆价值""审美价值""情感价值"。

例 1：These are Grr-eat！

好吃，好吃，好好吃！

将 Great 写成 Grr-eat，表示的是顾客评价家乐氏糖时，特意将 Great 一词拖长音，以表达对其美味的赞叹之情。同时该拼写变异将 eat 分离出来，另有"吃"的意思，凸显了购物意图。译文创造性地译为"好吃，好吃，好好吃！"再现了原文口语化的特色，一定程度上反映了原文拖腔的效果。

例 2：Delicious，delightful，demand it！

美味，淡雅，给我来一瓶！

将 delightful 中的 light 改为大写，使之另成为单词，话中有话，意在突出啤酒"淡雅"（Light）的品质。译文采用直译的方法基本上传达了原广告的创意。

例 3：Drinka

Pinta

Milka

Day

这是一则牛奶广告，实际上这三个字应为"Drink, pint, Milk"符合标准语法的句子应为"Drink a pint of Milk a Day"，但"of"这个词常被弱拼，而在此句中 of 后面的词"Milk"又以辅音开头，因此，这里的"of"便弱读成 /a/，这正巧与"a"的发音相同，把"a"这个不定冠词当做"Drink, Pint, Milk"后缀，不仅可引起人们的注意和兴趣，而且使这句话具有一定音律美。

（六）使用缩略语

现代广告的费用极其昂贵，使用缩略语可以降低广告的成本，节省篇幅。

例 1：BIG Ops for Our RNs in the US.

这是新西兰护理管理协会所作的招聘广告标题。利用缩略词获得了简练，引人注目，给人悬念的效果。RN 分别是 Registered Nurse（注册护士）的首字母，而 Ops 则是 opportunities 的缩写。

例 2：TO LET OR FOR SALE Furnished Edinburgh Court, 426 Argyle St, 2nd floor，1，550sq.ft.4 bedrooms with dining and living room, prive garage. Sale at $130，000.Rent $1，400.Tel.38954 office time or 823784.

这是一则房屋出租或出售的广告，大意为：Argyle 街 426 号 Edinburgh 公园大厦三楼全层，面积 1550 平方英尺，四间卧室并带有客厅及饭厅，并附自备车房。售价：130000 美元、月租价 1400 美元。请于办公时间拨电话 38954 或 823784。

## 二、广告英语的句法特点

英语广告纷繁复杂，各种各样，然而，由于广告的共同目的，所用的语言句式有着共同之处，概括起来有以下特点：

（一）多用简单句，口语性强

正如广告英语的词汇特点一样，为了适应广大消费者的需求，常采用那些简单、口语性强的句式。而且广告英语受到严格的篇幅限制，为了减少广告费用，需尽量减少篇幅，这就要求广告必须用最少的版面，最精练的语言，传递出最多的信息，有效地激发读者或观众的购买欲望，为产品打开销路。因此多用简单句，口语性强成为广告英语的重要特点之一。

例：Coca-cola is it.（可口可乐广告）（还是可口可乐好！）

A diamond lasts forever.（钻戒广告）（钻石恒久远，一颗永流传。）

The taste is great.（雀巢咖啡广告）（味道好极了！）

英语广告写作可以概括为一个 KISS 原则，即 Keep it short and sweet.

（二）多用并列结构，较少使用主从结构

候绍瑞先生说："在英语中，一连串的并列结构比节外生枝式的复合句更容易理解。广告英语为求得简洁易懂，常倾向于更多地使用并列结构，而相对来说较少使用复合结构。"这就概括出了广告英语在句法结构方面的一个重要特点。

例1：To laugh. To love. To understand each other.（《娱乐世界》广告）

有时并列结构可以形成排比的气势，给人留下极为深刻的印象。

例2：No business too small，no problem too big.（IBM 公司广告）没有不做的小生意，没有解决不了的大问题。

（三）多用祈使句

祈使句的使用有着劝诱的功能，能很好地达到广告宣传的作用。各种句式的搭配使用使广告形式活泼生动。

例1：Make yourself heard.（爱立信广告）理解就是沟通

例2：Go well，use shell.（壳牌石油公司广告语）行万里路，用壳牌。

例3：Give your lungs a good vac.（伊莱克斯吸尘器广告）

（四）少用否定句式

广告具有传播信息的功能。可用于向消费者介绍各种商品的优点，以期望读者产生购买的欲望，随之采取行动。这样就需要多从肯定的意义出发，因此，否定结构在广告英活中并不多见，在我们随机抽样得到的二十个英语广告中，肯定句占 97%，而否定句只占 3%，而且，否定句一旦出现，多半是为了与其他商品作反衬比较，这实际上是在否定其他商品。

例1：No cigarette gives me more taste.（香烟广告）

例2：You won't find a quicker，easier，neater way to enhance your beauty.（化妆品广告）

（五）多用省略句

省略句的使用可以使文字简洁，缩短广告的篇幅，便于消费者快速阅读，抓住主要信息。疑问句的使用能唤起受众的购买欲望，加强广告的"鼓动性"，劝告或怂消费者购买所宣传的商品。

例1：Going East，Staying Westin.

这是一则设计极为巧妙的宾馆广告，两个单句，无主谓结构，选词对称，紧凑明快。Westin 是宾馆名称，又使人联想到与 East 对应的 West。

例 2：Born to run.（Benz）天生奔驰。

例 3：Intel Inside（Intel Pentium）给我奔腾的"芯"。

例 4：Fresh-up with Seven-up. 清新七喜，清新气息。

例 5：A world of comfort.（Japan Airlines）充满舒适与温馨的世界。

（六）疑问句的使用

疑问句的使用容易激起人们的反应，特别是广告标题或正文的开头使用疑问句，能激发读者的好奇心理，增加他们的阅读兴趣。

例：What's so special about Lurpark Danish butter？ Well，can you remember what butter used to taste like-real fresh from house butter？ Do you remember how you used to enjoy it when you were young？ Today，the taste of Lurpark brings it all back to you-that's why it's so special.

这则广告多次使用疑问句，从第一句"黄油的特点是什么？"入手，一环扣一环，抓住读者的心理，突出了这种黄油的特点。如用陈述句则平淡无奇。疑问句的特点在此类广告中的特色被凸显出来。

再如：美国克莱斯勒汽车公司为其生产的客货两用车作的广告，是一幅精致的彩色照片配上两句广告词：

Q:Who can tell what builds the best family wagon？

A:Put them to test.

## 三、广告英语的修辞特点

在广告如林的时代，为了使自己的广告独树一帜，惹人注目，广告撰稿人往往运用现代英语中的一些修辞手法来增强广告语言的生动性、艺术性和感染力。修辞手法是修辞学研究内容之一，修辞用得好，能得到事半功倍的效果。

（一）明喻（Simile）

明喻是指以两种共同特征的事物或现象进行对比，表明本体和喻体相类关系。

例 1：Some people are as reliable as sunrise...These are Amway people.

这是美国 Amway 保险广告的广告。对于保险公司来说，赢得客户的信赖是头等重要的大事。此则广告把 Amway 人比作每天冉冉升起的太阳般值得信赖，不仅使人产生认同感，还能够激起读者对公司前景的美好联想。

例 2：Cool as mountain stream…cool as fresh Consulate.（Consulate 牌香烟广告）该广告将香烟比作山涧溪流，言下之意是：该烟犹如山涧溪流那样清新，提神，醒脑。

### （二）隐喻（Metaphor）

隐喻也叫暗喻。有时只出现喻体和本体，在形式上为相合关系而不是类似关系；有时不出现本体事物和比喻词，只出现喻体事物，并用它来借代本体事物。在广告英语中，广告设计者常发挥想象力，用一个美好事物代替被宣传的商品，增强了语言美感。

例1：Pick an Ace from Toshiba.

卓越源自东芝。

这是东芝公司为自己的个人计算机所做的广告标题。Ace 是扑克牌中最大的，以之隐喻东芝公司产品的高质量。

例2：We're rolling out the red carpet for Asia's elite travelers.

这是港龙航空公司的广告，用"展开红地毯"喻指为亚洲尊贵的旅行者提供最热烈的欢迎，最高贵的条件、使人联想到接待外国元首般的最高级别的待遇，诱惑力、吸引力由此而生。

例3：The most sensational place to wear satin on your lips.

（化妆品广告）此种口红最适宜的地方是你的嘴唇。

把口红比作 satin（缎子），意指这种口红擦在唇上像穿上光亮柔软的绸缎一般。

### （三）双关（Pun）

双关是故意利用语音和语义的条件，使词语或句子具有双重含义，言在此而意在彼。双关分为谐音双关和词义双关。在广告英语中，双关多重言外之意，通过弦外之音曲折含蓄地达到商业目的。

例1：It's for your lifetime.

你人生的伴侣。

这是一则手表广告。英文中的 lifetime 既有陪伴顾客"一生"的意思，说明手表寿命之长，又与手表的功能：显示时间（time）不谋而合。

例2：More sun and air for your son and heir.

在这则海滨浴场的广告中，巧妙运用了谐音双关手法（sun 和 son，air 和 heir 谐音）其目的在于渲染"我们浴场阳光充足，空气新鲜，这无疑对你的儿子—你未来的继承人一定会大有裨益的。"

例3：I'm More satisfied.

我更满意摩尔牌香烟。

英语广告中的 More 不仅有摩尔香烟的意思，还与"more"（更多）谐音，可谓一语双关。相比照下，中文则因为语言差异的关系，失掉了这层修辞。

## （四）拟人（Personification）

拟人是把人类的特性，特点加于外界事物上，使之人格化的修辞格。广告中运用拟人手法，能给商品以生命，使消费者倍感亲切，从而激发其购买欲望。

例1：Oscar de La Renta knows what makes a woman beautiful！

Oscar de La Renta 为女士服饰品牌。广告商不明确讲出产品的优点，而是通过拟人的手法进行宣传，说它深谙女人的美丽之道，这对具有爱美之心的女士来说，显然具有很强的吸引力。

例2：The world smiles with Reader's Digest.

《读者文摘》给世人带来欢乐。

世界本不会微笑，但此处反其道而行之，目的是让读者有耳目一新的感觉，《读者文摘》给世人带来欢乐的意思不言而喻。

## （五）押韵（Rhyme）

英语广告中的押韵包括头韵和尾韵。头韵是把首音相同或相似的单词放在一起，尾韵是把尾音相同或相近的单词放在一起，以形成视觉和听觉的最佳结合，达到声情并茂的效果。

例1：Hi-Fi，Hi-Fun，Hi-Fashion，only from Sony.

高保真，高乐趣，高时尚，只来自索尼。

例2：AMars a day keeps you work，rest and play.

每日一块玛氏巧克力，工作满意，娱乐惬意。

## （六）夸张（Hyperbole）

夸张是运用丰富的想象力，在客观现实的基础上有目的地放大或缩小事物的形象特征，以增强表达效果的修辞手法，也叫夸饰或铺张。夸张的作用是用言过其实的方法，突出事物的本质，或加强作者的某种感情，烘托气氛，引起读者的联想。在文学中，夸张是运用想象与变形，夸大事物的某些特征，写出不寻常之语。

例1：A million and one uses.

一百零一万种用途。（万能牌水泥胶）

例2：We have hidden a garden full of vegetables where you never expect. In a pie.

在您意想不到的地方，我们珍藏了满园的水果——就是在那一个小小的馅饼里。

例 3：Take TOSHIBA，take the world.

拥有东芝，拥有世界。

## （七）反复（Repetition）

反复是有意重复同一个词语或句子，以达到突出某种感情、强调某种意思、加深读者印象的目的。可分为连续反复和间隔反复。

例 1：Extra Taste. Not Extra Calories.

额外的口味，并无额外的热量。（指不会使人发胖）

例 2：Double delicious. Double your pleasure.

双重美味，双重喜悦。

例 3：Deliciously simple，Simple delicious.（某一快餐食品）

美味的简单，简单的美味。

例 4：Everything is extraordinary. Everything tempts.

件件超凡脱俗，样样都吸引诱人。

例 5：Only Brother Your Very Own Brother.

值得信赖，唯有兄弟（兄弟牌运动用品）

例 6：Give a Timex to all，to all a good Time.

人人拥有"天美时"表，人人拥有好时光。（"天美时"表广告）

## （八）排比（Parallelism）

排比是一种修辞手法，利用两个或两个以上意义相关或相近，结构相同或相似和语气相同的词组（主谓／动宾）或句子并排，达到一种加强语势的效果。排比句读起来感到朗朗上口，有一股强大的力量，能增强文章的表达效果。

例 1：No problem too large. No business too small.

没有解决不了的大问题，没有不做的小生意。

例 2：Keep fighting，keep working，keep singing.

（吃了此药），战有斗志，劳有精神，玩有兴致。（药品）

例 3：Designed with a computer. Silenced by a laser. Built by a robot.

计算机设计，激光消音，机器人制造。

## （九）对偶（Antithesis）

把结构相同、意义相关、语气一致的两组词语或句子并列使用称为对偶。

使用这一修辞手法，能够增强语言气势，往往能突出所强调内容。

例1：Once tasted，always loved.

一旦品尝，爱之终生。

例2：Double delicious，double your pleasure.

双重美味，双重愉悦。

以上两个例子都使用了对称的结构，体现结构美的同时，读来也十分上口，起到很好的宣传效果。

（十）仿拟（Parody）

广告英语中的仿拟，是广告设计者会利用人们熟知的成语、典故、诗文名句、俗语格言等来创造一个新的语句以符合广告特定的表达需要，简单来说，这一方法就是套用或模仿过去某一著名诗歌、名句、警句、或谚语等，改动其中部分词语，以表达一种新的思想，从而达到作者的目的，取得或讽刺或幽默的效果。这种修辞手段被称为"仿拟"。

例1：All roads lead to Holiday Inn.

这是 Holiday Inn 所做的广告语。看到这个标题，人们马上就会想起那句著名的古老的英语谚语：All roads lead to Rome.（条条大路通罗马）这句谚语经常是和成功联系在一起的，这就会给消费者一个非常良好的印象，人们相信：来到假日酒店，定会好运相随。

例2：Where there is a way for car，there is a Toyota.

车到山前必有路，有路必有丰田车。

这正说明丰田车不但适于各种路段，也明了丰田车在世界上的销路之广。而它的中文翻译运用顶真的修辞方法，不仅使得上下句语势连贯、前后逻辑严密，让人难忘。

例3：East or west，Guangzhou cuisine is best.

模仿 east or west，home is best，说明广州给你家的感觉，这里的食物必定如你在家吃的一样合口味。

汉语广告语也有类似的表达，比如著名的山西汾酒：汾酒必喝，喝酒必汾。该广告巧妙运用了《三国演义》的开场白："话说天下大势，分久必合，合久必分"，给我们创造了一个全新的意境，这种广告语属于谐音仿拟，感觉一饮此酒，壮志豪情，能够引起人们无限的回味和联想。

# 第三节 商务广告的翻译

广告翻译优劣的标准不是译文与原文的"对等"程度，而是译文在译语语言环境和社会文化环境中预期功能的实现程度。广告译文能否在译语语言文化环境中达到预期的商业功能，很大程度上取决于译文能否被接受。也就是说，广告的翻译应充分发挥译入语的语言优势，采取灵活的翻译方式，切忌刻板的硬译。在翻译过程中，我们除了从语言规律寻找与原文"对等"的契合外，还必须处理文化差异带来理解上的差异，同时要考虑原文的词汇、句法及修辞的特点。

## 一、文化与商务广告翻译

不同文化背景的人用语言进行交际，由文化差异造成的语用差异是不可回避的事实。同样语言文化差异也是制约广告语用翻译，影响广告传播效用的重要因素。广告中的商品介绍最重要的是传递信息，原文读者和译文读者面对同一商品介绍，应当得到完全相同的信息，这就要求译者透过产品的表象，抓住其本质，保证产品形象与信息准确传递。

例如：中国的"金丝小枣"译成英文的"Golden Silk Small Dates"就会给外商留下该枣"长着蚕丝，形体小"的印象，这就彻底地掩盖了"金丝小枣"的优异品质，并造成消费误导。如果运用省略和补译的方法，将其译作"Honey-Sweet Dates"便可取得良好的翻译效果。

文化差异影响广告信息的准确获得主要表现为汉语式的英译无法使英语本族语使用者在心中产生相同的意念。比如：某机场的候机大厅有一条英汉对照的公益广告标语：

"为了您和大家的健康，吸烟请到吸烟区。"

For your and others' health，the passengers who smoke，please go to the smoking area.

这条标语是想告诉大家候机室不准吸烟，如要吸烟，请到吸烟区。标语的用意中国人一看就明白。但从它的汉式英译结构分析，英译文的意思便成了"为了健康欢迎候机乘客吸烟"。因为机场为吸烟者特意安排有吸烟的场所。这哪里还有禁止吸烟的提示，简直是在纵容人们去吸烟！

广告翻译需要一个共有的语用前提。由于操英汉两种语言的人在民族心理、思辨和推理模式等方面存在显著的差异，持相异文化的人在使用对方的语言交际时，文化差异因素必然会制约语言的使用。在广告翻译方面则表现为获得不确切的，有时甚至是错误的广告信息。下面一则小米锅巴的广告词：

"本品可即购即食，食用方便。"

原译文：Opening and eating immediately.

汉语的"即购即食，食用方便"等说法是描写某食品食用上的方便。用 immediately 译上述广告中的"即"不妥。国外消费者读到 eating immediately 产生的联想是"不吃掉，食品马上会坏。"势必有损产品的形象。而用英语的惯用表达，把"即购即食，食用方便"译为 always ready to serve。才能达到广告双语转换中产品形象的等值效果。因此，广告翻译不是表象文字上的吻合，而是信息和语言内涵上的紧密契合。只有当广告原文语言在读者心目中引起的反应与译文语言在译文读者心目中产生的反应在效果上极相似时，翻译才算达到等效。

中国文化的价值观有深厚的人文主义精神，有学者认为："中国人注重广告的产品内容，讲实证。"中国国民稳固的心理结构，以"仁""务实""忍耐"为基本内容，形成中国人特有的文化心理，强调统一的思想，崇尚"自上而下"的绝对权威，很多汉语广告常常含有某产品"获得省优部优"，"国际金奖"，"引进国外先进技术"，"用科学方法"等含糊的字句，以此表达产品的质量。但是这些承诺性的语句不符合英语国家的文化习惯。而西方文化强调个性，注重个体，追求独立、自由，顾客更注重产品广告的外在形式，讲求感观效果。

美国耐克运动系列的广告语"Just do it"开始被译作"想做就做"，其主题是标榜个性自由，体现西方国家人们追求个性、标新立异的心理，但是"想做就做"的广告词并不被中国文化所接受，因为消费者认为这则广告会诱导青少年做坏事。后来把广告译文改成了"应做就去做"，以适应中国人的价值观念。

柯达胶卷在美国的广告词是 My son killed his last dragon. 画面是一个小男孩手执宝剑，面带满足的笑容，这在美国人看来是成功的标志。但是，考虑到中国的文化，对等翻译必然遇到和"white elephant"一样的遭遇，因此，柯达公司把它在中国的广告词改变成了"享受这一刻"，更能迎合中国人崇尚大家庭和大团圆的心理。

可见，英汉民族对同一事物的思维推理方式不尽一致，忽视这一文化差异，交际双方就会发生信息交流障碍，造成相互间的信息传递不畅。正是语言文化差异的存在才使广告翻译成为一个再创造的过程。要维护商品的良好形象，广告翻译必须考虑不同文化背景下购买者的心理因素，把握好词的习惯联想意义。

## 二、商务广告的翻译原则

从英语广告的文体特点来看，英语广告语言应富有创意，具有语言魅力和活力。从商务广告的宣传效果来看，对外经济活动中，商务广告必须能有效地传播信息、激发兴趣、诱导消费。因此，广告翻译的关键是要使广告译文对读者具有同样的感染力，同时符合读者所在国家的风俗，能为读者接受并喜欢，实现预期功能。总的来说，要把握以下几点原则：

第一，广告翻译应遵循忠实、统一的原则，尽可能地体现原文的文体特点，用相应的体裁和文辞体现原文文采，再现原文语言的感染力。

第二，广告译文要充分体现广告的信息功能和劝说功能。既使广告译文精练易懂，又要使其生动形象，能引人注目、唤起兴趣、激发欲望。

第三，要有美感。注意英汉语音、语义差异。广告词中常用到拟声、头韵、元韵等韵类，以加强广告词的音乐美感。译者要在深刻体会源语信息的实质的基础上，发挥译语的潜在表现力，转换原文的音美、韵美。

第四，要考虑到文化差异，把握英汉广告中的跨文化、跨语言因素，注意不同顾客群文化价值观，心理接受程度的差异。对英文广告进行翻译时，译者要准确地把握中西文化的异同，遵循社会文化习惯，进行恰当的文化转化。同时，要了解不同文化消费群体的心理变化动态，而更重要的是要注意大众的心理接受程度，使广告译文对背景不同的读者也具有感染力，更大限度地实现广告的功能。

总之，商务广告的翻译要体现原文的文体特点，在保持原文深层结构的语意基本对等，功能相似的前提下，重组原文的表层形式，注意结合本土文化，保持民族本土语言的风格，尽可能做到音、形、义兼顾，使广告译文达意、传神、形美，既实现广告原文需要达到的市场效益，又体现原文的语言艺术美和欣赏价值。

## 三、商务广告的翻译策略

广告的翻译应充分发挥译入语的语言优势，采取灵活的翻译方式，切忌刻板的硬译。在翻译过程中，我们除了从语言规律寻找与原文"对等"的契合外，还必须处理文化差异带来理解上的差异，同时要考虑原文的词汇、句法及修辞的特点。常用的翻译方法有以下几种：

（一）直译

直译又称语义翻译（Semantic Translation）/异化翻译（Foreignisation Translation）。直译指的是是指以词为单位将源语中的某一词汇机械地翻译成目的语中对应词汇的方法，即逐词对译。它主要用来处理一些原文意义较明确、句法结构较简单、完整，按字面意思直接翻译便能同时表达句子的表层意思和深层意思的广告口号或标题。在翻译过程中，能直译就直译，或是直译与意译相结合，这是广告的基本方法，如：

（1）Winning the hearts of the world.（Air France）（赢取天下心。）

（2）We're Siemens，We can do that. 西门子，我们能办到。（西门子）

（3）Take TOSHIBA，take the world. 拥有东芝，拥有世界。（东芝电子）

以上直译把产品广告的意图淋漓尽致地表达了出来，达到了广告原创的目的。

商务广告翻译过程中，也可以把句子视为翻译的基本单位，同时考虑语篇和语境的制约，保留原文内容和原文形式，特别是保留原文比喻、形象和民族地方色彩等。如：

（4）Breakfast without orange juice is like a day without sunshine.

没有橘汁的早餐，犹如没有阳光的日子。（橘汁广告语）

（5）Pepsi-cola hits the spot，Twelve full ounces，that's a lot，Twice as much for a nickel，too，Pepsi-cola is the drink for you.

百事可乐味道好，足足 12 盎司量不少，五分钱票买 24 盎司，百事可乐供你享。（百事可乐广告语）

广告（4）典型直译法，译文不折不扣地再现了原句词汇、句法和修辞特点。译文可与原句媲美。广告（5）是语篇广告，借助诗歌的节奏与韵律来增加美感。原文与译文趣味横生，拍案叫绝。同时译文的押韵方式均为 a，a，b，b，押韵严谨，和谐匀称，朗朗上口，易于传诵。

（二）意译

意译，是一个非常老套的相对于"直译"的概念，通常指取原文内容而舍弃其形式，是一种经过消化后的"语内翻译"，容许译者有一定的创造性，但原文的基本信息应该保存。意译的翻译手法较为自由、灵活，翻译过程中通常考虑到了译文目标读者因文化而产生的阅读和理解上的差异，译文从读者角度看比较地道，可读性较强。对原文进行意义的挖掘、引申或扩展，有时出于表达习惯的需要，也会使用工整对仗的句式，朗朗上口且意义深刻。

例 1：Good to the last drop. 滴滴香浓，意犹未尽。（麦斯威尔咖啡）

例 2：Intelligence everywhere. 智慧演绎，无处不在。（摩托罗拉手机）

从上述例子可以看出，意译很恰当地表达了产品的特性，虽然没有在词义上与原文一一对应，句子的结构形式更是荡然无存，但仔细琢磨，原广告词的精髓和深层意思得以很好的保留。

例 3：Ask for more. 渴望无限。（百事）

（三）活译

活译法包括直译法加意译法和巧妙的表达法，活译必须以忠于原文为前提。有时，一个词、一个词组或一个句子的翻译，既要使用直译法，又要采用意译法，以确保译文忠实、顺畅、明朗，真正做到"功能对等"之效果。在广告翻译中，我们可以多运用直译加意译的翻译方法。

例 1：You can spread your wings with open studies.

开放型大学让你展翅飞翔。（开放型大学广告语）

例 2：Connecting people.

科技以人为本。（诺基亚广告语）以上两则广告均采用直译加意译法，把广告译成暗语式广告词。译文言简意赅，寓意生动而深刻，与原句同样精练，同样精彩。

例 3：Seven-up！

如果直译为"七上"，我们不免会联想到汉语里的一个词语"七上八下"，所以将"seven"直译为"七"，"up"指"come up with"，有"活泼向上，使人欣喜"的意思，取其意，译为"喜"，两部分合在一起译为"七喜"。

（四）增译、减译与创译

增词法就是在翻译时按意义上（或修辞上）和句法上的需要增加一些词来更加忠实、通顺地表达原文的思想内容。这当然不是无中生有地随意增词，而且增加原文中虽无其词而有其意的词。有些中文广告言简意赅，但翻译成对应的英语时，还应尽量符合市场营销的习惯表达，须使用增词法。如：我们实行"三包"：包修，包退，包换。可以译为：We offer 3-Rguarantee, namely guarantee-repair, replacement and refund.

在中文化妆品广告中，有些信息中国观众已经非常熟悉，所以显然没有必要详细说明。但是西方读者缺乏对于中国文化背景的了解，如果单单直译源语文本，他们也许就很难理解。在这种情况下，为了使这类广告更加易于理解，就需要采用增译的方式，将一些有用的信息额外地增加到译文中间。

例如，大宝护肤霜的广告语："要想皮肤好，早晚用大宝。"

原始的译文为：

（1）Good skin comes from Dabao.

该版本的含义非常清晰，但是用词过于苍白，缺乏说服力。并且原文的押韵并没有体现出来。

（2）Applying "Dabao" morning and night makes your skin really delight.

该版本的译文可以说是很精致的，但是中文"早晚"的双重含义 -morning and night，sooner or later，并没有很好地体现出来

（3）Applying "Dabao" MORNING and NIGHT makes your skin soft and bright. Dabao—you will prefer，sooner or later.

该译文通过增译既体现出了原文的双关，也十分押韵。其中双关体现在了"MORNING and NIGHT"中。据调查，客户同时在早上和晚上使用该产品，通过类比英文习语"day and night"体现了双关。而"soft and bright"则体现了押韵的部分。同时，通过增加"Dabao—you will prefer，sooner or later"使得该广告给人的感觉更为清晰。

由于审美习惯不同和历史文化的差异，汉语广告文本中往往充斥着一些在英语广告中很少使用的宣传套话。此外，汉语符号系统本身就包含了一些特有的语法性冗余信息。广告文本以简洁为贵，因此这些冗余信息在广告翻译中应予以删减，甚至可以省略不译，是为减词法。如：茅台酒广告：酱香突出，幽雅细腻，酒体醇厚，回味悠长，空杯留香持久，历届国家名酒评比之冠，尊为国酒。

Carefully Brewed

Pure and Mellow

With a Long-Lasting Aroma

又如一则化妆纸广告：本品采用 100% 天然棉层精梳制成，品质柔软贴身，适合化妆使用。经特殊化学高温杀菌，脱脂处理，品质清洁，卫生可靠。棉质柔软细致，能彻底清除油垢残妆，让你的肌肤更具健康活力。最适用于上妆、卸妆；拭除面霜、唇膏、指甲油；清洁贵重物品。

可以用此法翻译为：

100% COTTON GENTLE AND SOFT enough for a baby's skin. A NATURAL WAY to remove makeup and cleanser，nail polish，lotion，cream，etc. PERFECT for any use where a soft absorbent applicator is needed.

创译，就是在原文的基础上创造性地进行翻译。如：

（1）Connecting People. 科技以人为本（Nokia）

（2）It happens at the Hilton. 希尔顿酒店有求必应（Hilton）

（3）Beyond your imagination. 意想不到的天空（Korean Air 大韩航空）

（4）Elegance is an attitude. 优雅态度，真我性格（Longines——浪琴表）

（五）仿译

翻译中的仿译意味着译者通过模仿目的语读者所熟悉的固定表达或者成语来传递源语的文字信息。商业广告的特殊性恰恰决定了译者应使用一切可能的手段来最佳的传达广告的信息。仿译来源于模仿这种修辞手法。通常情况下，通过使用目的语读者中流行的习语、谚语或者诗歌，可以有效地拉近广告的客户和读者，以取得令人满意的广告效果。如：

例1：虽然不是药，功效比药妙。（碧丽牌花露水广告）

To choose it or not？

This is the time to decide-for Billi toilet water.

莎士比亚的著作《哈姆雷特》中有一句人们耳熟能详的台词就是："To be or not to be，this is the question."它表达了主人公哈姆雷特的复杂的心理矛盾。在这个广告的翻译中，译者采用了仿译的方式，形象地表达了顾客的立场：面对着大量的品牌，顾客选择碧丽牌花露水需要经过一番复杂的心理矛盾。

例2："黑妹"牙膏，强健牙龈，保护牙齿（广州黑妹牌牙膏广告）

Don't show me any other. But show me Black Sister.

这个广告的翻译，其实参照的是美国一个水晶品牌 Galway 的广告语"Don't show me the crystal. Show me Galway."

例3：近日的风采，昨日的绿世界。（绿世界牌系列晚霜广告）

Give me Green World，or give me yesterday.

该广告翻译模仿的是美国独立战争时期著名的爱国诗人 Patric Henry 诗歌中的一句话："Give me liberty，or give me death"。通过以上这些例子，通过模仿目的语读者熟悉的现成模式更加容易激起潜在消费者的兴趣与共鸣。

例4：条条道路通罗马，款款百羚进万家。（百羚餐具广告）

All roads lead to Rome. All"Bailing"leads to home.

不论原文还是译文都巧妙地套用习语，"Rome"和"home"构成韵脚，十分上口好记。"All Bailing"更强调了所有的百羚餐具的销售和售后服务都非常好。

例5：Time Inc. say Life is coming back，and if Life returns，can Look be far behind？

《时代》杂志公司说，《生活》即将返回人间，如果《生活》回到人间，《展望》岂会遥远？

该句的第二个分句显然是仿拟了雪莱《西风颂》中的名句"If winter

comes，can spring be far behind？" 对《展望》杂志复刊之期的马上到来所充满的信心也不言自明。译文同原文一样，形神具备，既传达出了原文的信息功能，也很好地传达出了原文的祈使功能和美感功能。

例 6：美国化妆品露华浓（Revlon）的英语广告文中表达了本化妆品有如下的功能：Face value（脸面的价值），Exceptional skin care（超群的肌肤护理），Excellent value（超值的享受）。

（六）替代

由于社会文化的原因，相同的事物可能有不同的联想。相反，不同的事物可能有相同的联想。这为替代法创造了条件。如：

功课终于做完了，真累啊！如果有一瓶乐百氏奶……（乐百氏饮料广告）

译文：A Robust a day makes me work，rest and play.

这条翻译中包括了两条与孩子们健康、学习和生活都有关系的习语 "An apple a day keeps the doctor away"（一天一个苹果，不用找医生）和 "All work no play makes Jack a dull boy"（只工作不玩耍，聪明孩子也变傻）。上述译文把两条习语合并成一条，让广告中的小学生说出 "如果我一天喝一瓶乐百氏，我会健康（keeping the doctor away），而且聪明（won't be a dull boy）"。此译文用替代法，更加顺口，更易记忆。

（七）转译法

由于英汉两种语言的差异，有些英语结构和一些特定的表达方式在译成汉语时不能按原文一一对应地直译，而要进行 "转换" 处理，即把英语中的某些词、结构或表达方式转换成与原文中的词类或结构相反的汉语。这种转译法就是根据翻译中原语和目的语对等而非同一的原则，考虑英汉两种语言深层和表层结构的差异进行必要的变通处理。由于语言习惯的不同，这种 "转换" 在中英文广告翻译过程中是非常普遍的。转译法要求译者既熟悉译语语言和文化，又要了解营销之道。转译法在翻译实践中运用不多，但一旦成功运用，常能为品牌在对外贸易中树立良好形象，为广告翻译锦上添花。白沙集团的香烟广告 "鹤舞白沙，我心飞翔" 翻译成："Good and vigorous spirit fly higher" 正是恰到好处地运用了转译法。广告语 "更加灵活，更加敏捷"，翻译时灵活进行词性转换，译为 "increase your agility and dexterity"。将原文的形容词比较级转换成动词加名词的动宾结构，使句子显得紧凑，凝练。

此外，转译法也可指舍弃原广告产品的意义和发音，为该产品重新设计一个在译语语言和文化中具有良好的传播效果的商标。如："联想"（Lenovo）；"统一食品"（President）；"洁婷"（Ladycare）等。

# 第七章 跨文化商务合同翻译

## 第一节 商务合同的基本知识

### 一、概念与文体

虽然国内外对合同的定义各不相同，但都有一个共同点：合同是对各当事方进行法律性约束的协议。比如，《中华人民共和国合同法》规定："合同是平等主体的自然人、法人、其他组织之间设立、变更、终止民事权利义务关系的协议。"在由 Steven H. Gifts 编著的 Law Dictionary 中，contract 被定义为"a promise，or a set of promises，for breach of which the law gives remedy，or the performance of which the law in some way recognizes as a duty." 根据这一定义，合同是一种承诺，违反承诺可以得到法律救助，在某种意义上，法律将履行该承诺看作是一种补偿。综上可见，合同是平等主体之间设立的确定民事权利和义务的法律协议。

商务合同是依法成立的法律性文件，自有其特殊的文体特征。通常所谓的"文体（style）"是指人们运用语言时，总是根据一定的交际内容、交际目的和交际场合，来选取一定的表达形式，即所谓的语言风格；这种风格，既要适应交际对象，又受到特定语言环境的制约。根据美国语言学家 Martin Joos 1962 年的分类，合同英语属于庄重文体（the frozen style），是各种英语文体中正式程度最高的一种。总体来说，这种正式性体现在内容的专业性、语言的严谨性和结构的完整性等方面。本章第二、三节将结合合同英语的文体特征，从词汇和句法两方面，就商务合同的翻译问题进行详细的阐述。

### 二、分类与结构

国际商务合同种类繁多，内容庞杂。根据当事人之间的权利和义务关系，主要可做如下分类：国际货物销售合同（Contracts for International sale of Goods）、国际技术转让合同（Contracts for International Technology Transfer）、中外合资经营合同（Contracts for Sino-foreign Joint Ventures）、中外合作经营合同（Contracts for Sino-foreign Contractual Joint Ventures）、国际工程承包合同（Contracts for International Engineering Projects）、补偿贸易合同（Contracts for Compensation Trade）、中外合作开采自然资源合同（Contracts for Sino-foreign Cooperation Development of Natural Resources）、涉外劳务合同（Contracts for Foreign Labor Services）、国际租赁合同（Contracts for International Leasing Affairs）、涉外信贷合同（Contracts for Sino-foreign Credits and Loans）、国际 BOT 投资合同（Contracts for International Build-Operate-Transfer），等等。

按照格式的繁简程度的不同，国际商务合同可以采取正式合同（Contract）、协议书（Agreement）、确认书（Confirmation）、备忘录（Memorandum）、订单（Order）等书面形式。在合同签订和履行过程中，当事人之间往来的信函、电子邮件、电报等也是合同的组成部分，同样具有一定的法律效力。但是，为了顺利、准确无误地完成合同的履行，保护当事人各方的合法权益，所有商业往来应以合同、协议书和确认书的订立为前提和基础。

从结构上看，国际商务合同一般包含四个部分，具体说明如下。

## （一）合同名称（Title）

合同名称也称为合同标题，表明了合同的内容和性质。例如：销货合同（Sales Contract）、技术转让协议（Technology Transfer Agreement）、股份收购合约（Share Purchase Agreement）等。

## （二）前文（Preamble）

（1）订约日期和地点（Date and place of signing）：签订的时间一般是合同生效的时间，签订的地点关系到合同申诉的地点和适用的法律法规。

（2）合同当事人及其国籍、主营业所或住所（Signing parties and their nationalities, principal place of business or residence addresses）：当事人的姓名或经营单位的名称及法定地址。

（3）当事人合法依据（Each party's authority），比如，该公司是"按当地法律正式组织而存在的"（a corporation duly organized and existing under the laws of×××。

（4）订约缘由/说明条款（Recitals or WHEREAS clause）：这是合同合法性的重要表述，至少要表明订立双方出自自愿并谋求达到一致的协议。

（三）正文（Main Body）

（1）一般条款（General Terms and Conditions）；

（2）特殊条款（Other Conditions），所谓"特殊条款"，是指只有在某些特定性质的合约中才会出现的条款，例如合资契约中通常会约定当事人合资成立的公司由谁来管理，董事与监察人由谁来担任等问题，但是抵押契约就不会有这些约定。反过来说，抵押契约中一定要记载的抵押品项目、抵押期限等，在合资契约中就不会出现。再如，由于当事人双方来自不同背景，各自对某些关键词的解释和使用也不完全一样，就有必要在合同中添加"定义条款"（Definition Clause），把相关的重要词汇、专有名词和术语加以解释和说明，以确定其含义。

（四）结尾条款（Witness Clause）

（1）结尾语（Concluding Sentence），包括份数、使用的文字和效力等，有时还包括对合同进行修改或补充的内容或附件；

（2）签名（Signature）；

（3）盖印（Seal）。

## 三、商务合同的主要内容

合同的内容由当事人约定；结合《中华人民共和国合同法》第十二条的规定，合同的主要内容一般包含以下条款：

（1）当事人的名称或者姓名和住所（Titles or names of the parties and the domiciles thereof）；

（2）合同签订的日期和地点（Date and place of signature of the contract）；

（3）合同的类型和合同标的的种类、范围（Type of the contract and the kind，scope of the subject matter of the contract）；

（4）合同标的的技术条件、质量、标准、规格、数量等（Technical conditions，quality，standard，specifications and quantities of the subject matter of the contract）；

（5）履约期限、地点和方式（Time limit，place and method of performance）；

（6）价格条件、支付金额、支付方式和其他附加费用（Terms of price, amount and way of payment and various additional charges）；

（7）合同能否转让和转让条件（Whether the contract could be assigned or conditions for assignment）；

（8）违反合同的赔偿和其他责任（Compensation and other liabilities for

breach of the contract）；

（9）合同发生争议时的解决办法（Ways of settlement of disputes in case of disputes arising from the contract）；

（10）合同使用的文字及其效力（Languages to be used in the contract and their effectiveness）。

# 第二节 合同英语的词汇特点及翻译

商务合同属于庄重文体，用词极其考究，具有特定性和严肃的风格。总体上看，合同的词汇特点体现在以下两大方面。

## 一、用词专业，具有法律意味

合同是法律性的正式书面文件，多使用专业术语。这些术语是合同语言准确表达的保障。不同的商务合同有不同的专业术语，如销售合同有关于销售的术语，技术转让合同有技术转让方面的术语，承包招标合同有承包招标的术语。合同英语与专业类别息息相关，一个词在不同专业中含义也不尽相同，因此在翻译过程中要注意以下几点。

（一）根据不同的专业来确定词义

例 1：The premium rates vary with differed interests insured.

例 2：If the buyer fails to pay any account when due，the buyer shall be liable to pay the seller overdue interest on such unpaid amount from the due date until the actual date of payment at the rate of five percent per annum，such overdue interest shall be paid upon demand of the seller.

例 3：The articles of our immediate interest are your "CHON-HOI" brand Agricultural Washing Machines.

以上三句均含有"interest"一词，但是由于行业背景的不同，其意义也大相径庭。第一句出自保险业，意思是"被保险的货物"；第二句源于国际贸易，意思是"一方由于未能支付到期的应付款项而向另一方支付的利息"；第三句属于营销业，此时的 interest 则应译成"对什么产品、品牌感兴趣"。由此可见，在合同翻译过程中，要特别注意专业性的问题。

（二）注意合同本身的术语

合同自身也有大量具有法律特性的合同术语。比如，"权利和义务"（rights

and obligations)、"仲裁"(arbitration)、"终止"(termination)、"不可抗力"(force majeure)、"管辖"(jurisdiction)等。这些专业或法律术语的语义相对固定单一,通常无法用其他词语代替,任何人在任何情况下都必须对它们做同一解释。所以在翻译的过程中,译者要对这些词语在一般文体中和法律文体中的意义进行区分。如表 7-1 所示。

表 7-1 一般文体和法律文体中的意义区分

| 例词 | 一般文体含义 | 法律文体含义 |
| --- | --- | --- |
| action | 行动 | 措施 |
| counterpart | 极相似的人或物;对手;对方 | 有同等效力的副本 |
| limitation | 限制 | 时效 |
| prejudice | 偏见 | 损害 |
| subject/matter | 主题 | 标的物 |
| royalties | 皇室;王权 | 特许权使用费;版税 |
| negligence | 疏忽 | 过失 |
| avoidance | 逃避 | 宣告无效 |
| assign | 分配,指派 | 转让(合同等) |
| satisfaction | 满意 | 清偿,补偿 |
| grace | 优雅;善意;宽恕等 | 还款或专利申请的"宽限期" |

例 1:Contractor shall assure full responsibility for the entire project work until its acceptance.

误译:在项目接收之前,承包方应对工程承担全部责任。

例 2:Full set clean on board marine Bill of Lading issued to the order of the shipper and blank endorsed.

误译:承运人签发的全套整洁、已装船的海运提单,空白背书。

例 3:The payment shall be made by confirmed irrevocable and documentary L/C.

误译:付款方式为经确认的、不可撤销的、书面信用证。

在以上三句中,"acceptance""clean""to the order of""confirmed"和"documentary"的翻译均未能完全真实表示合同意思,这些词的中文意思分别是"验收""清洁""以……为抬头""保兑的"和"跟单"。由以上各例可见,由于对商务合同中专业词汇的错误理解和翻译,从而传达了一种错误信息,可能引发法律纠纷。

(三)注意一些以 here、there 或 where 等作前缀的副词

这些虚词(表 7-2)的使用使得句子简练、严谨,从而显示出该类语言

正规、严肃、权威等的文体特征。表 7-2 中的词语均是约定俗成的特殊用语。一个简单的理解方法是：here 代表 his，there 代表 that，where 代表 what/which。

### 表 7-2 约定俗成的特殊用语

| hereafter | 今后 | thereof | 在其中 |
| --- | --- | --- | --- |
| hereby | 兹 | whereas | 鉴于 |
| herein | 此中，于此 | whereby | 由是，凭那个 |
| hereon | 于是，关于这个 | wherein | 在其中 |
| hereinafter referred to as | 下文称 | for and on behalf of | 代表 |
| thereafter | 此后，据此 | whereon | 关于那，在其上 |
| thereby | 由此，在那方面 | in witness where of | （特此为证） |
| thereinafter | 以下，在下文 | hitherto | 迄今 |
| aforementioned | 上述的 | forthwith | 立即，毫不拖延 |

例 1：We hereby certify to the best of our knowledge that the foregoing statement is true and correct and all available information and data has been supplied herein，and that we agree to show you documentary proof upon your request.

从语法的角度分析，本句中 hereby 的语法功能为副词，在句中是强调所说明、证明的内容，因此可译为"特此"。

除了语法分析法之外，还可以运用奈达的动态等值理论，将前后语篇综合起来考虑，并寻求合适的、最对等的词义，用旧体词来保持商务合同的庄重、严肃的文体风格。

例 2：The undersigned hereby certify that the goods to be supplied are made in USA.

译文：下列签署人兹保证所供应之货物系在美国国内制造。

在此句中，"hereby"一词翻译成了"兹"，这是一个经常在中文商务合同中使用的词，符合法律义书的文体特征。另外两个旧体词"之"和"系"显示合同翻译风格正式而紧凑的典型特点。

（四）注意 may, shall, should, will, may not, shall not 等词语的法律内涵

May、shall、should、will、may not、shall not 等词的确很常见，但是在合同中这些词具有特殊的意义，所以翻译起来要极其谨慎，避免引起纠纷。

（1）may：在表示合同上的权利（Right）、权限（Power）或特权（Privilege）的场合中使用。若表示某种权利在法律上具有强制性的时候，更多的是用"be entitled"。

（2）shall：在合同中并不是单纯的将来时，一般用它来表示法律上可以强制执行的义务（Obligation）。如未履行，即视为违约，并构成某种赔偿责任。所以，shall 在译文里通常表示"应该"或"必须"，当然，也有不翻译的时候。

例 1：The parties hereto shall，first of all，settle any dispute arising from or in connection with the contract by friendly negotiations. Should such negotiations fail，such dispute may be referred to the People's Court having jurisdiction on such dispute for settlement in the absence of any arbitration clause in the disputed contract or in default of agreement reached after such dispute occurs.

译文：双方首先应通过友好协商，解决因合同而发生的或与合同有关的争议。如果协商未果，合同中又无仲裁条款约定或争议发生后未就仲裁达成协议的，可将争议提交有管辖权的人民法院解决。

上句中的"shall"和"may"表达准确。出现争议后应当先行协商，所以采用了义务性"约定"（shall），如果协商解决不了，作为当事人的权利，则用选择性"约定"（may）。

例 2：The quality and prices of the commodities to be exchanged between the ex-importers in the two countries shall be acceptable to both sides.

译文：货物的质量和价格必须使进出口双方都能接受。

例 3：The formation of this contract，its validity，interpretation，execution and settlement of the disputes shall be governed by related laws of the People's Republic of China.

译文本合同的订立、效力、解释、履行和争议的解决均受中华人民共和国法律的管辖。（shall 没有译出）

（3）should：在合同中通常只用来表示语气较弱的假设，多翻译成"万一"或"如果"，极少译成"应该"。

例 4：The board meeting shall be convened and presided over by the Chairman. Should the chairman be absent，the vice-Chairman shall，in principle，convene and preside over the board meeting.

译文：董事会会议应由董事长召集、主持；如董事长缺席，原则上应由副董事长召集、主持。

（4）will：一般使用在没有法律强制的情况下，也用作表示承担义务的声明，但语气和强制力比"shall"弱。

（5）may not（或 shall not）：用于禁止性义务，即"不得做什么"。

## 二、用词正式、准确

具有法律效力的商务合同用词都很正式、规范，避免口语化。如：The Licensee will notify the Licensor and shall assist the Licensor in taking such action as the Licensor deems appropriate。显然，该句中的"notify""assist""deem"比同义词"inform""help""think"更为正式。如果句中接连出现这类词语，其风格自然显得郑重、严肃，具有浓厚的正式文体色彩。再比如：The term"Effective date"means the date on which this Agreement is duly executed by the parties hereto。该句中的"execute"较"sign"正式。

（一）注意介词或介词短语的翻译

为体现其正式与严谨的文体特征，商务合同英语倾向于使用较复杂的介词短语来代替非正式语体中常见的简单介词与连词。

例 1：The participants in the Joint Venture shall commence discussion with regard to the extension of the period of existence of the Venture and in the event of their agreeing upon such extension，they shall record such agreement in a written document signed by all of them not later than three years prior to the expiry of the current period.

译文：就本合资企业的存续时限的延期问题，各方应进行讨论；一旦各方就此达成一致，应形成书面协议，由各方在本合同期限到期之前的三年内签字生效。

本句中用"with regard to""in the event of"和"prior to"分别代替"about""in case of"和"before"。当然，商务英语词语选择中的正式性与非正式性是相对而言的，且无优劣之分，一切需视具体的使用场合而定。

例 2：These articles shall apply to documentary credits，including stand by letters of credit，to the extent to which the credits in question shall be applicable，and shall be binding on the Parties to the Contract，unless otherwise expressly agreed by the Parties thereto.

译文：本条文适用于一切跟单信用证，并包括在其适用范围内的备用信用证，对合同各有关方面均具有约束力，除非另有约定。

本句中的"unless otherwise"比"if not"和"otherwise"表达正式。该词由两个同义词"unless"和"otherwise"组成，"otherwise"有代词作用，后面一般跟动词的过去分词限定，意为"除非另……"；再如"unless otherwise specified in the Contract/the Letter of Credit"，即可译为"除非合同 / 信用证另有规定"。

例 3：On the FOB basis，the Buyer shall book shipping space in accordance with the date of shipment specified in the contract.

译文：按照 FOB 条件，由买方负责根据合同规定的装运日期洽定舱位。

同 "under" "pursuant to" 一样，上例中的 "in accordance with" 是法律文件中常用的词汇，均作 "根据" "按照" 解，比 "according to" 正式。

## （二）注意词语并列的现象（juxtaposition）

国际商务合同力求正式而准确，避免可能出现的误解或分歧，所以同义词（近义词）并列的现象十分普遍。有时候是出于严谨和杜绝漏洞的考虑，有时候也属于合同用语的固定模式。比如，"terms" 在合同中一般指付款或费用（手续费、佣金等有关金钱的）条件，而 "conditions" 则指其他条件，但是 "terms and conditions" 常常作为固定模式在合同中出现，就不宜分译成 "条件和条款"，而直接合译成 "条款"。

例 1：This agreement is made and entered into by and between Party A and Party B.

例 2：The amendments to and alteration of this contract become effect only after they are signed by parties hereto and approved by the original approving authorities.

例 3：If the contract shall duly perform and observe all terms，provisions，conditions and stipulations of the said contract，the otherwise shall be remain in full force and effect.

对于合同中出现的同义词、近义词、相关词的并列现象，翻译时应仔细考虑单词的内涵、合同文体以及句法要求等相关因素。这里可以利用尤金·奈达的 "动态对等理论"。所谓动态对等，就是译文与原文在效果（或功能）上达到对等，即译文读者的理解与感受与原文读者的理解与感受基本一致（与动态对等相对的是形式对等，即强调语言形式的对应）。在以上三句中，"made and entered into" "amendments to and alteration of" "terms，provisions，conditions and stipulations" "force and effect" 是几组同义词。根据动态对等的译法，它们的译文分别是 "签订" "修改" "各项规定" 和 "生效"，如不采用这种译法，而是逐字翻译，势必会使译文显得啰唆而难以理解，总之，译者应时刻牢记中英文的各种表达法，来确保原文和译文最大可能地对应起来，真正做到准确严谨和规范通顺。

类似的表达还有：any and all（全部）、any duties，obligations or liabilities（所有责任）、applicable laws，regulations，decrees，directives and rules（适

用法律法规）、charges，fees，costs and expenses（各种费用）、covenants and agreements（合同，协议）、customs and usages（惯例）、free and clear of（无）、import duty and tax（进口税捐）、keep secret and confidential（保密）、licenses and permits（许可）、null and void（无效）、packing and wrapping expenses（包装费）、rights and interests（权益）、settle claims and debts（清理债务）、ships and vessels（船只）、sign and issue（签发）、support and maintenance（维护）、use and wont（习惯，惯例），等等。

# 第三节 合同英语的句法特点及翻译

如果说商务合同的用词具有专业、准确、正式的特点，那么商务合同的句法则有结构严谨、句式较长的特点。句子的状语（从句）和定语（从句）等附加成分很多，且往往位置明显，对主句意义进行解释、限制或补充，一则可以体现这种文体庄严的风格、严谨的结构和清晰的逻辑；二则便于排除被曲解、误解而出现歧义引发争端的可能性，维护双方的合法权益。虽然商务合同英文中的句法特点有很多，比如多用陈述句、多用现在时、多用被动语态、多用名词性结构等，但本节结合翻译难点，重点探讨长句，尤其是条件从句的特点和翻译方法。

## 一、长句及其翻译

与普通英语相比较而言，商务合同英语中的句子结构就其长度和使用从句的连续性要复杂得多。分析合同长句的基本方法是：首先，要找出全句的主语、谓语和宾语，即句子的主干结构；其次，要找出句子中所有的谓语结构、非谓语结构、介词短语和从句的引导词，然后再分析从句和短句的功能，即是否是主语从句、宾语从句、表语从句或状语从句等，以及词、短语和从句之间的关系。最后，分析句子中是否有固定搭配、插入语等其他成分。

例 1：The Buyer may, within 15 days after arrival of the goods at the destination, lodge a claim against the Seller for short-weight being supported by Inspection Certificate issued by a reputable public surveyor.

译文：货物抵达目的港 15 天内，买方可以凭有信誉的公共检验员出示的检验证明向卖方提出短重索赔。

这是一个简单长句，其主干为 "The Buyer may...lodge a claim." 修饰谓语动词的状语有三个，分别表示时间（within 15 days after arrival of the goods at the destination）、方式（being supported by Inspection Certificate issued by a reputable public surveyor）和原因（for short-weight）。

诸多状语尽管在原文中位置灵活，然而在译文里，须按照汉语的行文规范适当进行调整：方式状语一般应置于动词之前；其他状语可灵活处理，如本句中的时间状语可以提前至句首。

例 2：If a Party breaches any of the representations or warranties given by it in Articles 18.1 or repeated in 18.2，then in addition to any other remedies available to the other Party under this contract or under Applicable Laws, it shall indemnify and keep indemnified the other Party and the company against any losses, damages, costs expenses, liabilities and claims that such Party or the Company may suffer as a result of such breach.

译文：如果一方违反任何其根据第 18.1 条或 18.2 条所做的陈述及担保或重述，则另一方除根据本合同或相关法律寻求任何可能的救济之外，违约方应当赔偿另一方或合营公司因此种违反而招致的任何损失、损害、费用、开支、责任或索赔。

本句的主干是 "it shall indemnify and keep indemnified…against…the other Party and the company"。"If" 引导的是条件状语从句，条件状语从句的宾语部分跟随后置定语（given by it in Articles 18.1 or repeated in 18.2）。"in addition to" 引导的是增补成分，其核心词 "remedies" 也跟了后置定语（available to the other Party under this contract or under Applicable Laws）。"that" 引导定语从句修饰紧邻的五个名词。基于以上分析，再结合汉语的行文习惯（条件在前，结构在后以及定语在所修饰的核心词之前），即可翻译成文。

综上所述，在翻译合同长句的时候，不管属于何种类型，译者都应在对原句进行分析的基础上，根据汉语行文习惯，适当变换修饰成分的顺序，才能准确翻译原文。

## 二、条件句及其翻译

商务合同主要约定合同各方应享有的权利和应履行的义务，但由于这种权利的行使和义务的履行均赋有各种条件，所以条件句的大量使用成为商务合同的一个特点。条件句多由下列连接词引导：if, in the event of, in case（of）, should, provided（that）, subject to, unless otherwise 等。

例 1：If the third party accuses the Party B of infringement，Party B shall take up the matter...

译文：如果第三方指控乙方侵权，乙方应负责……

例 2：In the event of any loss caused by the delay in the delivery，the Representative can claim a compensation from the Manufacturer with a certificate and detailed list registered by the administration authorities of the Representative's site.

译文：若因任何交货延误导致的代理方损失，代理方可凭代理方所在地行政当局登记的损失清单向制造方索赔，但须出具证明。

例 3：In case the Contract terminates prematurely，the Contract Appendices shall likewise terminate.

译文：如果本合同提前终止，则合同附件也随之终止。

例 4：Should all or part of the contract be unable to be fulfilled owing to the fault of one party，the breaching party shall bear the responsibilities thus caused. Should it be the fault of both parties，they shall bear their respective responsibilities according to actual situations.

译文：由于一方的过失，造成本合同不能履行或不能完全履行时，由过失一方承担违约责任。若属双方过失，则根据实际情况，由双方分别承担各自应负的违约责任。

例 5：Either Side can replace the representatives it has appointed provided that it submits a written notice to the other Side.

译文：任何一方都可更换自己指派的代表，但须书面通知对方。

例 6：Subject to the conditions hereinafter set forth，Party B will protect...

译文：在下列情况下，乙方将保证……

例 7：The terms CFR，or CIF shall be subject to the International Rules for the Interpretation of Trade Terms（INCOTERMS 2000）provided by the International Chamber of Commerce unless otherwise stipulated herein.

译文：除非另有规定，"CFR"和"CIF"均应依据国际商会制定的《2000年国际贸易术语解释通到》（INCOTERMS 2000）办理。

归纳上述各例，条件句均置于主句之前，英译汉时译成"如果"或"若"即可。而当条件句置于主句之后，在翻译这些引导条件句的连词或短语时，可按动态等值理论视具体情况而定，切勿生搬硬套。译例 5 中的"provided that"表示该条款需作进一步规定或在作规定时语气上的转折，因而应译为"但是"才使译文过渡自然，符合汉语的表达规范，达到功能对等的效果。

# 第四节 商务合同的翻译原则和策略

商务合同属于法律语篇，法律语篇重在"规约"，所以译文的语言必须符合文本的类型特征和实际意义，同时也必须着眼于特定读者对象的反应。

在我国的商务贸易业务中，合同一般都采用中英两种语言文字写成，而且两种文本具有同等的法律效力。一般认为，商务合同的翻译需要注意以下四点：

第一，忠于原文。即译文要忠实再现原文的含义，不能有任何的违反和疏漏，尤其对合同的前文（Preamble），及本文（Body）中的具体条款（Specific conditions）和有效期限（Duration）的翻译要特别慎重。具体来讲，对于价格条款、数量、单价等重要数据千万不可以译错，否则很可能会因小的疏错而造成巨大的经济损失。

第二，符合国际贸易惯例。一个合同的当事人对于对方国家的习惯解释，往往不甚了解，常会引起当事人之间的误解、争议和诉讼。为此，一些国际组织制定了在国际上已被广泛采用的规则，形成了一般的国际贸易惯例，最典型的就是贸易术语。而英语合同的格式、条款、用词和符号等也都应该按照该行业的国际贸易惯例翻译，力争做到对合同的翻译符合国际贸易惯例。

第三，尽量使用规范的法律用语。由于依法成立的合同是具有法律约束力的文件，起草合同的业务人士习惯使用法律术语，以显示其准确、规范、威严的特色。因此，翻译过程中尽量使用确切的法律名词、术语和用词，使译文准确而不含糊，严谨而无漏洞。例如对下句的翻译：

In case one party desires to sell or assign all or part of his investment subscribed, the other party shall have the preemptive right.

如一方想出售或转让其所投资的全部或一部分，另一方应有优先购买权。

（assign 和 preemptive 都是法律用语）

第四，英文合同汉译过程中，最好采用半文半白（half literary and half vernacular）。这样，译文容易读懂的同时，又精简有力。

## 一、商务合同的翻译原则

商务合同的翻译准则主要归纳为三点：准确、简练、通顺，具体体现在以下几个方面：

## （一）用词准确严谨（Accuracy and Faithfulness）

词语是构成合同文件最基本的单位，对合同文件中的一些主要词语的准确无误的翻译，是翻译合同文件的最基础的工作。由于商务合同关系到贸易中签合同双方的经济利益，且具有法律效力，所以，商务合同的翻译一定要做到准确和严谨。译文一定要忠实，即译文所传达的信息不能同原文所传递的信息走样，要同原文信息等值，不能随意添加或者削减内容。尤其对于商务术语和法律专业术语一定要谨慎翻译，不能曲解文意，要避免歧义。例如，"瑕疵""救济""不可抗力""管辖""损毁""灭失"等的表达分别为"defect""remedy""force majeure/Act of God""jurisdiction""damage and/or loss"。"赔偿"用"indemnities"，而不用"compensation"；"因为"多用"by virtue of"，远远多于"due to"，一般也不用"because of"；"关于"常用"as regards"，"concerning"或"relating to"，而不会用"about"；"在……之前"一般用"prior to"，而不用"before"；"愿意做"用"intend to do"或"desire to do"，而不用"want to do"或"wish to do"；"理解合同"用"construe a contract"或"comprehend a contract"，而不用"understand a contract"；shipping advice 与 shipping instructions 不同，shipping advice 是"装运通知"，是由出口商（卖主）发给进口商（买主）的，而 shipping instructions 则是"装运须知"，是进口商（买主）发给出口商（卖主）的；"exclusive territory"指"独占区域"，"exclusive contract"译为"专销合同"，表示"An agreement between manufacturer and retailer that prohibits the retailer from carrying the product lines of firms to firms that are the rivals of the manufacturer."……等等。

任何的疏忽都会轻者造成误解和执行合同中的不必要的误会，还会因小错酿成巨大的经济损失。如：

例 1：License will furnish to Party A copies of insurance policies and/or the endorsements.

原译文：领有许可证者将给甲方提供几份保险政策和背书。

懂专业的人一看译文就知道 insurance policies 和 endorsement 在翻译时出错了，但不懂的人会看的一头雾水。事实上，insurance policies 是指"保险单"，而 endorsement 则是保险单的另一种形式，称为"保险批单"，即保险单的变更条款。该句应译为：受让人（受证人）将给甲方提供几份保险单和 / 或保险批单。

例 2：By confirmed，irrevocable L/C without recourse in favor of COSCO for the total value of the contracted goods in pounds sterling，payable at sight against presentation of shipping documents to the Bank of China in the port of loading.

译文：保兑的，不可取消的无追索权的以中国远洋运输公司为受益人的信用证，合同货物全部货款为英镑，凭即期汇票并附运输单据向装运港的中国银行议付。

分析：原译文中 "irrevocableL/C" 是指 "A Letter of Credit which cannot be altered or cancelled once it has been negotiated between the buyer and his bank."，其规范译文应为："不可撤销的信用证"。

## （二）译文规范完整（Standardization and Completeness）

所谓规范，是指译文的语言和行文方式都要符合商务合同语篇的语言规范和行文规范。商务合同是具有法律约束力的正式文本，它的格式、条款和使用的语句、词汇、缩略词以及符号都要按照法律文书的行文习惯来解释，例如：

在"购物合同"中首先规定第一条"兹经买卖双方同意按下列规定的条款出售和购买此货"，翻译时就要尊重合同的行文习惯，把合同中所说的"条款"用 terms and conditions 来连用表达。

例 1：The undersigned Seller and Buyer have agreed to sell and buy the commodity according to the terms and conditions stipulated below.

译文：已签字的卖方和买方同意按照以下规定的条款销售和购买该商品。

例 2：其条件是，3 个月内，即不得晚于 5 月 1 日，支付现金。

译文：The terms are cash within three months，i.e.on or before May 1.

分析：句中的 on or before 是很好的译文，保证了时间的确切性，从而保证了译文的完整。

例 3：When the failure of the either party to fulfill its contractual obligations in time brings about loss to the other on account of causes other than force majeure the defaulter shall be datable to pay the penalty.

译文：凡因不可抗力以外的原因，一方未能按时履约而招致对方损失时，未能按时履约方应付罚金。

分析：原文中 shall 在此不是表示将来时而是表示法律用语的语言形式。再如：

例 4：合作企业期满或者提前终止，应当向工商行政管理机关和税务机关办理注销登记手续。

译 文：A contractual joint venture shall，upon the expiration or termination in advance of its term，cancel its registration with administrative authorities for industry and commerce and the tax authorities.

另外，合同文件的翻译一定要保持译文的完整性，绝不能只求保持原文与译文在词量上的对等，而要特别注重时间、数量等的细节，例如：

例 5：从 4 月 1 日起到 10 月 20 日止这一期间内交货，但以买方信用证在 3 月 20 日前到达卖方为限。

译文：Shipment during the period beginning on April 1 and ending on Oct.20 subject to Buyer's Letter of Credit reaching Seller before Mar.20.

分析：以上条款中的交货时间应包括 4 月 1 日和 10 月 20 日这两天，所以，应补译 both dates inclusive；另外，买方信用证到达日期也包括 3 月 20 日这一天，因此，Mar.20 之前的介词用 before 外还应增加 on，译成 Subject to Buyer's Letter of Credit reaching Seller on and before Mar.20。

### （三）译文通顺（Expressiveness）

合同翻译除风格的规范化外，还要做到通顺。一般来讲，对于商务合同这类法律文本的翻译以忠实原文为首要原则，但有时译者需根据原文所表达的意思，在汉语行文中进行语序方面的调整或词性的转换，以使译文条理更加清楚，例如：

例 1：During the period from the date of effectiveness to the termination of the Contract.

分析：不要翻译成"在合同生效之日起到合同终止日的期间内"，而应该为"本合同有效期间"。

例 2：The Contractor shall，if called upon to do so，enter into and execute the Contract，to be prepared and completed at the cost of the employer，in the form annexed to these conditions with such modification as may be necessary.

译文：在被邀签约时，承包人应该并履行合同，该合同是由雇主按照本合同根据所附条件的需要进行修订拟定，该合同的拟定由雇主完成。

## 二、商务合同翻译策略

基于以上对中英文合同文体特点的对比分析，我们可以总结出以下翻译策略：

### （一）词汇层面的翻译策略

在对中英文商务合同词汇特点的分析中，我们总结出中英文合同词汇具有措辞正式庄重，用词严密，使用术语的共同特点。针对这些特点，在翻译时译者也应该采用文体、效果相同的词汇，使译文体现合同的这些词汇特点。具体可以归纳如表 7-3：

### 表 7-3 词汇层面的翻译

| | 词汇特点 | 翻译策略 |
|---|---|---|
| 相同点 | 措辞正式庄重 | 翻译成目的语的正式庄重词汇 |
| | 用词严密 | 译为目的语中严密、具体、明确的词汇，注意量和程度的表达及限定语的使用 |
| | 使用术语和"行话" | 在目的语中找到商务中相对应的术语及合同套语和"法言法语" |

应该说中英文合同的共同特点较好把握，在翻译处理上难度并不是太大，最难的可能是对专业术语的处理，这要求译者要掌握商务专业知识，弄懂每个术语的含义，特别要留意那些普通词汇在专业领域的用法和含义，否则就会错译误译，给合同订立方造成重大损失。例如：

例 1：When a confirming bank determines that a presentation is complying, it must honour or negotiate and forward the documents to the issuing bank.（Article 15 跟单信用证统一惯例）当保兑行确定提示相符时，就必须予以兑付或议付并将单据寄往开证行。

Confirm 在普通英语中表示"确认"，在此处表示"保兑"。presentation 在普通英语中表示"展示"，此处专指"提示"票据的行为。honour 在普通英语中指荣幸，此处表示保兑行的"兑付"行为。negotiate 在普通英语中表示谈判磋商，此处专指银行的"议付"行为。document 在普通英语中意为文件，但在商务英语中指各类"票据"。

例 2：The notice of withdrawal shall reach the offerer before or at the same time as the acceptance.（Article 26 合同法）撤回承诺的通知应当在承诺通知到达要约人之前或者与承诺通知同时到达要约人。

Withdrawal 在普通英语中表示撤退，此处表示"撤回"，指被要约人在发出承诺通知到达要约人之前或同时发送到达的，使承诺失效的通知的行为。acceptance 在普通英语中表示"接受"，此处表示"承诺"，指受要约人接受要约的承诺行为。不能将其作为普通词来理解，否则会导致合同意思模糊不清。

例 3：The seller shall present the following documents required for negotiation/collection to the banks.（Article 46 跟单信用证统一惯例）卖方必须将下列单据提交银行议付或托收。

句中 negotiation 和 collection 本义为"谈判"和"收取"。在此用作专业词汇，此处准确的含义应分别为"议付"和"托收"。

要做好商务合同的翻译，译者要有较深厚的专业知识，除了熟悉商务方面的知识，合同本身涉及的专业技术知识外，还涉及国际贸易、国际汇兑、会计学、保险法、法学及国际商法等专业知识。译者应具备高度责任感和严谨的工作态度，认真审校译文是否忠实原文，是否通顺流畅，语言是否规范，是否有误译、漏译、重译等问题。

针对中英文商务合同词汇的共同点我们可以采用以上策略，而针对不同点我们还需应具体情况采取具体方法。在之前的对比分析中也举例说明了一些翻译策略，在此不再重复，而做一总结，归纳如表7-4：

**表 7-4 商务合同翻译策略**

| | 词汇特点 | 翻译策略 |
|---|---|---|
| 英文合同 | 同义词或近义词成对出现 | 用 and 连接的成对同义词可译为汉语的一个同，用 or 连接的近义词一般均译出 |
| | 多用 shall 表示义务 | 一般译为汉语的"（必）须"或"（应）该" |
| 中文合同 | 关键名词重复 | 一般在英文中使用代词替代，或转换同义词或同一词的其他形式 |
| | 使用能愿动词"必须""应该""可以" | "必须""应该"一般译为"shall"，"可以"则译为"can"或"may" |

（二）句法层面的翻译策略

1. 长句的翻译

通过句法特点的对比分析，我们可以总结出中英合同均使用长句。由于英汉两种语方思维、表达方式的不同，在翻译长句时，不能照句直译，首先要分析原句，在充分理解句中短语、修饰词、连接词所传递的含义的基础上，把握句子的中心思想及中文表达的时间顺序和逻辑关系，根据逻辑和意群进行拆分，然后重组采用分译、拆译、语序调整等手段对原句进行处理。如：

The prices stated are based on current freight rates, any increase or decrease in freight rates at time of shipment is to be the benefit of the buyer, with the seller assuming the payment of all transportation charges to the point or place of delivery.

译文：合同价格是以现行运费计算，装运时运费的增减均属买方。卖方则承担至交货地的全部运费。（拆译法）

例句共传达了三层意思：合同价格的计算，买方对运费的责任，卖方对运费的责任。这三层意思密切相连，一层紧接一层。根据英文的表达习惯，用 with 介词结构把第三层与前二层意思紧密地连在一起，可谓结构严密，滴水不漏。考虑到中英文表达习惯的不同，汉译时可用拆句法，从 with 处切断，把这个长句译为二个独立的句子。再看一个汉译英的例子：

本合同签署后，如果中国的有关法律法规发生变化，但该变化较之本合同签署之日的有关法律法规对合营公司和合同双方更为有利，则合营公司和双方应立即申请获得该变化带来的利益。(《中华人民共和国中外合作经营企业法》)

After the execution of this Contract，if any change takes place in the relevant laws or regulations of the PRC which is more favorable to the Joint Venture Company and the Parties than such laws or regulations in effect on the date of execution of this Contract，the Joint Venture Company and the Parties shall promptly apply to receive the benefits brought about by such change.

对于这个长句，把握住汉语的"如果…，则……"这个主干结构及表达的假设逻辑关系，能够容易的翻译成 if 从句，同时将"变化"的限定成分转化为定语从句，这样就整合成译文。简而言之，在处理长句时首先要进行句子分析，然后按照目的语的方式合理组织译文。

2. 主动与被动的转换

由于英文中多使用被动句，汉语中多使用主动句，在汉译英时，把形式主动而意义被动的句子译为英文的被动句。英译汉时，多把英文的被动转化为中文的主动语态。

例 1：All disputes arising from the execution of or in connection with the contract shall be settled through friendly consultation.

译文：双方应通过友好协商解决在合同执行过程中所产生的或与本合同有关的一切争议。

例 2：本合同之附件应视为本合同不可分割的一部分，与其他条款具有同等效力。

Attachments to the contract shall be made an integral part of the contract and is as effective as any other provisions hereof.

3. 汉语中表示假设情况"的"字结构的翻译

如之前所分析的，汉语"的"字结构在合同中频繁使用，表示假设情况，一般可译为 where 引导的从句。如果句子较短，而且"的"字结构代表某个名词，则在英文中将该名词加以补充，后面加定语从句。同样，英文的一些条件句或 where 引导的从句则可译为中文的"的"字结构。具体可见之前分析的例子。

# 第八章 跨文化商标、品牌翻译

## 第一节 英文商标、品牌概述

### 一、商标和品牌的概念与区别

首先，让我们了解一下商标和品牌的定义。根据世界知识产权组织的解释，商标（trademark）是"用来区别某一工业或商业企业或这种企业集团的商品的标志。"而著名的营销学专家菲利普·科特勒教授在其《营销管理》一书中将品牌定义为"一种名称、名词、标记、符号或设计，或是它们的组合运用，其目的是藉以辨认某个销售者或某群销售者的产品或劳务，并使之同竞争对手的产品和劳务区别开来。"

乍看上去，商标与品牌似乎没有什么区别，但事实上，两者所包含的范围和使用的领域是不同的。按照美国市场营销学会的说法，"Brand is a name，term，sign，symbol，design or some combination used to identify the products of one firm and to differentiate them from competitive offerings." "A trademark is a brand that has been given legal protection and has been granted solely to its owner."可见，品牌与商标所包含的范围是不同的。商标是品牌中的标志和名称部分，便于消费者识别。而品牌的内涵远不止于此，它不仅仅是一个易于区分的名称和符号，更是一个综合的象征。另外，两者所使用的领域也不相同。商标是一种法律概念；品牌是市场概念。品牌的一部分依法经过注册，受到法律保护后成为商标。通过商标专用权的确立、转让、争议、仲裁等法律程序，使商标所有者的合法权益得到保护。品牌是企业与消费者之间的一份无形契约，是消费者选择商品的依据。因此可以说商标掌握在企业手中，而品牌属于消费者。

### 二、英文商标、品牌的构成

虽然商标与品牌的概念与使用范围不同，但是两者在构成方式和翻译原则上是一致的。英文商标和品牌主要的来源，无外乎以下三种：源于专有名词；源于普通词汇；源于臆造词汇。

（一）源于专有名词的商标和品牌

英文商标和品牌中有相当大一部分来源于专有名词，如人名、地名，以及一些有着特殊象征意义的专有名词。

1. 源于人名的商标和品牌名

（1）英文商标和品牌，特别是早期的商标和品牌，有很多源于公司创始人或产品发明人的姓氏。例如：

Goodyear　固特异（Charles Goodyear）

Benz　奔驰（Karl Benz）

Colgate　高露洁（William Colgate）

Ford　福特（Henry Ford）

Du Pont　杜邦（E.I.Du Pont）

（2）上述这些商标和品牌选用的是公司创始人或产品发明人的姓氏，还有些商标或品牌取自整个人名，例如：

Vidal Sassoon　沙宣

Mary Kay　玫琳凯

Gianni Versace　范思哲

Calvin Klein　卡尔文·克莱

Pierre Cardin　皮尔·卡丹

（3）有些企业或商品是由两个人共同创造或发明的，因此商标或品牌采用两人的姓氏组合而成，例如：

Rolls-Royce　劳斯莱斯（Charles Rolls 和 Henry Royce）

HP　惠普（Bill Hewlett 和 David Parkard）

Black&Decker　百得（James L.Black 和 George Decker）

Marks&Spencer　玛莎（Michael Marks 和 Tom Spencer）

Bausch&Lomb　博士伦（John Jacob Bausch 和 Henry lomb）

（4）有些商标和品牌是由人名稍加变化所构成的，例如：

Pond's　旁氏（Theron.T.Pond）Wal-Mart- 沃尔玛（Sam Walton）

McDonald's　麦当劳（Richard McDonald 和 Maurice McDonald）

Revlon　露华浓（Charles Revson）

Kenwood　建伍（Kenneth Wood）

（5）有些商标和品牌没有采用发明者或创始人的姓名，而是采用了具有特殊含义的人名，如神话传说中的人名，影视文学作品中的人名，历史名人的姓名等。例如：

Nike 耐克（希腊神话中的胜利女神）

Daphne 达芙妮（希腊神话中的月桂女神）

Ariel 碧浪（莎士比亚剧本《暴风雨》中的精灵）

Chevrolet 雪佛莱（瑞士赛车手、工程师）

Lincoln 林肯（美国第 16 任总统）

2. 源于地名的商标和品牌名

（1）一些商标和品牌以公司的所在地、著名的风景名胜地或商品的原料产地为名，例如：

Avon 雅芳（莎士比亚的故居 Stratfort-on-Avon 的河流名）

Vauxhall 沃克斯豪尔（伦敦南部的 Vauxhall 区）

Marlboro 万宝路（美国新泽西州的 Marlboro 城）

Longines 浪琴（瑞士的 Longines 市）

Kentucky 肯德基（美国的 Kentucky 州）

（2）除了这些真实的地名之外，有些商标和品牌也采用文学作品或神话传说中虚构的地名，例如：

Shangri-La 香格里拉（美国作家 James Hillton 的小说 The Lost Horizon 中的地名，风景宜人，犹如世外桃源）

Avalon 亚洲龙（西方传说中的极乐花园，亚瑟王和他的圆桌骑士们长眠的美丽小岛）

0lympus 奥林巴斯（希腊神话中的诸神寓居之所）

Utopia 乌托邦（英国作家 Thomas More 笔下的实行公有制的理想社会，它出自两个希腊语的词根：ou "没有" 的意思，topos 是 "地方" 的意思，合在一起是 "没有的地方"）

3. 其他专有名词

一些商品采用具有一定象征意义的专有名词作为商标和品牌，来引起消费者的联想，达到促进销售的作用。例如 Quaker Oats（桂格燕麦）的商标源自基督教新教的贵格会（又称公谊会或者教友派）。Carlton 原是英国保守党俱乐部，以富丽豪华而闻名，因此作为 Ritz-Carlton（丽嘉酒店）的商标非常适合。

（二）来源于普通词汇的商标和品牌

普通词汇为商标和品牌的设计提供了更大的创作性和选择余地，但由于受商标法规定的限制，普通词汇构成的商标名只能采用间接提示的方法来暗示商品的质量、效能和实用性。英文中的名词、动词、形容词、数词等都可以单独或组合构成商标或品牌。

1. 利用名词构成的商标和品牌，如：

Diamond　钻石（手表）

Apple　苹果（电脑）

Ivory　象牙（香皂）

Tide　汰渍（洗衣粉）

Crown　皇冠（轿车）

2. 用动词构成的商标和品牌，如：

Safeguard　舒肤佳（香皂）

Rejoice　飘柔（洗发水）

Whisper　护舒宝（妇女卫生用品）

Pampers　帮宝适（纸尿片）

Joy　喜悦（香水）

3. 用形容词构成的商标和品牌，如：

Paramount　派拉蒙（影业）

Extra　益达（口香糖）

Smart　醒目（饮料）

Universal　环球（影业）

Continental　欧陆（汽车）

4. 由数词构成的商标和品牌，如：

555　三五（香烟）

Mild Seven　万事发（香烟）

Channel No.5　香奈儿 5 号（香水）

Doublemint　绿箭（口香糖）

（三）来源于臆造词汇的商标和品牌

外国商家也常常杜撰一些词汇作为商标、品牌的名称，以求商标和品牌名称的新颖独特，给消费者留下深刻印象，激发他们的购买欲望。例如 Adidas（阿迪达斯），IKEA（宜家）等等。这些词通常书写简短，发音响亮，给人印象深刻。国际著名商标 Kodak 就是一个成功的案例。该品牌创始人 George Eastman 曾经说过，"K"一直是他偏好的字母，因为它看上去有力而且充满锐意，因此，他发明的产品的商标命名必须以"K"开头，最后又以"K"结尾。作为照相机的商标，Kodak 读音明快，恰似按动快门的声音，生动地诠释了商品的特种属性，令消费者产生丰富的想象力。

　　还有一些臆造的词汇是设计者根据商品的特点、性能市场和美学等因素，利用组合（compounding）、缩略（shortening）、拼缀（blending）、变移（deviation）、词缀（affixation）等手段创造的。这些词在国际市场上容易注册，且比较灵活，大都具有提示商品信息和品牌形象的功能。在我们熟悉的一些国际著名品牌中，以这类新创词命名的例子数不胜数。

　　1. 组合法是把两个或两个以上的词不加变化地组合成新词。利用组合法形成的商标和品牌如：

　　Microsoft　微软（软件）

　　Maidenform　媚登峰（女士内衣）

　　Clean&Clear　可伶可俐（化妆品）

　　Beautyrest　睡美人（床垫）

　　Sunmaid　阳光少女（食品）

　　2. 缩略法对原来的单词或词组进行整合，缩略其中的一部分构成新词。利用缩略法构成的商标和品牌如：

　　IBM　International Business Machines（计算机）

　　BMW　Bavarian Motor Works（汽车）

　　NEC　Nippon Electric Company（电器）

　　FIAT　Fabrica Italiana Automobili Torino（汽车）

　　Mobil　Mobile（润滑油）

　　3. 拼缀法是用两个或两个以上能描绘商品用途、性能、特点的词，取其主题，根据一定的原则混合成新词。这是臆造的商标和品牌设计中经常使用的方法，成功的设计有很多，例如：

　　Duracel　金霸王，电池（durable+cell）

　　Sunkist　新奇十，橘子（sun+kisscd）

　　Tampax　丹碧丝，卫生用品（tampon+packs）

　　Quink　昆克，墨水（quick +ink）

　　Contac　康泰克，药品（continuous+action）

　　4. 为了突出商品的特点，商标通常选用能直接描绘出商品特征的词汇。但为了符合商标法的规范，设计者常常采用变移的方法，对这些词汇的拼写或书写进行变化。通常变化出的新词与原词有一定的联系。例如：

　　Cuccess　臣功再欣，药品（success）

　　Reeb　力波，啤酒（beer）

　　Kompass　康百世，机械仪器（compass）

Up2U　由你，化妆品（up to you）

Nufarm　新农，农药（new farm）

5. 有时，厂商也利用词汇的前缀或后缀来合成新词，这类词也具有表达某种特殊内涵的功能。例如：

Ultra-Brite　尤特白（牙膏）

Unilever　联合利华（日用品）

Kleenex　金佰利（纸巾）

Nutrilite　纽崔莱（保健食品）

Band-Aid　邦迪（创可贴）

## 第二节　英文商标、品牌翻译的原则

表面看来，商标和品牌的构成简洁易懂，而且不受句子、段落、篇章等因素的影响，翻译起来似乎很简单，实际上则不然。商标和品牌的译名不但要展示商品属性，而且要考虑民族文化特点，迎合消费心理，还要做到文字简洁、易于上口、便于记忆，所以商标和品牌的翻译具有一定的复杂性，也需要翻译理论和原则的指导。

### 一、等效原则

商标和品牌这种特殊文体形式的翻译，似乎以尤金·奈达的功能对等原则较为适用。功能对等原则要求译文从语义到文体要用最贴近、最自然的对等语重现原语的信息。而读者反映又成为衡量功能对等程度的标尺。奈达认为，翻译的服务对象是读者，要评判译文质量的优劣，必须看读者反映如何；即检验的标准是译文读者和原文读者的感受是否一致。由于商标和品牌信息传递的特点（多采用大众传媒手段）以及其商业性质（以推销商品为最终目的），商标名的翻译必须像原商标名一样引人注目，像原商标名一样激起消费者的购买欲望。换言之，商标名的翻译应尽可能与原商标名具有"等效性"。这里"等效性"主要表现为以下两个方面：

（一）听觉感受等效

众所周知，商标词最主要的功能是吸引顾客并刺激消费。因此，语音是吸引消费者的手段之一。商标词往往具有音韵上的美感，读起来朗朗上口。例如奥妙（OMO）商标名的翻译既简明响亮，容易记忆，又构思巧妙，意义隽永。而如果按照其英文发音译为"鸥眸"，则在发音和词义上都较"奥妙"

逊色。

（二）理解反应等效

商标词的翻译要做到意义等效。商标、品牌名称的翻译不能仅仅是字面意义的对等，还必须是功能上的对等；不仅要译出其言内之意，还要译出其言外之意，即联想意义和象征意义。译名应使消费者在读过之后获得与原语读者相同或相似的感受。因此，商标、品牌的名称在源语言中的含义通常并不是十分具体，重要的反而是其独特性，要能反映商品的属性和特点。比较成功的范例就是可口可乐（Coca Cola）商标的翻译，既突出了饮料的特性，又把喝过这种饮料后的快乐之情充分反映出来。现在，"可乐"已经成为现代社会生活中碳酸饮料的代名词，可见成功的译名在文化中的渗透力。好的商标名称令人能联想到商品优异的品质和卓越的表现，满足人们追求美好事物的心理，让人对商品产生认同感和购买的欲望。如百事可乐的英文商标 Pepsi-Cola 的 Pep 让人联想到饮料的泡沫气体，si 则让人联想到打开瓶盖时碳酸饮料发出的"嘶"的声音，让人如闻其声如见其物，很想买来一饮为快。

## 二、简洁原则

所谓"简洁"就是要言简意赅，易于辨认和记忆。汉语在商标音节的组成上有"双音化"的倾向。这是因为作为汉语组成部分的合成词多是由两个音节组成的，以单音节词为主的古汉语词汇在现代汉语中绝大多数已经双音节化了。现代汉语中许多三音节的日常词，也逐渐被双音节词所取代。这种趋势反映在汉语商标上，表现为汉语商标多为两个音节组成，如美的、海信、波导等。而英语的商标词在组成音节上没有任何约束和限制，有较大的随意性。如：

1 个音节：Nike，Sharp，Peak

2 个音节：Avon，Cerox，Sunkist

3 个音节：Darmane，Pizza Hut，Safeguard

4 个音节：Motorola，Electrolux，Pierre Cardin

由于英汉商标词在组成音节数目的不同，所以在翻译英语商标和品牌时，使译名尽可能符合汉语的特点，对音节较长的外语词进行改造。从实践来看，外来商标和品牌的译名大多为 2—3 个音节内，而以双音节为主，这与汉语的最佳音长区间是一致的。例如采用三字的简译"麦当劳"代替原译名"麦克唐纳"，给人以简洁感而又符合中国人的姓氏习惯，易为中国人所接受。德国名车 Mercedes-Benz，开始被翻译成"莫塞得斯·本茨"，后来译为"奔驰"。

此名简洁明快，将其优越的行驶性能和风驰电掣的速度表现得淋漓尽致。同样，Rolls-Royce 译为"劳斯莱斯"，远比译成"罗而斯·罗依斯"更鲜明好记。还有洗发液 Head&Shoulders（海飞丝）、洗涤用品 Procter&Gamble（宝洁）等，都是以简洁为原则，略去了名称中的一部分。

### 三、审美原则

商品品牌的译名是否恰到好处将直接关系到该商品在国际市场的地位，进而影响到商业文化的交流。在全球经济和文化的激烈竞争中，一个成功商品品牌译名应该个性鲜明、内涵丰富、具有美感。因此商标、品牌的翻译应遵循美学原则，做到音、形、意的完美统一。

#### （一）音美

音韵美是指商品名称发音响亮、节奏分明、富有乐感，给人以听觉上美的享受。在翻译商标词时，需注意商标的音韵美。从审美心理上讲，人们一旦进入节奏感的欣赏或者感知当中，就会产生一种期待的心理。在商标、品牌的英译中，应充分运用汉语特有的美音手段。比如与音强有关的平仄或四声，像 Dunhill（登喜路），Crest（佳洁士），Swatch（斯沃奇）等，使品牌读起来抑扬起伏，铿锵有力，朗朗上口；又如与声韵一致有关的双声和叠韵，像 TaTa（大大），使商品品牌译名发音响亮，韵律和谐，富有乐感。

#### （二）形美

就商标和品牌词的汉译而言，形象美是指商标、品牌的译名应具有原商标的形式特征，使用美好的字眼。例如 Flora（芙露）、Camay（佳美）等。同时译者需根据不同的产品，选用突出产品特点的字眼来译商标，如：美国 Polaroid 公司生产的商标为 Polaroid 的照相机被译为"拍立得"，而商标名称相同的眼镜则被译为"宝丽来"，很好地体现了该商标用于不同产品是的特点。同样，Dove 在作为香皂的品牌时，译为"多芬"，带给人滋润柔滑的想象；而作为巧克力的商标时则译为"德芙"。

#### （三）意美

商品译名除了读音优美外，还应该形象鲜明地展现出品牌的内涵，创造出品牌所特有的神韵和意境，引发消费者的想象和联想。如美国老牌指甲油 Cutex（源于拉丁文 cuticle "表层"和商标常用后缀 -ex）表示明艳照人，被音译为"蔻丹"，音意兼顾，获得了很好的市场效应。内衣品牌 Maidenform 本意为"少女体态"，被汉译为"媚登峰"将女性的曲线美描写得淋漓尽致。

再看 Marlboro——万宝路，让人想到选择了万宝路，便选择了一条通往无尽宝藏的人生之路，回味无穷。又如 Head&Shoulders（海飞丝），Reebok（锐步），这些品牌让人一闻其名，便如见其形。

### 四、合法原则

为保护商标的专有权，规范企业的商业行为，世界各国大多制定了商标法。中国在 1982 年 8 月 23 日第五届全国人民代表大会常务委员会第二十四次会议上通过了《中华人民共和国商标法》，并于 1993 年 2 月 22 日的第七届全国人民代表大会常务委员会第三十次会议上和 2001 年 10 月 27 日第九届全国人民代表大会常务委员会第二十四次会议上，对《商标法》进行了修订和完善。我国的《商标法》明确规定下列标志不得作为商标使用：（1）同中华人民共和国的国家名称、国旗、国徽、军旗、勋章相同或者近似的，以及同中央国家机关所在地特定地点的名称或者标志性建筑物的名称、图形相同的；（2）同外国的国家名称、国旗、国徽、军旗相同或者近似的，但该国政府同意的除外；（3）同政府间国际组织的名称、旗帜、徽记相同或者近似的，但经该组织同意或者不易误导公众的除外；（4）与表明实施控制、予以保证的官方标志、检验印记相同或者近似的，但经授权的除外；（5）同"红十字""红新月"的名称、标志相同或者近似的；（6）带有民族歧视性的；（7）夸大宣传并带有欺骗性的；（8）有害于社会主义道德风尚或者有其他不良影响的。

毋庸置疑，商标翻译同样需要严格遵守商标法，否则就会遭到法律和市场的惩罚。例如法国塞诺菲公司的"Opium"男用香水，在推向中国市场时直译为"鸦片"牌，寓意此香水向鸦片那样一经试用，便令人难以自拔，永难放弃。但是，这种品牌的香水不但没有诱惑消费者，反而像过街老鼠一样招来猛烈抨击，甚至遭到工商局的禁售处理。这是因为出于历史的原因，国人无不痛恨鸦片，它被认为是西方列强侵略旧中国、残害中国人民的工具。鸦片战争在中国人心中就像法国人心中的"滑铁卢"，是中国人记忆中永远的痛。这家法国公司忽视了"鸦片"在中国的文化内涵，也违反了中国的商标法，因而遭到商业上的惨败。

## 第三节 商标、品牌翻译的方法

在商标与品牌的翻译实践中，译者除了通晓英汉两国语言之外，还必须具备市场学、广告学、消费心理学等学科领域的基本知识。而且也要考虑民族差异、文化差异等因素的影响，使汉译后的商标、品牌符合汉语文化的表达习惯，迎合大众的审美心理，才能受到广泛的欢迎。一般说来，商标和品牌的翻译主要有以下几种方法：

## 一、音译法

音译法是指在不违背译语言语音规范和不引起错误联想的条件下，按其发音，将英文商标词用与之语音相近或者相同的汉语字词进行翻译的方法。一般情况下，此方法多用于源自专有名词、臆造词等的英文商标的翻译。采用音译法翻译的商标多保留了原商标的音韵之美，体现出商品蕴涵着的异国情调。如：

Icarlus　伊卡璐（洗发水）

Adidas　阿迪达斯（体育用品）

Louis Cardi　路易·卡迪（皮具）

L'oreal　欧莱雅（化妆品）

Motorola　摩托罗拉（手机）

但是，音译法并不是一定要把英文发音原封不动地和汉语发音相对应，而是要根据上文所提出的四个原则，尤其是要考虑商品的属性，对翻译成汉语之后的汉语意义作适当的调整和变通。用音译法处理英文商标时，在汉字的选用上不仅要体现商品的特点，而且要照顾到中国顾客的消费心理，给人以美好的联想。比如：洗发水 Pantene 音译为"潘婷"，简洁明了，音义双美，令人联想到亭亭玉立的少女的秀发飘扬。Clean&Clear 音译为"可伶可俐"，既保留了原商标的创意和发音清脆的特点，又符合活泼开朗的年轻人的口味，给人以清丽、可爱的感觉，所以受到消费者的青睐，达到了促销的功效。

## 二、意译法

商家有时为了更好地体现商品的性能和品质，在确定商标和品牌名称时就赋予了它一定的现实意义。例如，日本电气公司有一著名的电器品牌 Pioneer（先锋），很容易使人联想到该商品锐意创新，质量上乘的形象。对于这些商标和品牌，我们通常采用意译法，在尊重原商标含义的基础上，采用灵活创新的方式，使翻译尽量符合目的语的表达习惯。比如 Apple（苹果）、Camel（骆驼）、Crocodile（鳄鱼）、Playboy（花花公子）等都属于意译翻译法。意译法还可以细分为直译法和创意译法。

（一）直译法

直译法是指在不违背译文语言规范以及不引起错误联想的前提下，保留原文的表达形式。例如表达原文所使用的比喻、原文的形象、原文蕴含的文化特点等。此种方法可适用于普通词汇和一部分臆造词汇构成的商标。例如：轿车商标 Blue Bird 翻译为"蓝鸟"。Blue bird 出自比利时剧作家 Maurice Maeterlinck 的童话"Bluebird"，是一只代表着幸福、光明与爱情的鸟。而在汉文化中也有相似的典故。中国神话传说中的"青鸟"是西王母娘娘跟前的信使，传说西王母曾给汉武帝写信，而传书的使者是一只青鸟，它把信一直送到汉宫承华殿前。从此，青鸟也成为通信使者的另一种代称，后来的人们常用它来比作爱情的信使。我国古代曾有许多的妙文佳句来吟诵它，如唐朝诗人李商隐《无题》的"蓬山此去无多路，青鸟殷勤为探看"；杜甫《丽人行》中的"杨花雪落覆白苹，青鸟飞去衔红巾"；李景《浣溪沙》词中的"青鸟不传云外信，丁香空结雨中愁"等。在汉语中"青"与"蓝"意同，因此尽管该品牌直译为"蓝鸟"，中国的消费者也能够明确地了解其中蕴含的美好寓意。类似的直译英文商标还有很多，如：

Microsoft　微软（软件）

Shell　壳牌（润滑油）

Diamond　钻石（手表）

American Standard　美标（洁具）

Blue Ribbon　蓝带（啤酒）

（二）创意译法

有些英文商标或品牌如果直接翻译，它的汉语意思可能会与商品属性不符或毫无意义，此时可用创意译法。创意译法是指摆脱原商标字面意义的束缚，用汉语把原文意思初步揭示出来，经过词义引申，追求译文功能的有效性。例如 Sprite 的本来意思是"小精灵、鬼怪"，如果直接用这样的译名，恐怕无法为中国的消费者所理解和接受。用创意译法将其翻译为"雪碧"，生动地体现了这种饮料的晶莹透明，冰凉爽口的特点，所以深受消费者的欢迎。同样，宝洁公司旗下的洗发水品牌 Rejoice 的原意为"快乐、喜悦"，采用创意译法译为"飘柔"，打破了原商标的字面意义，使之与飘逸柔顺的秀发产生联想，体现了商品的特质。这样的译法还有很多，例如：

Crest　佳洁士（牙膏）

BMW　宝马（汽车）

Ariel　碧浪（洗衣粉）

Scot　舒洁（纸巾）

Sportlife　魄力（口香糖）

### 三、音意结合法

音意结合法是指以原商标或品牌为基础，在译语中找到发音与原义相同或相似、同时又反映产品一定特征的词汇的方法。这是一种将音译与意译兼容的翻译方法，用此方法处理商标与品牌的译名，不仅要求译名与原名谐音，而且要求译名含有寓意，反映出商品的某些特征，使消费者从译名的发音和词意中产生与该产品相关的联想。无论是专有名词、普通词汇还是臆造的词汇均可采用这种译法。现实中音意兼顾译出的商标不胜枚举。例如美国名牌化妆品 Revlon 源自其公司创始人 Charles Revson 的姓名变体，将其汉译为"露华浓"，则是典出自李白诗《清平调》中的"云想衣裳花想容，春风拂槛露华浓"一句，该译名音意并重，既女性化，又高贵浪漫，十分贴切。著名的体育名牌 Nike，原意是指希腊神话中的胜利女神，将它译成"耐克"，既有坚固耐穿的含义，又包含了克敌、必胜的意思，这样与其原意"胜利女神"不谋而合。相似的情况还有美国 Simons 公司。该公司生产的床垫商标名称为 Simmons，汉译为"席梦思"，不仅音与原意相似，而且还融合了产品特性，使人联想到甜蜜的梦幻，得到了社会的广泛认可，以至于现在已经成为类似商品的代名词。使用音意结合法的例子又如：

Timex　天美时（手表）

Tide　汰渍（洗衣粉）

Safeguard　舒肤佳（香皂）

Benz　奔驰（汽车）

Head&Shoulders　海飞丝（洗发水）

### 四、半音半意法

半音半意法是指商标或品牌词一部分采用音译，另一部分采用意译的方法。其中的音译常常是根据另一部分意译的结果为依据，以商标寓意为导向。如日用消费品企业 Unilevel 中的"uni"意译为"联合"，而"level"音译为"利华"。译文"联合利华"似乎在暗示国人"中外合作，有利于中华"，从而迎合民众心理，有利于产品进入中国市场。再如通信器材商标 Truly，由"true"与词缀"ly"合并改写而成，"true"意为"真实的"因此直译为"信"，而"ly"音译为"利"，即暗示了这一品牌的产品质量可以信赖，又带有吉利的含义。其他相似的例子还有 Oil of Ulan（玉兰油在中国的曾用商标，现已在全球统一使用英文商标 Oil of Olay，以及 Goldlion（金利来）等。

### 五、零译法

顾名思义,这种方法是指对英文商标、品牌不进行任何汉语翻译处理,原封不动地把原文搬到汉语中来。这种译法简单实用,主要针对名称过长或者很难用汉语清楚解释的英文品牌名。例如美国的 IBM(International Business Machine),很少有人将它称为"国际商业机器公司",而是直接叫它"IBM";同样,韩国公司 LG(Lucky Goldstar)也很少被称为"乐喜金星集团",而是直呼其英文名字。这样的例子还有很多,例如:SKII(化妆品),H20(化妆品),555(香烟),JVC(音响)等。

# 第九章 跨文化商品说明书翻译

## 第一节 商品说明书的结构和语言特征

### 一、商品说明书的内容

商品说明书，也叫"产品说明书"或"使用说明书"，是关于商品的构造、性能、规格、用途、使用方法、维修保养等的文字说明。商品说明书是厂商为销售其产品而附的一种销售小册子，主要用来向客户说明如何正确使用所购物品，以免因使用不当或保管不当而造成不良后果。商品说明书在英语中通常有 3 种不同的说法，即 Instruction，Direction，Description。商品说明书的特点主要是：内容的科学性，说明的条理性，样式的多样化，语言的通俗性和图文的广告性。根据实际需要对以下各项有选择地或侧重地进行说明。

（1）商品概况。包括商品名称、规格、成分、产地等。

（2）性质、性能、特点。

（3）使用方法。有的配合插图说明各部件名称、操作方法及使用注意事项。

（4）保养与维修。配合图表，说明保养、排除一般故障和具体维修方法。

（5）商品成套明细。只有成套商品才列此项，主要说明成套商品的名称和数量。

（6）附属备件及工具。

（7）附"用户意见书"或"系列商品订货单"。

### 二、商品说明书的结构

商品说明书一般分标题和正文两大部分。内容复杂的说明书，可印成折子、书本等样式，因此有封面、目录、前言、正文、封底等部分。这种书本式在机电产品及成套设备出口中，被普遍应用。

（一）封面

一般有"说明书"字样和厂名，有的还印有商标、规格型号，商品标准名称和图样，如要增强顾客的印象，还可配有商品彩照、图样、表格。封面的标题，要求鲜明醒目。

（二）前言

前言的形式有的采用书信式，而更多的是采用概述式的短文。

（三）标题

一般说来，说明书的标题不及广告的标题重要。因为对一位客户来说，买了何种产品，即使说明书无标题，他也会认真地阅读正文的。因此，这就是为什么在英文产品说明书中，有时就没有标题。当然，这不等于说产品说明书的标题不重要。因为从宣传效果上来看，说明书的标题作用仍很重要，它起着引导的作用。

（四）正文

这是商品说明书的主要部分。一般是对商品的性能、规格、使用和注意事项进行具体的说明。众所周知，各类产品的性能及用途是不相同的，因此各种产品说明书的说明方法及内容也各不相同。例如：医药用品的说明书一般包括成分、主治、用法及用量、注意事项、禁忌及副作用等。而电子产品的说明书则通常包括产品的特征、性能、规格（技术指标）、操作程序以及注意事项等。就某些特定的产品而言，其说明内容甚至还包括包装、净重、体积等。因而说明书的正文究竟包含哪几部分，应根据不同产品的具体情况来确定。一般来说，不可或缺的部分有：产品的适用范围、使用方法以及注意事项等。

（五）封底

为方便用户联系，一般封底上注明厂址、含国家地区代号的电话号码、电报挂号等。

## 三、商品说明书的语言特征

商品说明书的适用范围很广，其形式、内容随商品而异。简单的就印在商品包装上，文字不多，简明扼要；复杂的说明书则是一本小册子，随商品提供。但在语言运用方面均具有如下特征。

（一）准确性

商品说明书是对产品的科学说明，要求用语准确，恰如其分，严格做到科学、客观，这样才能对使用者进行正确的指导。

（二）通俗性

商品说明书的阅读对象是广大的用户，他们的文化水平和理解能力不一。因此，文字应该通俗易懂，并利于教会用户正确使用某种商品。

（三）明确性

商品说明书的语言要做到清楚明白，不能含糊不清、说而不明，以免引起误解。因此，在语句表达上，要求简短明快，忌用长句，使人一目了然。在形式上、结构上，尽量采用分别式或条文式，或根据表达的需要，选用人工语言符号如表格、图、照片、符号等，将商品的结构、功能、特点、维修、保养等知识介绍给消费者。

（四）说明性

商品说明书所使用的语言是纯粹的说明文字，不追求语言的生动、华美。制作者应与广告词区别开来，切忌描写、抒情或议论，更不能夸张、玄乎。

## 第二节 商品说明书的词汇特点及翻译

商品说明书是随同商品一并附来的书面材料。从药瓶上说明服药方法的寥寥几句到解释说明成套科技设备产品用法，含数万，甚至数十万、数百万字的都是说明书。英文说明书对相关商品的描述一般都涉及本领域的一些专业词汇，因此，对于专业词汇的翻译是翻译英文商品说明书的重点和难点。为了准确地进行翻译，译者首先需要熟悉这类词汇的形成和构成特点，准确理解专业词汇在具体上下文中的意思，然后根据具体情况灵活运用多种翻译方法斟酌确定。

### 一、英文商品说明书的词汇特征

商品说明书英语是描述相关产品的英语，属于实用科技英语的范畴。在词汇方面同基础英语没有绝对的界限，但实用科技英语作为一种特殊的文体，在用词方面有其自身特有的形成和构成特点。除了一些专门术语外，科技英语中使用的词语，大多属于正式书面语体的范畴。正式书面语的采用，有利于提高商品说明书的正规性。商品说明书的翻译工作者应熟悉这类正式书面语的措辞，在翻译时做到"忠实"，译出原文的语言风格。另外，实用科技英语词汇在其形成过程中也充分运用英语构词法，利用现有的语言材料，采用借用、组合、转换等构词方法来表达新的含义，因此，商品说明书的翻译工作者还应熟悉这类词汇的构成方法，根据词汇的形成和构成特点来理解和翻译词汇。

（一）普通词汇专业化

商品说明书中某些专业术语是在赋予普通英语词汇以特定的新意后产生的。这些词汇在普通英语中早已存在，只不过意思不同而已，这就使得普通英语词汇在英文商品说明书中成为具有特定含义和习惯用法的专业术语。例如，在有关计算机产品的说明书中会出现以下词汇，如表9-1。

表 9-1 有关计算机产品的说明书中会出现以下词汇

| 英文单词 | 作为普通词汇的意义 | 作为专业词汇的意义 |
|---|---|---|
| brick | 砖 | 程序块 |
| bus | 公共汽车 | 总线 |
| instruction | 指导 | 指令 |
| memory | 记忆，记忆力 | （内）存储器 |
| monitor | 班长 | 监视器 |
| mouse | 老鼠 | 鼠标 |
| program | 节日，规划 | 程序，编程 |
| package | 包裹 | 软件包 |
| grandfather | 祖父；外祖父 | 原始文件 |

在药品说明书中，我们也会遇到不少词汇既用于普通英语又有专门含义。例如：This substance has a powerful effect on poor health and poor appetite. 英文单词"poor"译义较多，通常情况下译作"贫穷""智力低下"，而在此句中"poor health"和"poor appetite"可分别译为"身体虚弱"和"食欲不振"。

（二）词汇的多专业化

即同一英语常用词不仅为一个专业采用，而且被许多专业用来表达各自的专业概念，甚至在同一专业中同一个词又有许多不同的词义。如：transmission——发射、传动、透射、遗传；power——力、电、电源、动力、功率等。然而，同一词语词义的多专业化倾向并不存在于汉语中，汉语的传统趋势是专词专用。这就需要商品说明书的译者根据相关商品所属的不同专业领域，结合上下文，正确地理解并翻译这类词汇。

（三）借用外来语

部分科技英语词汇来源于外来语。我们生活的现代社会中，新产品层出不穷，尤其是高科技产品的说明书涉及越来越多的科技术语。一些新出现的科技术语（以及由它们派生的词汇）经常借用其他语言的词汇，其中拉丁语、希腊语对英语科技词汇的影响源远流长。据语言学家统计，1 万个普通英语词汇中，约有 46% 直接或间接地来源于拉丁语，7.2% 来源于希腊语。在英文药品说明书中，该比率更大。英文药品说明书中的许多技术术语是由来源于拉丁语或希腊语的词根、前缀和后缀构成的。例如：chlorophyll（叶绿素），phlebotomy（静脉切开放血术），acupuncture（针灸）。

（四）大量运用合成词

科技英语词汇中的大量合成词是利用已有单词，通过词缀法和拼缀法合成的新词。其不受英语句法在词序上的约束，比较灵活多变。例如：

transceiver（transmitter+receiver）无线电收发器

hi-tech（high technology）高新技术

high-resolution（high+resolution）高分辨率

radiophotography（radio+photography）无线电传真

colorimeter（color+meter）色度计

on-and-off-the-road（多词合成形容词）路面越野两用的

（五）运用缩略词语

缩略语简单易记，在实用科技英语中被普遍运用。英文说明书在对不同的商品进行介绍时，也会涉及一些特定的缩略语。例如：

DNA（deoxyribonucleic acid）脱氧核糖核酸

IC（integrated circuit）集成电路

UPS（uninterruptible power supply）不间断电源

CAD（computer aided design）计算机辅助设计

RAM（random access memory）随机存取存储器

IVO（input and output）输入输出

FM（frequency modulation）调频

B.P.（blood pressure）血压

cap.（capsule）胶囊

F（Fahrenheit）华氏

IU（international unit）国际单位

## 二、商品说明书中英文词汇的翻译

（一）词汇的翻译原则

翻译是一个理解与表达的过程，商品说明书的翻译也是如此。商品说明书英语词汇的翻译首先应将"含义"和"传达信息"置于第一位。译文的质量在于能准确传达原文的信息，表达原文作者的意思，不歪曲原文，不将读者引入歧途。其次，商品说明书英语词汇的翻译还要讲究语言表达地道专业，具有专业特色，不要将译文语言平庸化，不伦不类。最后，商品说明书英语词汇的翻译要做到用语精练，不拖沓冗长。简而言之，翻译原则有三：①要准确，就是要能传达原文的信息和思想，使得译文读者从译文中获取的信息与原文读者从原文中获取的信息一样多；②要地道，就是译文的语言表达要有一定的技术性，是行话，符合该商品所属行业范围的语言特点；③要精练，就是不拖泥带水，是对原文信息和思想内容的萃取提炼。

（二）词汇的翻译方法

1. 意译

意译就是根据英语科技术语原文的技术含义使用意义等同的目的语词语来表达的一种翻译方法。意译力求做到名副其实，恰到好处，名与实越真切越好。这种方法比较符合奈达的动态对等原则："译文接受者和译文信息之间的关系，应该与原文接受者和原文信息之间的关系基本上相同。""目的语读者应该得到和原语读者相同的信息。"这种译法译出的词汇技术形象清晰，科学概念明确，不易引起误会。因此，在处理英语科技术语的翻译时，一般应尽量采用意译法。例如：

power tool 电动工具

power shaft 传动轴

reduction gear box 减速齿轮箱

2. 字面译

在专业英语中，有不少新词是由旧词赋予新义产生。这类词汇常带有隐喻色彩，新词与旧词在音、形、义（包括客观现实与概念结构）上存在相似性。例如：有关计算机的产品说明书中的英语词汇 menu, fire wall, window 的翻译便是采用字面义给汉语的旧词赋予了新义，再在译文上打上引号，分别是"菜单""防火墙"和"窗口"。在读者熟悉了这些术词后，即旧词新义获得普遍认同后，引号便自然消去。

3. 音译

音译也就是根据英语科技术语的发音采用发音相同或大致相同的目的语词语来表达的一种翻译方法。音译是一种带有一定美学因素的翻译。采用音译的科技术语主要有计量单位、新型材料和产品的名称。例如：sonar 声呐，hertz 赫兹，gene 基因，clone 克隆，vaseline 凡士林。

4. 半音半意译

有些专业术语采用一部分音译，另一部分意译的方法。例如：Intermet 因特网，Monel metal 蒙乃尔合金，logic circuit 逻辑电路，Doppler effect 多普勒效应。

5. 形译

为了形象化，科技术语中常采用外文字母或英语单词来描述某种与技术有关的形象。翻译时可以将该外文字母照抄、改译为字形或概念内涵相近的汉字，这种用字母或汉字来表达形状的翻译方法称为形译法。形译法可细分为以下三种：

第一种，保留原字母不译。

例如：O-ring　O 形环

S-turning　S 形弯道

X-ray　X 射线

A-bedplate　A 形底座

第二种，用汉语形象相似的词来译。

例如：steel-beam　工字钢梁

Tbolt　丁字螺栓

L-square　直角尺

第三种，用能表达其形象的词来译。

例如：U-bolt　马蹄螺栓

V-belt　三角带

T-bend　三通接头

twist drill　麻花钻

6. 移植译

移植译就是按词典里所给的词义将词的各个词素的意义依次译出。翻译派生词和复合词时多采用这种方法，如：microwave 微波，information superhighway 信息高速公路。这些专业词语长而且复杂，往往是由一些基本的科技英语词素组合成的，因而，大多采用移植译法。

7. 采用外文缩写词

英语首字母缩写词在科技术语中占有很大比重。这类词如译成汉语，就显得拖沓冗长，因此，很多情况下干脆不翻译。这类不翻译的外文缩写词在计算机、化工、生物等领域尤为常见，例如：BASIC 语言，ISDN（综合业务数字网），UFPP（上流式预聚反应器），DNA（脱氧核糖核酸）。

总之，在翻译英文商品说明书时，译者应该运用自己的专业知识和适当的方法，创造性地翻译说明书中相关商品或产品行业术语。译者在确定用某一种翻译方法之前，先要透彻理解该专业词汇在说明书中的含义，试译出几个译名，进行比较，然后选定一个。英语商品说明书属于科技文体的范畴，文体严谨缜密，用词准确地道，有其独特的风格。要想做好英文商品说明书的翻译工作，译者除必须具有较好的英语基础，较高的汉语修养外，还应具有丰富的专业知识。

# 第三节  商品说明书的句法特点及翻译

商品说明书属于科技实用文体的一部分。科技英语由于题材内容、使用方式和应用范围的特殊性而形成了自身在体例、用词、语用和修辞等多方面的文体特征。其中它在句子结构上的特点便是复句多，长句多，频繁使用祈使句、n 句型等等。而在科技实用英语中，商品说明书又是一种独特的文体，其内容、体例、格式、句子结构等均与其他科技文体有较大的区别。商品说明书承担着向消费者介绍产品的性能、作用、生产工艺、使用方法等多种信息的重要作用。其内容以客观描述、介绍产品的安全使用、工作原理、技术参数、结构、安装调试、操作和维护等为主，即内容一般为解释、说明、规定和建议等。所以各种说明书通常所使用的句子，与其他类型的科技论文比较，一般相对要简短一些，很少见冗长复杂的叠床架屋式的主从复合句。

英文商品说明书所用句型表现出多样性的特点。首先，按照国内外有关标准文件的要求，说明书中一个句子最好只提出一种要求（One sentence, one command）。因此，商品说明书的句式一般都简洁、通俗易懂，旨在用简明、准确的语言，客观、如实地介绍商品的性能、特点、使用方法及注意事项。说明书以使用简单句为主，较少使用长句及复合句。其次，经常使用祈使句和无主语的省略句。再次，广泛地使用被动语态。最后，商品说明书普遍采用非谓语动词结构即分词短语、动词不定式和动名词短语替代定语从句和状语从句。

## 一、祈使句的使用

祈使句可用来表示请求、要求、命令、劝告等；在英文商品说明书中更常用来表示建议和指示，具有强调作用，常常用于"Precautions"（注意事项）、"Warnings"（警告）、"Safety Instructions"（安全说明）、"Contraindications"（禁忌证）等。因此，广泛使用祈使句是英文商品说明句法上的突出特点。这些祈使句一般不使用含动作名词的名词化结构，倾向于直接使用更多的示意清晰明确的动词，以体现"指示、叮嘱"的语义，发挥言语的"命令、告诫"功能。如 install…，make sure that…，place…，turn…，replace…，check to see that…connect…，adjust…，remove… 等加宾语的结构。

例 1：Make sure that the "+" and "-" marks are correctly aligned.

译文：确认一定要正确地对准"+""-"电极。

例 2：Remove the AC supply lead before servicing or cleaning heads，rollers etc.

译文切断交流电源才能维修，清洗磁头、压轮等部件。

说明书的表达方式一般都较简洁，而且一般消费品说明书篇幅有限，所以经常采用简单句、祈使句甚至是句子片段（sentence fragments）。同样，说明书的汉语译文应简洁明了，突出产品的特色。另外，由于商品说明书通常要对使用的环境、目的、条件或后果等做出限定性的有针对性的说明，部分祈使句在使用时常常还带有作目的状语的不定式、时间或条件状语从句等。

例 3：Rinse hair well after application of the mixture.

译文：染发后请将头发彻底冲洗干净。

例 4：To interrupt recording，press Pause.

译文：如果要停止录音，请按"暂停"键。

## 二、被动语态的使用

被动结构可收简洁客观之效。商品说明侧重解释说明，强调客观准确。第一、二人称使用过多，会造成主观臆断的印象。因此，尽量使用第三人称叙述，采用被动语态。

例 1：Attention must be paid to the working temperature of the machine.

译文：应当注意机器的工作温度。

例 2：The present stations and time retained for about 2.5 hours after the battery is removed.

译文：即使除去电池，原来设定的电台及系统时间还可保存 2.5 小时。

例 3：After being absorbed by human body，it can promote the synthesis of bone cells.

译文：本品经人体吸收后，能促进新生骨质细胞的合成。

例 4：The outer foil is very thin. If handled improperly，it can be easily damaged.

译文：由于外网刀非常薄，如不妥善处理，可能造成外网刀损毁。

### 三、非谓语动词结构的使用

商品说明书在表述上要求尽量实现清楚（clearness）、简洁（conciseness）和准确（exactness）的原则。因此，在可能的情况下：

（1）常使用分词短语代替定语从句或状语从句；

（2）较多地使用分词独立结构代替状语从句或并列分句；

（3）常用不定式短语代替各种从句；

（4）常使用介词＋动名词短语代替定语从句或状语从句等。

非谓语动词结构使说明书显得简短而醒目，而且结构紧凑，表达精炼，易于理解和操作。这种结构在各种商品说明书中比比皆是，不胜枚举。以下就部分商品说明书中出现的不同形式的非谓语动词结构及其翻译实例进行归纳和分析。

（一）分词短语

1. 分词短语作定语

翻译分词作定语时一般遵循"单分在前，分短在后"的原则。即单个 -ing 分词或 -ed 分词作定语时，往往置于其所修饰的名词前面；而由 -ing 分词或 -ed 分词组成的分词短语则一般置于其所修饰的名词的后面。在翻译成汉语时，无论其位置在前在后，一般都不用逗号分开，常用"的"字结构将其译为所修饰名词的前置定语。

例 1：Fig 8 shows a cell connected across a load.

译文：图 8 画出了一个换载相接的电池。

例 2：Huanhe brand quick-dissolved pearl powder is refined through modern biochemical technology from super fresh water pearls produced in Zhuji city.

译文：欢合牌速溶珍珠粉系采用诸暨盛产的优质淡水珍珠为原料经现代生化技术精制而成。

但有的时候，分词短语作定语在翻译成汉语时，需要根据上下文的内容进行调整，以使译文更加通顺。这时通常的处理方法是：或者重复分词所修饰的名词（有时还可在其前加指示代词"这""这些""此""该"等）；或者译成人称代词"它""他""它们""他们"等。若前后两句意思上有转折，还可加连词"但""却""然而""而""可是"等。这些被重复的名词或所译成的代词，分别在后句中作主语，而分词则被译成该句的谓语。

例 3：Let us have a good look at Fig 2 showing how heat makes it expand.

译文：让我们仔细看一下图 2，它说明了热是如何使它膨胀的。

例 4：Electronic computer having many advantages cannot carry out creative work and replace man.

译文：虽然电子计算机有很多的优点，但它们不能进行创造性的工作，也代替不了人。

当分词短语在内容上含有明显的条件、时间、原因、让步等状语意思时，通常要把分词与其所修饰的名词分开译。除重复分词所修饰的名词或将其译成人称代词"它""它们"之外，应把分词短语译成状语从句形式。根据全句的意思及汉语习惯，可分别加相应的连词"如果……""假设…""当……时""……时""因为……""由于…""虽然……但"等，使句子前后连贯，译文通顺。

例 5：Water evaporating changes from a liquid to a gas.

译文：当蒸发时，水便从液态变成气态。

2. 分词短语作状语

在用分词短语作状语时，分词的逻辑主语一般就是主句的主语，由此所确定的现在分词或者过去分词与句子的主语的主、被动关系在对原文的理解和翻译中都非常重要。分词及分词短语作状语，通常用来修饰、说明主句中的动词，表示动作或行为发生的时间、条件、原因、让步、结果或伴随情况等。其位置可在句首、句末和句子中间，一般用逗号与主句分开。位于句首的结构常表示时间、条件、原因；位于句末的则常表示结果、方式或伴随情况等。在翻译成汉语时，状语往往按习惯放在句首。

例 1：When dubbing, it is recommended to use fresh batteries or to connect the set to the main supply.

译文：进行翻录时，最好使用新电池或者将本机接到交流电源中。

例 2：It won't melt until heated to a definite temperature.

译文：加热到一定的温度它才会熔化。

分词作条件状语时，通常可译成"如果……""假若……""只要……""一旦……就……"等。如果分词前有连词 if（如果），unless（除非，如果没有），可以直接按其意义译出；如果分词前有连词 when，含有明显条件意义，则一般不译为"当……"，而译为"如果……"较好。

例 3：Cracks will not come out clean unless treated by ultrasonic waves.

译文：只有以超声波处理，缝隙才会变得洁净。

例 4：Taken by pregnant woman，it is helpful to the growth of fetus skeleton and baby's intelligent development.

译文：孕妇服用后，对胎儿骨骼增长及智力发育有较好作用。

3. 独立主格结构

前面已经提到，分词或分词短语作状语时，其逻辑主语通常就是主句的主语，但有时分词结构也有自己独立的主语，这时则称之为独立主格结构。独立主格结构的译法和分词短语的译法基本相同。

例 1：The friction being great，we have to take precautions to prevent these parts from wearing down too fast.

译文：由于摩擦力很大，我们必须采取预防措施，防止机器部件磨损过速。

这里，有两点值得注意：首先，独立主格结构表示伴随情况时，常用来对主句的意思加以补充或进行比较，意思上联系不很紧密，翻译时常不加词而直接译成独立的句子。

例 2：There are many kinds of steel，each having its uses in industry.

译文：钢有许多种，每种在工业上都有它的用途。

另外，独立主格结构"other conditions（factors，things）being…"及"all things considered"等通常表示条件，翻译时可加连词"如果…""假若…""要是…"等。

例 3：Other conditions being equal，the pressure remains constant.

译文：如果其他条件相等，压力就不变。

此外，在产品说明书中，常见由"介词 with+ 名词＋分词＋其他成分"构成的短语，这也相当于独立主格结构。通常在句子中作状语，表示伴随、条件、原因、方式等。汉译时一般 with 省略不译。但若以介词 without 开始，则 without 的意思应译出。

例 4：Please test the temperature of a basin of water with both your hands placed together in the water.

译文：请把两只手都放在水中来试一试一盆水的温度。

例 5：It may be hot without the motion in it being visible.

译文：即使其内部运动不可见，它仍可能是热的。

（二）动词不定式

动词不定式除了不能用作谓语外，可以在句中担当其他任何成分。因此，它在产品说明书中的应用相当普遍，常用以替代各种从句。

例 1：To obtain the best performance and ensure years of trouble free use，please read this instruction manual carefully.

译文：请仔细阅读说明书，以便使本机发挥其最佳性能，经久耐用，不出故障。

例 2：Titanium is strong enough to withstand heavy loads at high temperature.

译文：钛有足够的强度，在高温下经得起重荷。

例 3：The effort to control corrosion involves coating the metal with an inactive substance.

译文：防锈措施是给金属涂上一层不活跃的物质。

这里只特别介绍以下几种句型。

（1）"介词 +which+ 动词不定式"的句型。

例 1：In this case，the best choice for the axis around which to calculate torques is the base of the ladder.

译文：在这种情况下，对计算力矩所围绕的轴的最佳选择是梯子的底部。

例 2：This type of meter is called a Multimeter with which to measure electricity.

译文：这种仪表称为万用表，用来测量电。

（2）"the ability（tendency 等）+of A to do B"的句型。

例 1：A few factors affect the ability of a capacitor to store charge.

译文：有好几种因素影响电容器储存电荷的能力。

例 2：The interference of light waves puts limit on the ability of any telescope to resolve the details of an object.

译文：光波的干扰限制了望远镜分辨物体细节的能力。

（3）表达"为了使……"这一目的状语的不定式结构。这时不定式的逻辑主语并不是后面句子的主语，而是不定式复合结构作状语。

例：For a transistor to function normally，it is necessary to apply proper voltages to its electrodes.

译文：为了使晶体管正常工作，必须给其电极加上合适的电压。

（三）动名词

动名词在句子中起名词的作用，它在句中一般可以充当主语、表语、宾语。

1. 在商品说明书中，常见动名词作宾语，尤其是介词的宾语的用法

例 1：By pressing pause 1 Ⅱ in deck 1 during dubbing，a blank part will be recorded in deck 2.

译文：如果在翻录期间按卡座 1 的 pause Ⅱ 暂停按键，将在卡座 2 的磁带上获得一段"空白录音"。

例 2：Try doing it in another way.

译文：请试用另一种方法做。

2. 要注意以下介词表达法的含义

（1）"by+ 动名词"一般含义为"通过……"。

（2）"on（upon）+ 动名词"一般为"……就"，"在……之后"。

（3）"in+ 动名词"意为"在 …… 时候（期间）"，"在 …… 过程中"，"在……方面"。

例 1：By analyzing the performance of the device，one can appreciate it better.

译文：通过分析该设备的性能，我们能更好地了解它。

例 2：On pressing again，the cassette holder will open.

译文：再按一次该键后，盒带室将打开。

综上所述，在英文商品说明书中，由于其表达功能的需要，简单句、祈使句、被动句以及非谓语动词结构等都得到了频繁的使用，使其语言表达显得行文简练，重点突出。在译成汉语时，简单的非谓语动词结构可以译成一个词或词组；但更多情况则需要根据上下文的实际情况，根据汉语多用简单句来表达一层意思的习惯，对原文的各个意思加以分解，然后再按时间顺序，逻辑顺序安排，增减适当的词语分译成几个意义相连的简单句。充分重视和了解英文商品说明书的这些句法特征，对于商品说明书的汉译有一定的指导作用，可以充分利用这些句法特征，使译文更加简洁流畅，更符合汉语的表达习惯。

# 第四节 商品说明书的翻译原则

商品说明书的翻译行为本质上是"为实现商品信息的跨文化、跨语言转换而设计的一种复杂行为。"在商品说明书的翻译过程中主要涉及了三个参与者角色：译者（translator），其作用是使商品说明书翻译活动的目的成为现实；译文使用者（target-user），主要指商品的生产商家和销售商；译文的接受者（target text-receiver），主要是指目的语市场上的广大消费者。在商品说明书的

翻译活动过程中，译文就是在译者的协调下，以原文本为起点，以不同地区的译文读者为目标的跨文化交际活动。其根本目的只有一个：根据消费者的心理和文化需求，传递商品的基本信息，说服消费者，激发消费者的购买欲望，从而促使销售成功，进而获得商业利润。诺德的目的论认为，翻译活动是通过翻译行为对目的语读者产生影响的活动，其作用是使翻译活动的目的变成现实。在商品说明书的翻译中，译者只有把译本的目的性与译文接受者也就是广大消费者联系起来，才能成功地实现交际，促使销售的成功，最终获取商业利润。因此，在商品说明书的翻译过程中，译者应遵循以下原则。

## 一、"浅化"原则

所谓"浅化"，就是把特殊的东西一般化的一种译法。由于文化的不同，语言的差异以及不同民族对同一事物所产生的不同心理感受，一种语言中的特殊概念在另一种语言中常常会出现语义上的空缺及理解上的背向。所以翻译时我们只好将其"浅化"成一般性的概念，以便读者能较好地理解文章或话语。请看下面的例子：

它保持了酱香浓郁、典雅细致、协调丰满、回味悠长等特点。

译文：It possesses the unique style and flavor and is an extensively enjoyable drink.

"酱香浓郁、典雅细致、协调丰满、回味悠长"是中文形容白酒口感好的常用说法，而在西方不但人们很少喝白酒，更没有这样特殊复杂的形容酒的口感的用法，若将其直译出来西方读者一定无法接受，感觉很别扭。因此，译文将中文这种特殊的说法一般化，译为"is an extensively enjoyable drink"就让西方读者感觉非常明白贴切，又让译文显得十分简洁。

## 二、"深化"原则

所谓"深化"，要是对原文理解及表达上的透彻、入理，不是满足于对表层信息的转述。请看下面的例子：

绿源苔干有治疗心脏病、神经官能症、消化不良、贫血诸功效。

译　文：Lvyuan Taigan can be served as a medical diet for those who are suffering from heart failure, neurosis, indigestion and anemia.

中文中的"治疗"我们一般常用英文中的 cure 来翻译，表示治疗疾病。但是通过深入理解商品说明书的上下文，我们可知，"绿源苔干"是一种绿色健康食品，不是药品，并不能真正治疗疾病，所以译文中没有用"cure"，而是联系上下文，深入理解原文含义，将"治疗"深化译为"can be served as a medical diet for those who are suffering from", 从而准确地把绿源苔干真正的"食疗"功效翻译了出来。

### 三、"淡化"原则

所谓"淡化"就是为了提高译文的可读性, 对不完全适合用译入语表达的原文和对不符合读者欣赏习惯的描写进行必要的删节和改写。请看下面的例子：

本商品是根据中医理论"腰为肾之府""肾为先天之本""脾为后天之本"及"内病外治"的医理, 采用高科技方法研制的保健药品。

译　文 : This product is a new kind of healthcare medicine developed on the basis of TCM theory about kidney with the latest high technology.

对于外国读者来说, 这样烦琐的中文理论描述是似乎有点多余, 因为一般消费者并不了解中医的这些理论, 说了也等于白说, 而且会引起人们的厌烦情绪, 况且这种写法也不符合英文医药商品说明书的格式。因此, 译文中将"腰为肾之府""肾为先天之本""脾为后天之本"及"内病外治"这类中医理论叙述统统删去不译, 而代之以简洁的"TCM theory about kidney"这一通俗的缩略术语。

### 四、"等化"原则

所谓"等化", 就是使译语和源语在语义上趋于相等。在商品说明书翻译上, "等化"译法主要体现在关键名词的借用和音译这两个方面。

借用在此就是直接采用外文缩写词, 不加翻译。这是术语国际化的标志。例如 : DNA, CT, CPU, FM, hifi 等。音译主要用于商品说明书中的人名、地名、公司名、材料名、机构单位和商标等的翻译。例如 : gene（基因）、OPEC（欧佩克）、FIAT（菲亚特）。在翻译商品说明书时, 要注意适当使用等化原则来使译文规范化, 更好地与国际接轨。

### 五、"轻化"原则

所谓"轻化", 就是用通俗、易懂的语言来翻译理论性强且又枯燥难懂的文章或话语, 使之适合译入语一般读者的接受能力。请看下面的例子 :

绿源苔干有清热降压、通经脉、壮筋骨、去口臭、解热毒酒毒的功效。

译文 : Lvyuan Taigan has been believed to be able to produce certain medical effects, namely, to allay internal heat and fever, to reduce hypertension, to regulate and strengthen bodily functions, to relieve halitosis and to dispel the effects of alcohol.

　　"通经脉、壮筋骨""热毒酒毒"是中医特有的说法，可算是中医理论术语了，若直接按字面直译，恐怕西方读者不但摸不着头脑，还会被如此语义严重的中医理论吓一跳。而译文转用轻松通俗的"regulate and strengthen bodily functions"和"relieve halitosis and to dispel the effects of alcohol"来英译，既有效地再现了原文信息，又给读者提供了充分理解原文思想的方便之径。

# 第十章 跨文化商务名片翻译

## 第一节 商务名片概述

现代名片是由西方传来的，是商业交际活动的产物。由于我国对外经济和文化交流的日益频繁，名片的使用率和重要性也随之不断提高，尤其是在跨国商贸活动中，一张用词得体、表达准确无误的英文名片是跨国交际不可取代的中介。在现代商务活动中，与对方交换名片已成为一种常见的商务礼仪。

### 一、商务名片的定义

商务名片（business card，又称 name card，或简称为 card），是指商务交往中以名字为主体、用以介绍自我身份的小卡片。它带有关于公司和个人的商业信息，其中包括其持有者的姓名、身份、职衔和联系方式等有效信息。初次与交往对象见面时，除了必要的口头自我介绍外，还可以名片作为辅助的介绍工具。这样不仅可以方便交际双方更快速地了解对方的身份信息，并且能辅助记忆，可以节省时间，强化效果。由此可见，名片既可作为自我介绍的重要手段，又可长期保存以备日后联系。

我们常说的名片，一般多指公司或企业进行业务活动中使用的商务名片，这是日常生活中最为常见的一种名片。此类名片大多数是在白色卡片上印上简单的黑色文字。商业名片的主要特点为：名片上经常印有企业徽标、注册商标、企业业务范围，一般大公司有统一的名片印刷格式，使用较高档的纸张。

### 二、商务名片的内容

商务名片虽然千差万别，但是它们所包含的内容基本相同。归纳起来，名片的内容大致可以分为四个部分：①供职单位及部门名称（通常带有徽标）；②持有者姓名；③职衔；④联系方式，如街道地址、电话号码、传真号码、电子邮箱地址和网址等。有的名片还包括电传、银行账号、税务编号等。

商务名片中一般置于首要位置的是持有者的姓名和公司名称（或公司的徽标），这样既可以突出持有者的身份所属，又可以树立并强化企业形象。名片毕竟能包含的内容只有这么多，更多的内容要其他渠道来展现，如公司网站、社交平台账号、网络名片地址等也会出现在名片中。此外，有些名片会显示学术能力和专业能力。如果公司有较为悠久的历史，把公司成立的时间放入名片也是益处多多。

# 第二节 商务名片的作用与语言特征

随着对外经济交流的日益频繁，名片已成为日常交际中与外界交往的自我介绍卡，它是众多商务人员随身携带的必备品。名片，已经成为一种文化，名片如何递、如何接、如何放，都有一套完整的礼仪。但是，无论人类赋予名片多少文化内涵，它最原始的功能，依然是沟通、交流。

## 一、商务名片的功能

名片是简要介绍自己、便于他人记忆的一种固定形式，它能使交际双方在很短的时间内，通过一张小纸片，对交际对象有一个较为清晰的直观印象。对于商界人士来说，名片既能使人们在初识时言行举止更得体，又可以为日后建立联系提供必需的信息，是开始商务活动的敲门砖和伏笔。有了名片的交换，双方的结识就迈出了第一步。归纳起来，名片主要有以下几种功能。

（一）交际功能

交际功能是商务名片最主要的功能。它是指名片可作为商务活动中与他人交往的有效手段，充分体现其交际功能。在商务交往中，如欲结交他人，往往可以本人名片表示结交之意。在这种情况下，对方一般会"礼尚往来"，将其名片也递过来，从而完成双方交往的第一步。使用名片可以使人们在初识时就能充分利用时间交流思想感情，无须忙于记忆。

（二）宣传功能

名片还具有宣传持卡者及其所供职企业的功能。名片是持有者及企业形象的代表。它既是自我身份的简短介绍，同时也是企业的微型广告，可以作公司和品牌宣传。这是一种采用无声语言推销的好工具。商场上初次见面都会交换名片，这是向别人介绍和推销自我的一种最直接、最简单的方式，同时也是身份的象征、成功的标志。商务名片一般把公司和企业名称、徽标

（logo）、业务等放在比较重要的位置，主要是为了树立和推广企业形象。

### （三）信息功能

所谓信息功能指的是，在相互交往中，人们常常要描绘、叙述或说明有关事物的情况。名片在业务往来、商务洽谈中传递信息最为直接，它可以提供今后联系所必需的信息。商务人士在相互交往中通过名片传递信息，这不仅仅是为方便初次相识，得体交往，更重要的是名片便于保存并能方便日后的联系。要确保联系的顺畅，名片上必须提供齐全的联系信息。利用名片上提供的联系信息，即可与对方取得并保持联系、促进交往。

### （四）特殊功能

除此之外，名片还有一些特殊功能。比如在这个快节奏的时代，名片可以代替正式的拜访，还可以起到信函的作用。在国际商务交往中，人们有时会以名片代替一封简洁的信函，在社交名片的左下角写上一行字或一句短语，然后装入信封寄交他人。

## 二、名片的语言特点

一张成功的名片能反映企业的总体形象，但是这往往很难做到，因为在名片小小的空间里不可能展示关于公司的整个故事。一般来说，名片应该展示容易为人们所记住的企业的专业形象。名片中的语言表达很重要，它对公司形象影响很大。清楚简洁、通俗易懂、专业有效是名片的语言特色。对于名片语言的把握需要注意以下几点。

### （一）清楚简洁

由于文字较多，版式上就要力求简洁。保持名片的简单，商务名片一般需要列明你的名字、职衔、公司、联系信息。除此之外的信息往往是多余的。不要在卡上塞满太多信息，不需要的东西尽量略去，个人职衔应择要而取。

### （二）通俗易懂

名片是商务交际中自我介绍的简要方式，所以语言必须通俗易懂，在初次会面的时候容易给交际对方留下印象。同时要确保名字和公司名称容易辨认，名片内容直白、易读。

### （三）专业有效

名片是企业和个人的微型广告，代表企业形象，名片的语言必须显示专业性和效率。同时要注意用词得体、表达准确、拼写正确、语法规范，这些都至关名片的专业有效性。

以下是一则名片译例，它清楚地展现了名片的语言特征。

例如：

Texas Pipe and Supply Company

Andrew Edwards

Marketing Dept.Manager

2330 Holmes Road，Houston，

TX 77051-1098

Tel：001713-7999235

Fax：001713-7998701

Email:andrewed@texaspipe.com

Website:http://www.texaspipe.com

译文：

得克萨斯州管道产品供应公司

安德鲁·爱德华

市场营销部经理

地址：美国得克萨斯州休斯敦霍尔摩斯路 2330 号

邮编：77051-1098

电话：001713-7999235

传真：001713-7998701

电子邮件：andrewed@texaspipe.com

网址：http://www.texaspipe.com

## 第三节 商务名片翻译的原则

现代的名片不仅制作精美、内容丰富，语言也由过去的单一语言变为多种语言。名片翻译或名片的本土化是指按照交际伙伴所在国的语言、风格、用法翻译名片，目前这已成为很多发展型国际企业的普遍做法。很多商务人士已经认识到提供翻译成目的语的名片不仅显示了尊重，而且是确保企业及职衔等重要信息传递、获得对方认可的有效方法。在我们生活的这个时代，涉及国际商务的人数众多，在参与国际会议、谈判和业务联系的过程中，人际交往不可避免，需要自我介绍、交流工作、完成一定的业务，为了确保在国际交往中占有一席之地，名片的正确翻译非常重要。

名片翻译并不等同于简单地把一种语言翻译成为另外一种语言。一般名

片使用者，包括有一定英语基础的人，对于名片中的有关词语的翻译也会感到无从着手，例如供职单位、部门、地址的正确翻译，职衔的对等表达等，都还存在着一些误解、误译的现象。商务名片的翻译要结合翻译的基本准则和商务交际的原则，充分体现名片的交际功能、宣传功能与信息功能。小小的名片看上去很简单，但是在它被翻译成另一种文字时，特别需要注意一些语言上的和文化上的因素，归纳起来要把握好以下几点要求。

## 一、遵循定译的原则

定译法（Traditional Method），意为固定的构件或方法。名片翻译时，无论是供职单位、持有者姓名、职衔，还是地址的翻译，首先要查阅有关资料，确定是否已经有被大众普遍接受的固定译法。如果已有定译，原则上应采用定译名，尤其是我国正式对外使用的译名，不宜重译或随便改换，否则译文不被大家接受。例如国家外汇管理局译为 "State Administration of Foreign Exchange"，而不是译为 "Foreign Exchange Administrative Bureau"；中国工艺品进出口总公司译为 "China National Arts and Crafts Import&Export Corporation" 等。这些用法已经为人们所一致公认和接受，一般都不轻易加以改动。因为这些英语译名沿袭使用已久，形成固定用语，最好将其先继承下来。对外传播中需要采用一致的译法规范表达，对于已经约定俗成的，在世界范围内得到认可的汉译，应该遵循定译，不需要再进行创新翻译。当译文与原文意思差别较大时，一般的翻译理论在这种情况下要求采用注释或重译的办法来处理。但名片不同于其他语篇，无法加注，只要不影响正常的交际功能，仍可采用定译法来处理。

## 二、遵循简明准确原则

按照名片清楚简洁的语言特色，名片翻译时也应尽量简单准确，以减少困惑和误会的产生。

有的职衔很复杂、难以让人理解，翻译时尽可能简化，使职衔简单易懂。其次，翻译时依然要保持名片的简洁，只要让对方知道联系人的名字、职衔、公司和联系方式即可，其他信息是多余的，而且这还能降低翻译费用。总而言之，翻译时力求把名片中的重要信息简洁、准确地表达出来，避免误读、误译和含糊其辞或模棱两可，以致产生歧义，引起交际双方的误解或曲解。

例如：浙江吉利控股济南分厂

译文：Zhejiang Geely Holding Group, Jinan Branch 该公司名称的翻译准确到位，同时符合名片简明的特征。

### 三、遵循入乡随俗原则

要使译文达到翻译的目的，起到好的宣传效果，译者也必须遵循目的语国家商务应用文体所通用的规范格式和"习惯的语言表达方式"。名片的翻译需要入乡随俗，表达尽量地道。要考虑文化上的细微差别，确保名片在目的语文化中有同样的吸引力。在名片翻译过程中，还会常常碰到各种各样的厂家、公司等企业名称，在翻译时一定要酌情处理，使译文规范正确。此外，名片上的数字排列要正确，以免引起不必要的误会。

例如：宁波市弥州区东裕新村 18 号 302 室

译 文 1：Ningbo，Yinzhou District，Dongyu New Village，No.18，Room 302.

译 文 2：Rm.302，No.18，Dongyu Residential Quarter，Yinzhou District，Ningbo.

译文 1 不符合英文的表达习惯，英文中地址的表达是从小到大，正好与中文相反。其次，汉语中的"新村"指的是居民小区，而不是指农村，"New Village"的中文意思是"新建的村庄"，英文中的"village"是个与"city"相对的概念。因此，可以采用入乡随俗的方法将"新村"译为"Residential Quarter"。

### 四、灵活翻译原则

如果在目的语中找不到语义、功能对应的词，出现词汇空缺时，翻译时一定要根据实际情况灵活把握。假如目的语中没有对应的职衔，有时不译是最好的策略。此外，必须注意源语文化与目的语文化的异同点，翻译时灵活处理。例如"办公室主任"一职就很难翻译，在英美等国家没有功能等值的词，因为英美等国家不存在"办公室主任"这一职务。众所周知，在中国"办公室主任"的主要职责是协助本单位或本部门的领导人处理日常事务，相当于英语中的"secretary"。但是办公室主任和秘书在职务上有很大的差异，如果翻译为"office head""office director"，则有可能引起外国人士的误解，不会想到是其下属的办公室主任。"director"相对应的中文应该是"总监"。在外国人士可能会误认为是单位或部门的领导人。因此，我们可以采用功能等值翻译原则，灵活地将这一职务翻译为"office manager"比较合适，因为"manager"一词的基本词义是某个部门的负责人。

### 五、大量使用缩略语

简约而不简单，这是名片的特征使然。名片特殊的语体特征和有限空间使其译文不宜有过多的解释说明,再加上英文一般总比同等意义的中文来得长,因此,翻译时需要精益求精,其方式之一就是压缩语言量,增加语言载体的信息量。缩略语由于其自身的特点,虽表面简洁,但内涵丰富。简洁就是用最少的语言来表达说话人要说的话,但不牺牲其他写作原则。采用缩略形式缩短长度,以最简洁的语言表达最丰富的交际信息,达到节省时间和空间的目的。缩略语虽然经济,但是在跨文化交际中如果不知道它们的内涵就会造成理解和交流的障碍。例如名片中"e-mail"就是"electronic mail"(电子邮件)的缩略语。"telephone"常常缩写为"Tel.","address"常缩略为"Add.","road"则缩略为"Rd."。

例如:浙江东方集团有限公司

译文:Zhejiang Orient Holdings Co.,Ltd.

上述译文中采用了缩略的格式,"Co."是"Corporation"(公司)的缩略语,"Ld."是"Limited"(有限)的缩略语。

总之,名片虽小,蕴涵的内容却很丰富,翻译时小小的疏忽都会影响到商务交际的效率。成功的名片翻译能真正体现名片的价值,实现名片辅助记忆和建立持久关系的作用。就目前名片翻译的现状来说,名片的翻译质量仍然有待提高,翻译的技巧有待进一步的探索与研究。

# 第四节 翻译名片的基本方法

商务名片翻译的成功与否在社交场合发挥着越来越重要的作用。用词得体、语法规范、翻译准确的英文名片能真正体现名片的价值,并给人留下很好的第一印象。

## 一、供职单位及部门名称的翻译

单位、部门名称在英语中属于专有名词范畴,有其固定的表达,一般词语排列及组合、缩写形式都应该统一不变,如"中国建设银行"对应的英译为"China Construction Bank",缩写为"CCB",不能做任何更改,如果按字面意思译成"Chinese Construction Bank"或"the Construction Bank of China",都是不准确的。按此原则,在翻译单位名称时,应首先查阅有关资料,确定是否有普遍接受的定译,优先选择人们普遍接受的。按照英语语法,专有名词的词首字母应大写,但是像of、the、and等虚词一般小写,单位名称中包含地名或人名的,应用汉语拼音,如"宁波"应音译为"Ningbo",而不能意译为"Peaceful Wave"。使用汉语拼音一般来说是较为简便及稳妥的方法。但是，也有的名片在翻译时不负责任地把公司的名称简单写成拼音，这非但不能让名片在国际交往中发挥其特殊功能，而且会产生负面的影响。例如把"四明眼镜公司"直接音译为"Si Ming Yan Jing Gong Si"，正确的译法应该是"Si Ming Optical Company"。

单位与部门名称的翻译往往是名片翻译中令人感到头痛的问题。一般来说，在英文中都能找到与中文功能对应的词语，这种情况下翻译时就相对比较容易。例如"department"（部门）、"office"（办公室）、"market"（市场）等。但是有的词带有一定的社会和文化色彩，在翻译时很难在目的语中找到语义内涵都完全对应的词，出现词汇空缺的现象，这就给名片的翻译增加了难度。当单位、部门名称在被译成英语时，若英语中缺乏对应词，大多数情况下可采用直译法，即把汉语名称逐字译成英语。当然当有些汉语在英语中难以找到在其语义内涵上都完全吻合的对应的词语，即出现词汇空缺的现象，若采用直译法处理，恐怕会影响原词的含义，这时可采用功能对等意译法来处理。如对"开发公司"翻译，"开发"一词可略而不译，如房地产开发公司可译为："real estate corp."。翻译时必须好好把握，如果选择不当，就会产生误解。例如中文中的"公司"一词在英文中就有很多种译法，必须了解词汇的内涵才能选择正确的译法。"company"一般是指"已经登记注册、具有法人资格的公司，多指从事买卖活动的中小贸易公司"；"corporation"一般是指"具有法人资格、能够独立经营的大型营业机构，常用于指总公司"；这两个词还有英美习惯用法的不同，英国人喜欢用"company"，美国人倾向于"corporation"。"incorporation"一般是指"股份公司，强调企业的股份制性质，可缩写为 Inc."。此外还有如"firm""group""holding（s）"等等。因此，不能一见到"公司"一词便盲目译成"company"或"corporation"，而要根据公司具体业务性质确定一个恰当的英语名称。"firm"指"两人以上合办的企业或指从事商贸、经济活动的单位"，常译为"商号""公司""事务所"等；"agency"指的是"从事代理业务活动的组织"；"stores"中文中常指"百货公司"；"services"主要指"服务性质的公司"。以下是常见的公司、企业部门名称的英译。

（一）领导、决策层

Administration Dept. 行政管理办公室　　Board of Directors 董事会
Branch Office 分公司　　　　　　　　General Manager Office 总经理室
Head Office 总公司　　　　　　　　　Headquarters 总部

（二）生产环节

Engineering Dept. 工程部　　　　Packing Dept. 包装科
Planning Dept. 企划部　　　　　Product Dept. 产品部
Production Dept. 生产部　　　　Q&CDept. 质检部
Project Dept. 项目部　　　　　 R&DDept. 研究开发部

（三）流通环节

Dispatch Dept. 发货部　　　　　Logistics Dept. 物流部
Materials Dept. 材料科　　　　　Purchasing Dept. 采购部

（四）销售环节

After-sales Dept. 售后服务部　　　　Business Dept. 业务部
Customer Service Section 客户服务部　Import&Export Dept. 进出口部
Marketing Dept. 营销部　　　　　　 Order Processing Dept. 订单处理
Sales Dept. 销售部　　　　　　　　 Trade Dept. 贸易部

（五）服务及其他环节

Human Resources Dept. 人力资源部　　Accounts Dept. 财务部
Advertising Dept. 广告部　　　　　　Bookkeeping Room 簿记室
Finance Dept. 财务部　　　　　　　　ITDept. 信息技术部
Public Relations Dept. 公关部　　　　Technology Dept. 技术部
Training Dept. 培训部

## 二、持有者姓名的翻译

随着人们对外商贸交往的日益增多，外事活动中使用名片也日趋频繁。目前我国许多涉外人员使用英文名片或在汉语名片上加印英文翻译，形成汉英对照式名片。一些外国朋友来华也常常请一些翻译公司把他们的名片翻译成相应的汉语。名片是涉外、社交场合等与他人交往的窗口，名片的翻译尤其是姓名的翻译会直接影响到涉外交际。"名不正则言不顺"，这句话充分反映了在人际交往中姓名的重要性。姓名是人们为区别个体，通过语言信息赋予每个个体的特定符号。汉语和英语的共同点是姓名都是由姓氏和名字两部分构成，两者不同点是汉语人名的写法是姓在前、名在后，而英语人名的写法是名在前、姓在后。这种姓名排列上的差异有着深厚的宗教、社会制度、价值观等方面的原因。汉民族中姓氏代表祖宗、家族和群体，远比名字重要得多，排在首位；而英语民族深受宗教的影响，小孩出生一周左右要到教堂接受洗礼并为孩子取名，所以名排在第一位。翻译时一定要把握好文化差异。名片翻译的使用一般是在比较正式的交际场合，因此要符合一定礼仪，名片翻译时姓名应当完整。姓名的翻译要遵循两个原则："约定俗成原则"和"名从主人原则"。

（一）英文名字的汉译

英文名字的汉译要牵涉两种文化各自的语言特点。按照英文习惯，通常都是先名后姓，翻译成中文时要尊重英文的表达习惯，采用直译法，赋予其吉祥美好的含义，同时译名要注意体现人的性别。另外书写时在名和姓之间要加一点。如"Chris Gardener"（克里斯·加纳）。翻译时也要注意一些已有定译的名字，翻译前应查阅有关资料，首选约定俗成的译法。那些约定俗成、已经通用并为大家熟知的译名就采用原译。如果有定译而不用，一则吃力不讨好，二则翻译不地道。例如"Alice"（爱丽丝）、"Mary"（玛丽）、"Jack"（杰克）、"Bruce"（布鲁斯）等。译者虽然在主观上可以对原语名称进行译写，但名片翻译中人名的翻译毕竟是跨语种、跨文化的行为，源语和目的语及它们承载的文化体系必然对这种自由有所制约，并且考虑到目的语规范化的需要也不提倡这种重新命名的做法。所以在名片翻译中碰到这些情况首先要考虑客户的要求，看其是需要音译还是取其已有的中文名。有些外国人为自己取了中文名，翻译时要尊重他们的本意，但最常用的方法还是按照国家出版的《英语姓名译名手册》音译。

当英语人名中包含缩写时，通常采用部分翻译的方法，即汉化时不译、保留其字母缩写，其他部分采用音译的方法。如"D.H.Lawrence"汉译为"D.H. 劳伦斯"。

下面是名片翻译中英语姓名汉译的几个例子：

例 1：Mark Zuckerberg

译文：马克·扎克伯格

例 2：Larry Page

译文：拉里·佩奇

例 3：Scarlett O'Hara

译文：郝思嘉

（二）中文姓名的英译

我国的姓氏源远流长，中文的姓与名有着丰富的文化背景，蕴涵取名者所赋予的美好含义。取名所用的词语一般都有吉祥、幸福、志向等象征意思。我国人名的英译，一般采用汉语普通话拼音，实际上是一种音译。由于拼音只是音译的指称人的符号，原有的语义信息没有传递出来。如"韩忠良"中的"忠良"二字，让人联想到"忠诚善良"，但是，采用音译后，"Han Zhongliang"中的"Zhongliang"无法向外国朋友传递中文名字中同样的文化信息。此外中文名字的英译体现不出性别信息。我国的人名一般用"丽""花""珍""娟"等字给女性命名，而"刚""军""强"等字则多用于男性名字中。例如"李晓娟"这个名字很清楚地传递出女性的身份，而"杜强"一般都用于男性的命名。但是，它们的拼音"Li Xiaojuan"和"Du Qiang"反映不出性别差异。

因为中国人家族观念很强，所以姓名的构成为姓在前而名在后，这就造成了翻译上的困难。例如把林丽（Lin Li）拼写成"Li Lin"，就会容易与"李琳""黎林"等姓名的英语拼写混淆，并且也不适合我国民族文化特点。汉语姓名的拼写通常有这些规范：姓名顺序保留汉语习惯，即姓氏在前，名在后；姓和名分开书写，复姓连写，双名连写；姓和名的首字母都要大写。如："李华"译为"Li Hua"，"赵自成"可译为"Zhao Zicheng"，"欧阳琴"可译为"Ouyang Qin"。最近出现一种新的姓名拼写方法，即人名中的姓采用全部大写的方法，以起到突出醒目的作用，同时也表明是姓名中的"姓"，以免外国人将姓与名搞错。例如：翁镇宇的英译为"WENG Zhenyu"，约定俗成以后，就知道这个人的姓是 Weng。翻译中文姓名时，要注意连字符与隔音符的运用。中文姓名的名有时包含两个或两个以上的字，在翻译时会遇到 a、e 开头的音节连接在其他音节后，容易导致读音的混淆，这时需要用连字符"-"或隔音符"'"隔开，以免引起误解。如"陈谷安"译为"Chen Gu-an"或"Chen Gu'an"。

（三）英语姓名的来源

据记载，古代英国人只有名，没有姓。1066 年诺曼人入侵英国，同时也把他们的姓氏制度带进了英国。在其后的 500 年间，英国人逐步形成了自己完整的姓氏体系。英语国家的姓氏体系基本上是一致的，都采用比较固定的姓名构成方式和名在前姓在后的排列次序。英语姓名虽然千差万别、五花八门，但大体上可以分为两类。

（1）名字（first name, given name），中间名（middle name）和姓氏（surname, family name 或 last name）。如 Ronald Wilson Reagan（罗纳德·威尔逊·里根），Victoria Caroline Adams（维多利亚·卡若琳·亚当斯）。通常，人们只用名和姓，中间名略去不用或缩写，如：Ronald Reagan 或 Ronald

W.Reagan。只有在处理公务或签署文件等较正式的场合下才用全名。

（2）名字和姓氏。例如 Benjamin Franklin（本杰明·富兰克林），Thomas Jefferson（托马斯·杰斐逊）等。

英文名字主要来源大致有以下几种情况。

（1）希腊罗马神话、古代名人或文学名著中的人名。例如古希腊神话中的 Iris（彩虹女神伊里斯），Athena（智慧女神雅典娜），Irene（和平女神艾琳），Daphne（大地女神达芙妮），古罗马 Diana（战争女神戴安娜），Juno（月神朱诺），Vista（灶神维斯塔），古代名人 William（威廉），Henry（亨利），Elizabeth（伊丽莎白）。

（2）采用祖先的籍贯，山川河流，鸟兽鱼虫，花卉树木等的名称。例如 Ashley（来自梣树林的人），Lee（来自牧场之人），Stanley（来自牧草地），Wesley（来自西方草原）；Hill（山脉），Rose（玫瑰花），Apple（苹果），源自 Cat 的 Cathy 和 Kitty 等。

（3）教名的不同异体。例如 Don（Donald），Tim（Timothy），Tony（Anthony），Andy（Andrew），Larry（Lawrence）等。

（4）采用昵称（小名）。如 Will 是 William 的一个昵称，Kenny 是 Kenneth 的昵称，Ronald 的昵称就是 Ronny，Lincoln 的昵称就是 Linc。

英国人在历史上很长一段时间内只有名，没有姓。直到 11 世纪，一些贵族家庭才开始用封地或住宅名称来称呼一家之长，后来世代相袭成了英美人的姓氏。姓氏原来是有含义的，随着时间的推移，它们大多数失去了原义，只是一种符号而已。虽然英语姓氏产生较晚，但其数量却远比名字多。英美人的姓氏来源很多，主要有以下几种。

（1）直接借用教名。如 George（乔治），Henry（亨利），David（大卫），Clinton（克林顿），Macadam（麦克亚当）。

（2）在教名上加上表示血统关系的词缀。如后缀 -s，-son，-ing；前缀 M-，Me-，Mac-，Fitz- 等均表示某某之子或后代。例如 Johnson，Thompson，Jones，Macdonald。

（3）在教名前附加表示身份的词缀。例如 St.-，De-，Du-，La-，Le- 等。如 St.Leger（圣·里格）。

（4）地名，地貌或环境特征。例如 Hall-霍尔（礼堂）、Kent-肯特（英格兰东南部的郡）、Brook-布鲁克（小溪）、Churchill-丘吉尔（山丘）、Hill-希尔（山）、Lake-雷克（湖）、Field-菲尔德（田野、原野）、Green-格林（草地、草坪）、Wood-伍德（森林）、Well-韦尔（水井、泉）。

（5）身份或职业。例如 Baker-贝克（面包师）、Smith-史密斯（铁匠）、

Carpenter- 卡朋特（木匠）、Miler- 米勒（磨坊主）、Portman- 波特曼（码头工人）、Hunter- 亨特（猎人）、Carter- 卡特（马车夫）、Cook- 库克（厨师）等。

（6）个人特征。例如 Black- 布莱克（黑色）、Brown- 布朗（棕色的）、White- 怀特（白色）、Longman- 朗曼（高个子）、Short- 肖特（个子矮的）、Sharp- 夏普（精明的）、Hard- 哈代（吃苦耐劳的）、Young- 扬（年轻的）等。

（7）借用动植物名称。例如 Bush- 布什（灌木丛）、Hawk- 霍克（鹰）、Bind- 伯德（鸟）、Bull- 布尔（公牛）、Fox- 福克斯（狐狸）、Cotton- 克顿（棉花）、Rice-（莱斯）、Reed- 里德（芦苇）、Fish- 费什（鱼）等。

## 三、职衔的翻译

职衔问题是个非常有趣而敏感的问题，体现个人资历和社会地位的职衔的翻译非常重要，但是要做到准确再现源语中的含义是十分困难的。有些职衔可以和国际接轨，翻译时相对容易处理。但由于中英两国政治文化的差异，英汉两种语言表达的职衔也同样存在着不对等的现象。一般而言，最好的方法就是首选约定俗成的翻译，不宜音译或随意更改。在名片翻译时，需先查阅有关资料，确定是否存在已经被大家普遍接受的定译。英文中对应的"副"职有几种不同的译法，主要根据约定俗成的搭配选择适当的单词。Vice 常与 President，Chairman 等职位较高的词连用，例如：Vice-Chairman（副主席），Vice-President（副总裁）。Deputy 主要用来表示企业、事业及行政部门的副职，例如：Deputy Marketing Director（营销部副主任），Deputy General Manager（副总经理）。Assistant 表示"助理"，例如：Assistant Manager（助理经理）。Sub 表示比较的意味，指级别较低的，例如：Sub-Agent（副代理人）。

我国的许多职衔和行政职务在英语里都有国际通用的功能等值词可直接借用。如秘书（secretary）、推销员（salesclerk）、经理（manager）、董事长（chairman of board）等。但也有一些英语中缺乏对应词的难译词。名片翻译中的职称、职务名称的翻译非常重要，且由于汉语称谓的丰富多样，要做到准确再现原称谓名的含义是十分困难的。在实际翻译过程中，主要是参照英语国家既有的名称进行对照翻译，采用大部分国内已有普遍认同的定译，如总经理译为 General Manager，董事长译为 Chairman。

但另一方面，由于我国机构繁多，各类机构管理人员及从业人员的称谓也纷繁复杂，各类职称、职务名称具有特定内涵，体现出具体级别，在名片翻译中又不能机械照搬国外名称。由于中外文化迥然不同，在翻译时一定要字斟句酌，使名片的翻译准确规范，尽量让外国人明白。以下是一些常用职衔的英译。

（一）领导、决策层

Assistant Manager　副经理
CEO（Chief Executive Officer）　首席执行官
Chairman　董事长
Deputy General Manager　副总经理
General Manager Assistant　总经理助理
President　总裁
Vice-Chairman　副董事长

（二）生产环节

Assistant Engineer　助理工程师
Chief Engineer　总工程师
COO（Chief Operating Officer）　生产主管
Engineering Technician　工程技术员
Line Supervisor　生产线主管
Manufacturing Engineer　制造工程师
Manufacturing Worker　生产员工
Production Engineer　产品工程师
Production Manager　生产部经理
Quality Control Engineer　质量管理工程师

（三）流通环节

Distributor　经销商
Buyer　采购员
Purchasing Manager　采购部经理

（四）销售环节

Export Sales Manager　外销部经理
Import Sales Manager　进口部经理
Marketing Assistant　销售助理
Market Development Manager　市场开发部经理
Marketing Manager　营销部经理
Marketing Executive　销售主管
Marketing Representative　销售代表

Public Relations Manager　公关部经理

（五）服务及其他环节

Accounting Manager　会计部经理

Accounting Assistant　会计助理

Accounting Supervisor　会计主管

Administration Manager　行政经理

Cashier　出纳员

CFO（Chief Finance Officer）财务总监

Clerk　职员

Computer Operator　电脑操作员

Financial Controller　财务主任

General Auditor　审计长

Office Manager　办公室主任

Personnel Manager　人事部经理

Receptionist　接待员

Service Manager　服务部经理

Trainee Manager　培训部经理

## 四、地址的翻译

　　名片的主要功能是联系，所以在名片上写上详细的单位通信地址是必不可少的。翻译地址时，首先查看相关资料，看有没有官方定译。如没有，再看看有没有最普遍的译法，尽量采用多数人使用的译法。有些英文地名、路名已经形成约定俗成的译法，在翻译时应首选这些固定的译法，以免产生歧义。如"Paris"在中文中对应的是"巴黎""New York"对应的是"纽约""Venice"对应的是"威尼斯"，这些一般都能在地名词典中找到。"上海金茂大厦"分别被译为"Jinmao Building""Jinmao Mansion"以及"Jinmao Tower"，首选译文应该是官方定译"Jinmao Tower"。一般由普通名词构成的地名采用音译法，如"Wall Street"被译为"华尔街"而不是"围墙街"；"Downing Street"被译为"唐宁街"而不是"下街"。也有一些普通名词构成的地名采用直译法，如"Times Square"直译为"时代广场"而非"泰姆士广场"。还有少数英文地名是意译的，可用意译来翻译的地名多具描绘性色彩，反映该地区的地理风貌或方位，例如："Oxford"对应的是"牛津"，"The Pacific Ocean"对应的是"太平洋"。

英文名片的地址和门牌的写法与英文信函书写的地址是一样的，即采用由小到大的原则，恰好与汉语的规则相反。地址在名片上应该保持一定的完整性。门牌号与街道名不可分开写，必须在同一行，不可断行。中文里地名、路名中第二个字的拼音以元音开始的，两个字的拼音之间需用隔音符隔开，以免发生概念混淆。如果是单字地名，英译时习惯上把该地名中表示泛指的字加进去，使译名所指更明确。例如：北京街 Beijing Street，西安路 Xian Road，华县 Huaxian County。在翻译路名、地名时应当注意，英译名是给不懂汉语的外籍人士看的，所提供的英译要为他们着想，从他们的角度考察、琢磨一下译文是否妥当，是否被接受和理解。

例 1：中山西路 287 号

译文 1：No.287，Zhongshan Xi Road

译文 2：No.287，Zhongshan West Road

译文 3：No.287，West Zhongshan Road

"中山西路""中山东路"原本是同一条街的两段，若被简单地翻译成为 "Zhongshan Xi Road" 或 "Zhongshan Dong Road"，"Zhongshan West Road" 或 "Zhongshan East Road"，这会让外国人还以为是几条不相干的马路，应翻译为 "West Zhongshan Road" 和 "East Zhongshan Road"。地名翻译时，应先从方向词和中间数词开始翻译，然后是道路的名称，最后加上 Road，不可以颠倒。例如："天童南路"英译为 "South Tiantong Road"。方位词包括东（East）、西（West）、南（South）、北（North）、中（Middle）。不要将"南"翻成 "Southern"，也不可以将"北"翻译成 "Northern"，或者将"中"翻译成 "Center"。带有数字编号的路名、地名等，一般可按"序数词加路名"的方式翻译，路名中的数字应以序数词处理（但一般是这个数字前面已经有两个中文字的情况）。例如："中山东二路"可译为 "Second East Zhongshan Road"，"高新一路"译为 "First Gaoxin Road"，但是如果路名之前只有一个中文字，一般都翻译成拼音，例如"天一街"英译为 "Tianyi Street"而不是 "First Tian Street"。翻译三字路名时，一般前两个字翻成拼音，最后加上 Road 即可。例如："前小巷"英译为 "Qianxiao Alley"，不能译为 "Front Litle Alley"。路名一般不需要用到意译。例如"高新一路（First Gaoxin Road）"中的"高新"完全只用拼音来处理，翻译成 "Gaoxin"，假如翻译为 "High New First Road" 则会贻笑大方。路名翻译时，只有最后一个道路词（即：路、街、巷等）才应使用意译。

表示道路最常用的词是"路"，英译为 "Road"。在翻译地址时，"大街"和"街"都是一样的翻译为 "Street"，"南大街"译为 "South Street" 而不是"NanDa Street"。"道"或"大道"一样译为"Avenue"。"巷"一般译为"Alley"。"里"译为"Lane"。"号"译为"No.",（道路名称中有门牌号码的，一定要写出来"No.",不可以直接写一个数字）。"室"译为"Room"或"Suite"。"楼"一般译为"F","喜庆大厦 3 楼"可译为"F3, Xiqing Building"。"大厦"英译为"Building"。"村"在英文中对应的词是"Village"。"镇"对应"Town"。"乡"对应"Township"。"区"对应词为"District"（与"小区"不同，"小区"指的是"生活小区"，不是城市中的"区域、地区"）。"小区"英译为"Residential Quarter"（与"区"必须区分开来）。例如："中兴小区"可译为"Zhongxing Residential Quarter"。

例 2：高新技术产业开发区

译文：High-Tech Industrial Development Zone

此外，学会使用缩略词语。由于名片的面积很小，要在有限的空间内提供尽可能多的信息，故经常采用一些缩略词语。如 road（Rd.）、street（St.）、avenue（Av.）、apartment（Apt.）、floor（Fl.）、room（Rm.）、department（Dept.）等。以下是常用地址及其缩略语：

室 / 房　　Room　　缩写：Rm.
村（乡）　Village　缩写：Vil.
号　　　　Number　缩写：No.
楼 / 层　　Floor　　缩写：FL
巷 / 弄　　Lane
单元　　　Unit
寓所　　　Apartment 缩写：Apt.
楼 / 幢　　Building　缩写：Bldg.
大街　　　Avenue　缩写：Ave.
路　　　　Road　　缩写：Rd.
街　　　　Street　缩写：St.
县　　　　County
区　　　　District　缩写：Dist.
街区　　　Block　　缩写：Ble.
信箱　　　Mailbox
省　　　　Province 缩写：Prov.

例 3：宁波市江东区东郊路 8 弄 10 号创业大厦 702 室，邮编 315040

译文：Rm.702.Chuangye Bldg., No.10, Lane 8, Dongjiao Rd., Jiangdong Dist.Ningbo，315040

例 4：8000 Main St.，Los Angeles，CA，90046，USA

译文：美国加利福尼亚州洛杉矶市缅因街 8000 号，邮编 90046

把译例 4 的地名分解开来看，8000 是门牌号，Main Street 是街道，Los Angeles 是洛杉矶市，CA 是加利福尼亚州的缩写，90046 是邮政编码。在跟邮政编码合用时，州名一般均以缩写形式出现。

对照上例，地名翻译时需要注意整串长地址的翻译。原则上是从最小的单位翻译到最大的单位。中文地址的排列顺序是由大到小，而英文地址则刚好相反，是由小到大。地名专名部分（例如译例 3 中"江东区"的"江东"部分）应使用汉语拼音，且需连写，可译为"Jiangdong"而不宜写成"JiangDong"。各地址单元间要加逗号隔开。

# 参考文献

[1] 翁凤翔. 论商务英语的"双轨"发展模式 [J]. 外语界,2014(2):10-17.

[2] 吴朋, 秦家慧. 构建商务英语学科教学知识的研究框架 [J]. 外语界,2014(2):18-24.

[3] 俞建耀. 学生感知需求的调查分析:商务英语专业课程重构设想 [J]. 外语界,2014(2):25-33.

[4] 江进林, 许家金. 基于语料库的商务英语语域特征多维分析 [J]. 外语教学与研究,2015(2):225-236.

[5] 王立非, 叶兴国, 严明, 彭青龙, 许德金. 商务英语专业本科教学质量国家标准要点解读 [J]. 外语教学与研究,2015 (2):297-302.

[6] 仲伟合, 张武保, 何家宁. 高等学校商务英语本科专业的定位 [J]. 中国外语,2015(1):4-10.

[7] 刘法公. 论商务英语专业培养目标核心任务的实现 [J]. 中国外语,2015(1):19-25.

[8] 吕世生. 商务英语学科定位的学理依据:研究目标、主题与本体 [J]. 外语界,2015(3):76-82.

[9] 郭桂杭, 李丹. 商务英语教师专业素质与教师发展——基于 ESP 需求理论分析 [J]. 解放军外国语学院学报,2015(5):26-32.

[10] 王立非, 葛海玲. 我国英语类专业的素质、知识、能力共核及差异:国家标准解读 [J]. 外语界,2015(5):2-9.

[11] 周文萱. 商务英语写作教材研究 [D]. 上海外国语大学,2013.

[12] 李莉. 基于区域经济社会发展的高职商务英语专业建设 [D]. 上海师范大学,2013.

[13] 刘雅琼. 基于职业能力培养的中职商务英语课程体系优化研究 [D]. 湖南师范大学,2013.

[14] 石春让, 白艳. 新世纪十年来商务英语翻译研究:回顾与前瞻 [J]. 解放军外国语学院学报,2012(1):80-85.

[15] 翁凤翔 . 论商务英语翻译的 4Es 标准 [J]. 上海翻译 ,2013(1):34-38.

[16] 王立非 , 陈香兰 , 葛海玲 . 论商务英语语言学的理论体系 [J]. 当代外语研究 ,2013(5):25-31.

[17] 高莉敏 . 商务英语的文体特征及其翻译研究 [J]. 中国科技翻译 ,2013(2):36-40.

[18] 孙相文 , 聂志文 . 基于功能翻译理论的商务英语翻译研究 [J]. 北京航空航天大学学报 ( 社会科学版 ),2013(3):83-86.

[19] 彭开明 , 涂湘莹 , 于艳 , 张玮玮 . 高职院校运用多元化教学模式培养复合型实用商务英语翻译人才研究 [J]. 疯狂英语 ( 教师版 ),2013(4):133-137+222.

[20] 徐珺 , 自正权 . 基于语料库的英语财经新闻汉译本的词汇特征研究 [J]. 中国外语 ,2014(5):66-74.

[21] 王永建 . 商务翻译研究的现状与展望 [J]. 开封教育学院学报 ,2014(9):49-50.

[22] 张莉 . 功能翻译理论视角下的商务英语翻译研究 [J]. 开封教育学院学报 ,2015(3):48-50.

[23] 谢媛媛 . 高职商务英语翻译岗位需求分析及启示 [J]. 现代教育科学 ,2015(03):84-87.

[24] 代红 . 浅析以学生为中心的商务英语翻译教学 [J]. 湖北函授大学学报 ,2015(7):160-161+163.

[25] 徐锐 . 浅谈商务英语翻译中跨文化意识的提高 [J]. 佳木斯职业学院学报 ,2015(4):293.

[26] 黄全灿 , 郝涂根 . 商务英语译者能力生态培养体系的构建 [J]. 安庆师范学院学报 ( 社会科学版 ),2015 (2):144-146.

[27] 麻新芳 . 论翻译技巧在商务英语中的科学运用——评《商务英语翻译实务》[J]. 中国教育学刊 ,2015(5):118.

[28] 周进 . 经济新常态下商务翻译创新机制的构建 [J]. 经济研究导刊 ,2015(14):192-193.

[29] 肖立青 . 商务英语翻译教学中跨文化因素的影响及应用策略 [J]. 科教文汇 ( 中旬刊 ),2015(6):167-168.

[30] 吴扬 . 文化差异对商务英语翻译的影响 [J]. 中国商论 ,2017(30):148-149.

[31] 穆雷 , 邹兵 . 论商务翻译人才培养模式——对内地相关期刊论文和学位论文的调研与反思 [J]. 中国外语 ,2015(4):54-62.

[32] 苏雯超 , 李德凤 , 何元建 . 商务翻译的内涵与外延 [J]. 中国科技翻译 ,2016(1):26-28+21.

[33] 谢媛媛, 江峰, 周蕗. 基于需求分析的高职商务英语翻译教学特点研究 [J]. 上海翻译, 2016(1):55-59+94.

[34] 王重光. 新时期商务英语在国际贸易中的影响与运用策略研究 [J]. 商, 2016(9):123-124.

[35] 许慧琳. 商务英语的语言特征及其翻译技巧 [J]. 海外英语, 2016(7):120-122.

[36] 陆晓. "互联网 +" 环境下商务英语翻译教学模式探析 [J]. 海外英语, 2016(8):72-73.

[37] 李笑寒. 跨文化交际意识对商务英语翻译的影响 [J]. 英语广场, 2016(7):30-31.

[38] 孙富香, 董会庆. 我国商务英语翻译研究近十年现状与分析 [J]. 河北农业大学学报 ( 农林教育版 ),2016(3):44-48.

[39] 芦文辉. 商务英语翻译中出现的问题及应对策略 [J]. 吕梁学院学报, 2016(3):31-33.

[40] 张曼, 张逸君. 近十年国内商务英语翻译研究综述——基于 CiteSpace Ⅲ 软件的可视化分析 [J]. 中国商论, 2016(27):123-125.

[41] 张惠君. 商务英语翻译原则探讨 [J]. 东北电力大学学报, 2006(5):47-51.

[42] 鲍文, 梁芸. 理论、实践与教学 : 中国商务英语翻译研究 20 年 [J]. 中国翻译, 2019(2):111-119.

[43] 谢宗仙. 浅谈翻译理论与商务翻译实践的结合——评《商务英语翻译教程 ( 第二版 )》[J]. 中国教育学刊, 2017(12):111.

[44] 席培华. 商务英语翻译现状与问题分析 [J]. 现代交际, 2017(17):188-190.

[45] 李瑞超. 建构主义理论指导下的商务翻译研究 [J]. 海外英语, 2018(14):133-134.

[46] 毛春华. 跨文化语用学视角下的商务翻译策略研究 [J]. 海外英语, 2018(18):41-42.

[47] 毛春华. 跨文化语用学视角下的商务英语翻译教学研究 [J]. 科教导刊 ( 下旬 ),2018(10):124-125.

[48] 郝媛, 李海红. 译者素养在商务英语翻译中的重要性 [J]. 海外英语, 2018(20):22-24.

[49] 尹雪艳. 新学科背景下商务英语翻译研究热点及趋势 [J]. 牡丹江大学学报, 2014(1):59-62.

[50] 翁凤翔, 翁静乐. 商务翻译学研究 [J]. 华北水利水电学院学报 ( 社科版 ),2011 (3):1-4.

[51] 王立非, 李琳. 商务外语的学科内涵与发展路径分析 [J]. 外语界, 2011(6):6-

14.

[52] 袁红艳 . "目的论" 指导下的商务英语翻译 [J]. 宜春学院学报 ,2009(3):79-81.

[53] 邱晓清 . 商务英语翻译中的商务特征再现研究 [J]. 长春理工大学学报 ( 高教版 ),2010(1):32-33.

[54] 麦春萍 . "翻译目的论" 下商务英语翻译的特点 [J]. 赤峰学院学报 ( 汉文哲学社会科学版 ),2010(7):151-152.

[55] 陶思 . 建构主义翻译观下的商务翻译 [D]. 湖南师范大学 ,2011.